GARANTIAS JUDICIAIS NO PROCESSO TRIBUTÁRIO

Apoio institucional

Blucher

GARANTIAS JUDICIAIS NO PROCESSO TRIBUTÁRIO: CENÁRIOS, PERSPECTIVAS E DESAFIOS

Andréa Mascitto
Carlos Eduardo Marino Orsolon
Catarina Rodrigues
Christiane Alves Alvarenga
Daniel Monteiro Peixoto
Daniella Zagari
Gabriela Silva de Lemos
Glaucia Lauletta Frascino
Guilherme Manier Carneiro Monteiro
Letícia Pelisson
Lígia Regini
Luiz Roberto Peroba
Luiza Lacerda
Marcelo Salles Annunziata
Maria Eugênia Doin Vieira
Mariana Neves de Vito
Paulo Camargo Tedesco
Priscila Faricelli de Mendonça
Reinaldo Ravelli Neto
Sérgio Farina Filho
Vinicius Jucá Alves

Garantias judiciais no processo tributário: cenários, perspectivas e desafios
© 2018 Andréa Mascitto, Carlos Eduardo Marino Orsolon, Catarina Rodrigues, Christiane Alves Alvarenga, Daniel Monteiro Peixoto, Daniella Zagari, Gabriela Silva de Lemos, Glaucia Lauletta Frascino, Guilherme Manier Carneiro Monteiro, Letícia Pelisson, Lígia Regini, Luiz Roberto Peroba, Luiza Lacerda, Marcelo Salles Annunziata, Maria Eugênia Doin Vieira, Mariana Neves de Vito, Paulo Camargo Tedesco, Priscila Faricelli de Mendonça, Reinaldo Ravelli Neto, Sérgio Farina Filho, Vinicius Jucá Alves

Editora Edgard Blücher Ltda.

Capa: Negrito Editorial

Blucher

Rua Pedroso Alvarenga, 1245, 4° andar
04531-934 – São Paulo – SP – Brasil
Tel.: 55 11 3078-5366
contato@blucher.com.br
www.blucher.com.br

Segundo Novo Acordo Ortográfico, conforme 5. ed. do *Vocabulário Ortográfico da Língua Portuguesa*, Academia Brasileira de Letras, março de 2009.

É proibida a reprodução total ou parcial por quaisquer meios sem autorização escrita da editora.

Todos os direitos reservados pela Editora Edgard Blücher Ltda.

DADOS INTERNACIONAIS DE CATALOGAÇÃO NA PUBLICAÇÃO (CIP)
ANGÉLICA ILACQUA CRB-8/7057

Garantias judiciais no processo tributário : cenários, perspectivas e desafios / Andréa Mascitto... [et al.]. – São Paulo : Blucher, 2018.
256 p.

Bibliografia
ISBN 978-85-212-1276-8

1. Direito tributário – Brasil 2. Crédito tributário 3. Garantia (Direito) – Brasil 4. Administração e processo tributário I. Mascitto, Andréa.

18-0195　　　　　　　　　　　　　　　CDD 343.8104

Índice para catálogo sistemático:
1. Direito tributário : Brasil

APRESENTAÇÃO

Esta obra é resultado de um ano de debates, discussões, inquietações e até mesmo inconformismo de 21 advogados sobre as dificuldades procedimentais, financeiras e operacionais que os clientes enfrentam no momento de iniciar discussão judicial sobre crédito tributário.

Os autores são advogados baseados em São Paulo de sete escritórios de advocacia de grande porte, quais sejam, Barbosa, Müssnich & Aragão Advogados; Demarest Advogados; Machado, Meyer, Sendacz e Opice Advogados; Mattos Filho, Veiga Filho, Marrey Jr. e Quiroga Advogados; Pinheiro Neto Advogados; Trench, Rossi & Watanabe Advogados; e TozziniFreire Advogados, que, por enfrentarem dificuldades similares no exercício de seu ofício, decidiram formar um grupo de estudos que se reúne para tratar dos assuntos mais presentes e das dificuldades enfrentadas no dia a dia.

Logo no primeiro encontro, vislumbrou-se que as dificuldades relacionadas ao fornecimento de garantias ao crédito fiscal é tema sensível e que gera muito incômodo aos contribuintes, não apenas pela escassez no mercado de produtos que atendam aos rígidos e inflexíveis critérios formais impostos pelas autoridades fiscais, mas também pelos inúmeros contratempos procedimentais gerados não raramente tanto pelas procuradorias como pelas decisões judiciais.

A crise do Conselho Administrativo de Recursos Fiscais (CARF) no contexto da deflagração da Operação Zelotes pela Polícia Federal, embora tenha importantíssimo papel na legitimação do julgamento administrativo, afastando práticas ilegais, acabou resultando na reformulação do tribunal. O resultado dessa reformulação foi fortemente sentido pelos contribuintes, pois o desfecho da maioria das relevantes disputas tributárias passou a lhes ser contrário. Os lançamentos e as penalidades excessivos, que muitas vezes eram afastados por julgamentos administrativos, passaram a ser integralmente mantidos. Em algumas situações, até mesmo o entendimento jurisprudencial já pacificado em favor do contribuinte foi reformulado. Com isso, os créditos fiscais que chegam à disputa judicial são mais relevantes.

O judiciário, a seu turno, não parece munido de todos os detalhes e informações relacionados às dificuldades de obtenção de garantias a créditos fiscais, condição que, à exceção da decisão que afasta a necessidade de garantia para fins de emissão de certidão de regularidade fiscal (crucial para o desenvolvimento de qualquer atividade empresarial no Brasil), inevitavelmente é levada aos magistrados para viabilizar o regular questionamento de créditos fiscais. Afinal, pelo nosso sistema, findo o processo administrativo, o contribuinte que pretende desafiar em juízo o crédito tributário precisa apresentar garantia no valor integral da dívida, como forma de viabilizar a certificação de sua regularidade fiscal pelas autoridades tributárias.

Assim, as decisões judiciais, muitas vezes distantes da realidade empresária brasileira e amarradas em atos normativos que trazem critérios por vezes incompatíveis com o próprio sistema regulatório das entidades capazes de conceder garantias, deixam de considerar os aspectos financeiros destas não apenas no tocante aos custos, mas também aos impactos indiretos de manutenção de garantia integral ao crédito tributário durante toda a tramitação do contencioso fiscal judicial.

Na esperança de que o debate sobre os problemas e as dificuldades que permeiam o processo de concessão, aceitação e formalização das garantias aos créditos tributários possa minimizar os efeitos negativos e aprimorar a efetividade das disputas, concebemos essa obra.

De forma sistematizada e objetiva, pretendemos levar aos agentes envolvidos no assunto um retrato da realidade enfrentada por aqueles que necessitam apresentar garantias para manter sua atividade empresarial e discutir judicialmente créditos fiscais, a partir de diferentes elementos e perspectivas.

Esperamos que a obra e nossas inquietações possam servir como pontapé inicial na interlocução entre empresários, poder público e judiciário para a solução de uma problemática inevitável.

Boa leitura!

Os autores

CONTEXTUALIZAÇÃO DA OBRA

Como antecipamos na apresentação deste trabalho, atualmente a discussão de questões tributárias perante o judiciário tem enfrentado um significativo entrave: o impacto financeiro.

Esse entrave decorre da necessidade de prestação de garantia para se discutir a validade jurídica de uma obrigação tributária em juízo, com base nas disposições da Lei das Execuções Fiscais[1] (Lei n. 6.830/1980), da Lei do Mandado de Segurança[2] (Lei n. 12.016/2009), do Código de Processo Civil[3] (CPC) e do Código Tributário Nacional[4] (CTN), que pode chegar a inviabilizar a disputa judicial; daí a importância desta obra coletiva e do enfrentamento do tema.

Com o atual incremento do volume de grandes causas tributárias que chega ao judiciário, efeito da mudança de postura do Tribunal Administrativo e das elevadas penalidades previstas pelo ordenamento jurídico tributário brasileiro, o problema passou a ser comum e generalizado a todos os contribuintes que querem discutir

---

1 Art. 8º e 9º, que tratam, respectivamente, do dever de garantir em cinco dias e das modalidades de garantias aceitas.
2 Art. 7º, inciso III, que faculta a exigência de caução, fiança ou depósito ao juiz competente para apreciar o Mandado de Segurança.
3 Art. 300, parágrafo 1º, que também faculta ao juiz exigir caução para a concessão de tutela de urgência.
4 Art. 151, que trata das causas de suspensão da exigibilidade do tributo.

seus direitos, e não apenas àqueles com dívidas significativas, cuja garantia coloca em risco sua própria sobrevivência.

Não é incomum que as dívidas tributárias discutidas superem o volume de ativos das empresas e que estas não tenham condições de efetuar significativos desembolsos de caixa. Com isso, e considerando que as garantias mais aceitas depois do dinheiro em espécie são carta de fiança bancária e seguro garantia (especialmente após passarem a constar expressamente no rol de garantias preferenciais da Lei das Execuções Fiscais), a busca por crédito no mercado para fins de garantia de processos tributários se intensificou. Porém, não se pode ignorar que esses tipos de garantia têm relevante impacto no balanço das sociedades empresarias e também que há um limite de volume de crédito disponível no mercado.

O Índice de Basiléia impõe exigências mínimas de capital como precaução contra o risco de crédito e estabelece que os bancos comerciais observem um limite de endividamento,[5] bem como tenham efetivo controle do risco de crédito que correm como forma de evitar sua falência e garantir a estabilidade do sistema bancária nacional.

A partir disso, os contribuintes já começaram a sentir uma maior dificuldade em conseguir esses tipos de garantia no mercado porque os bancos comerciais e as seguradoras estão cada vez mais próximos desse limite de alavancagem dado o aumento de casos tributários de valor significativo no judiciário.

A realidade hoje é que não há crédito disponível para que todas essas causas sejam garantidas; por isso, o cenário que observamos é que muitos contribuintes não têm opções de garantia a oferecer e acabam sendo privados de discutir o mérito das questões tributárias, o que, em última análise, afeta seu direito de acesso ao judiciário, que é constitucionalmente assegurado.

Partindo da constatação dos fatos aqui narrados, buscamos nos artigos que seguem tratar, de forma bastante pragmática, das alternativas que nos parecem fazer sentido para contornar o problema (que só se agrava), garantindo a promoção de um salutar debate entre fisco e contribuintes em relação tanto às garantias como ao mérito nas disputas judiciais.

De início, lembramos que o art. 190 do CPC possibilita o tal "debate salutar" ao prever a possibilidade de as partes se comporem quanto ao oferecimento da

---

5 "Em termos simples, o índice de Basiléia é a razão entre o patrimônio de referência e o valor dos empréstimos por ele concedidos ponderados pelo risco." (Fonte: https://mundodosbancos.com/índice-de-basiléia-7338c89f6e5e)

caução. Enxergamos que esse é um bom ponto de partida para os impasses concretos sobre a garantia de um débito tributário sob litígio e, portanto, o juiz deve se valer da tentativa de composição entre as partes.

Essa composição, pautada em diálogo transparente e devidamente provado, possibilita que se pondere sobre a proporcionalidade de uma caução demandada e que a discussão de fundo efetivamente evolua e não seja deixada de lado, como observamos em diversos processos que hoje abarrotam o judiciário, sem que venham a ser resolvidos num prazo razoável e de forma satisfatória mediante interpretação das regras postas no ordenamento jurídico brasileiro.

As alternativas abordadas nos textos que compõem essa obra focam na "desmistificação" da vinculação da concessão de medidas acautelatórias à apresentação de caução ao crédito tributário com base no exame crítico das limitações do art. 151 do CTN e das possibilidades de sua interpretação, bem como da postura que os tribunais têm adotado e de suas possibilidades e sugestões para avanços nesse campo.

A obra está dividida em três grandes blocos:

i. *Aspectos gerais das garantias*, em que exploramos fatos, demonstramos fundamentos e lacunas jurídicas e enfrentamos a questão dos custos diretos e indiretos das garantias e de seus impactos na realidade empresarial.

ii. *Garantias e o efetivo desafio judicial a créditos fiscais*, em que focamos na exploração de possibilidades e alternativas ao problema *vis-à-vis* a postura de fisco, magistratura e contribuintes e de como podemos evoluir e enfrentar o assunto. Nesse bloco, ficará esclarecida a razão pela qual a questão das garantias é tão importante num processo tributário.

iii. *Contrapartida*, em que finalizamos essa obra coletiva alertando que todos esses percalços e custos decorrentes da necessidade de garantia de uma disputa tributária podem (e devem) ser ressarcidos, detalhando de que forma.

No fim da obra, encerramos o ciclo e voltamos à ideia inicial de que nosso intuito é conscientizar as empresas, o judiciário e a administração pública sobre a problemática atual, de forma absolutamente clara, e, a partir daí, permitir o desenvolvimento de uma nova jurisprudência, mais harmônica, que favoreça o diálogo e que se preocupe com o mérito de fundo do debate das questões tributárias envolvidas, afinal, o processo não basta em si mesmo, sendo tão somente um meio formal estruturado para se discutir a interpretação das regras de direito.

CONTEÚDO

PARTE I
ASPECTOS GERAIS DAS GARANTIAS

Custos diretos e indiretos das garantias: seus impactos na realidade empresarial 19
Reinaldo Ravelli Neto
1 Depósito judicial 20
2 Fiança bancária 25
3 Seguro garantia 25
4 Bens à penhora próprios ou de terceiros 26
5 Conclusões 27

Atos normativos e polêmicas jurisprudenciais sobre suas lacunas 29
Catarina Rodrigues

Fiança e seguro garantia: abrangência atual, aspectos em comum e diferenças 37
Marcelo Salles Annunziata
1 Breve introdução ao tema 37
2 Abrangência atual da fiança e do seguro 38
3 Aspectos em comum e diferenças entre seguro e fiança 41

4 Possibilidade de equiparação da fiança e do seguro com dinheiro 43
5 Conclusões 46

Medidas preparatórias: o que está ao alcance do fisco antes do início da discussão judicial 47
Carlos Eduardo Marino Orsolon

1 Medidas de acompanhamento e controle patrimonial do contribuinte à disposição das autoridades fiscais 47
2 Acompanhamento diferenciado dos maiores contribuintes 48
3 Arrolamento de bens e medida cautelar fiscal 50
4 Classificação dos créditos inscritos em dívida ativa da União 52
5 Procedimentos de cobrança administrativa especial e grupos de atuação especial no combate à fraude à cobrança administrativa e à execução fiscal 53
6 Conclusões 56

Medida cautelar fiscal 59
Sérgio Farina Filho, Luiz Roberto Peroba, Andréa Mascitto

1 Contexto 59
2 Contornos legais da medida cautelar fiscal 61
3 Medida cautelar fiscal na prática e visão jurisprudencial 63
4 Conclusão 68

Protesto de Certidão de Dívida Ativa (CDA) 69
Maria Eugênia Doin Vieira, Daniel Monteiro Peixoto, Daniella Zagari

1 Contexto 69
2 Entendimento jurisprudencial sobre o cabimento do protesto 72
3 Sustação do protesto 73
4 Conclusões 77

PARTE II
GARANTIAS E O EFETIVO
DESAFIO JUDICIAL A CRÉDITOS FISCAIS

Garantia e suspensão da exigibilidade do crédito tributário segundo os tribunais 81
Lígia Regini

1 Suspensão da exigibilidade 82
2 Garantia 84
3 Interpretação dos tribunais 84
4 Possível releitura do art. 151 do CTN 87

Contribuinte não é litigante de segunda categoria 91
Daniella Zagari, Maria Eugênia Doin Vieira, Daniel Monteiro Peixoto
1 Introdução 91
2 REsp 1272827/PE 92
3 Análise crítica 92
4 Conclusão 104

O artigo 151 do CTN: seguro garantia e carta de fiança como formas de suspensão da exigibilidade do crédito tributário 107
Vinicius Jucá Alves
1 Introdução 107
2 REsp n. 1.156.668 108
3 A liquidez da fiança bancária e do seguro garantia 111
4 Condução da execução fiscal da forma menos onerosa para o réu 113
5 Conclusões 118

Restrição das garantias elegíveis nas Ações Anulatórias de Débito Fiscal 121
Sérgio Farina Filho, Luiz Roberto Peroba, Andréa Mascitto
1 Contexto histórico e sua evolução 121
2 Posição do poder judiciário brasileiro sobre o tema 127
3 Conclusão 131

Garantias em Mandado de Segurança 133
Gabriela Silva de Lemos
1 Introdução 133
2 A exigência de prestação de garantia para a concessão de liminares 134
3 Oferecimento de garantia por iniciativa do contribuinte 136
4 Conclusões 140

Tutela, garantia como cautela e garantia parcial 143
Luiza Lacerda

1 Introdução 143
2 Tutela aceitando a garantia como cautela para fins de suspensão da exigibilidade do crédito tributário 144
3 Garantia parcial à execução fiscal: possibilidades e efeitos no que tange à comprovação de regularidade fiscal 148
4 Conclusões 153

Possibilidade de dispensa da garantia no redirecionamento da execução fiscal 155
Letícia Pelisson

1 Causas de redirecionamento da execução fiscal 156
2 Formação do título executivo e necessidade de prévio esgotamento do contencioso administrativo 158
3 Dispensa de garantia: possibilidade atrelada à razoabilidade 164

Garantias nos casos de litisconsórcio passivo na execução fiscal 167
Christiane Alves Alvarenga

1 Introdução 167
2 Formação do litisconsórcio passivo na execução fiscal: quem pode opor embargos à execução 168
3 Oferecimento da garantia no contexto do litisconsórcio passivo 171
4 Efeitos do oferecimento da garantia aos demais litisconsortes 173
5 Conclusões 174

Avaliação de bens e dificuldades em atingir o objetivo da garantia integral ao crédito tributário 177
Glaucia Lauletta Frascino

1 Introdução 177
2 Contexto atual de crescente aumento de autos de infração lavrados 178
3 O que diz expressamente a LEF sobre a necessidade de garantia do juízo 180
4 Lógica por trás da alienação da unidade produtiva isolada no âmbito da recuperação judicial 182

5 Dificuldades enfrentadas pelo contribuinte no oferecimento e na avaliação de conjuntos de bens que formam um todo 184

6 Conclusões 186

Penhora de faturamento: como incorporar a nova sistemática do CPC às execuções fiscais e o desafio da regularidade fiscal 187

Mariana Neves de Vito

1 A penhora sobre faturamento no antigo CPC 187

2 A penhora sobre o faturamento no NCPC 192

3 Penhora sobre o faturamento por opção do executado 195

Execução provisória de garantias: embargos à execução fiscal sem efeito suspensivo 197

Sérgio Farina Filho, Luiz Roberto Peroba, Andréa Mascitto

1 Contexto legislativo e sua evolução 198

2 Cenário atual 200

3 Conclusões 208

Penhora online e os desafios das garantias na era digital do processo ... 211

Paulo Camargo Tedesco

1 Introdução 211

2 Forma de apresentação da fiança bancária e processo eletrônico 213

3 Regulamentação legal da fiança bancária 214

4 Carta de fiança não é título de crédito 215

5 Fiança bancária como obrigação acessória 216

6 A jurisprudência igualmente não reputa a carta de fiança como título de crédito 217

7 Conclusões 218

Concomitância de ações judiciais e honorários advocatícios 219

Guilherme Manier Carneiro Monteiro

1 Introdução 219

2 Apresentação do problema 219

3 Cumulação de honorários contra a Fazenda Pública na concomitância de embargos à execução e execução fiscal 220

4 Cumulação de honorários na concomitância de embargos à execução e ações de procedimento comum 224
5 Necessidade de suspender a execução fiscal quando movida a ação de procedimento comum correlata.. 224
6 Conclusões 227

Celebração de negócio jurídico processual para fins de garantia tributária.. 229
Priscila Faricelli de Mendonça
1 Contextualizando... 229
2 Negócio jurídico processual 231
3 Garantias e convenções processuais... 234
4 Penhora de faturamento.. 236
5 Conclusões 237

PARTE III
CONTRAPARTIDA

Ressarcimento dos custos incorridos pelo contribuinte com a garantia.. 241
Daniel Monteiro Peixoto, Daniella Zagari, Maria Eugênia Doin Vieira
1 Introdução.. 241
2 Conceitos fundamentais: custos do processo, despesas processuais, regras de antecipação e de ressarcimento e seus vetores (sucumbência e causalidade) 243
3 Alcance semântico do vocábulo despesas processuais: poderiam os custos com a garantia, em embargos à execução fiscal, ser assim qualificados?.. 249
4 Forma de ressarcimento: cumprimento de sentença em face da Fazenda Pública... 253

PARTE I
ASPECTOS GERAIS DAS GARANTIAS

CUSTOS DIRETOS E INDIRETOS DAS GARANTIAS: SEUS IMPACTOS NA REALIDADE EMPRESARIAL

Reinaldo Ravelli Neto

O objetivo deste artigo é discutir os principais aspectos e custos das diferentes espécies de garantia que podem ser apresentadas pelas pessoas jurídicas em processos de execução fiscal, já que são requisito ao exercício do direito de defesa por meio dos embargos.

Como regra, os embargos não têm efeito suspensivo à execução fiscal. Todavia, o art. 919, § 1º, do Código de Processo Civil (CPC) prevê que o juiz pode, a requerimento do embargante, atribuir efeito suspensivo aos embargos quando verificados os requisitos para a concessão da tutela provisória e desde que a execução já esteja garantida por penhora, depósito ou caução suficientes.

No caso, o art. 9 da Lei n. 6.830/1980 (Lei de Execução Fiscal – LEF) prevê cinco formas distintas de garantia à execução fiscal, que são: (i) depósito em dinheiro; (ii) fiança bancária; (iii) seguro garantia; (iv) nomeação de bens à penhora; e (v) indicação à penhora de bens oferecidos por terceiros e aceitos pela Fazenda Pública.

Ademais, o art. 805 do CPC consagra o princípio de que a execução deve correr pelo modo menos oneroso para o contribuinte. O parágrafo único desse mesmo artigo permite ainda ao contribuinte indicar outros meios mais eficazes e menos onerosos que aquele eventualmente já determinado pelos atos executivos.

Por fim, o art. 206 do Código Tributário Nacional (CTN) estabelece que a certidão em que conste a existência de créditos não vencidos em curso de cobrança executiva na qual tenha sido efetivada a penhora, ou cuja exigibilidade esteja suspensa, tem os mesmos efeitos da certidão negativa de débitos (CND). Muitas vezes, os contribuintes inadimplentes podem ter suas atividades limitadas caso não consigam obter uma CND.

Considerando o bojo normativo citado, é importante rever em mais detalhes potenciais impactos e custos para as empresas obterem e manterem essas garantias durante um processo de execução fiscal, além de como essas regras se compatibilizam com a do art. 797 do CPC, o qual dispõe que a execução deve ser realizada no interesse da Fazenda Pública.

Esse artigo trará um enfoque tributário e contábil sobre cada modalidade de garantia.

1 DEPÓSITO JUDICIAL

A primeira modalidade de garantia é o depósito judicial. Nesse sentido, o art. 151, inciso II, do CTN prevê que o depósito do momento integral do crédito tributário suspende a sua exigibilidade. Portanto, o contribuinte tem a opção de depositar o valor cobrado em seu montante integral, com o objetivo de suspender a exigibilidade da cobrança tributária em processos de execução fiscal.

Finalizada a discussão judicial, o depósito judicial é:

levantado a favor do contribuinte, acrescido dos juros remuneratórios do período, caso logre na demanda judicial; ou

convertido em renda da Fazenda Pública, caso o contribuinte não seja bem-sucedido.

Um primeiro aspecto para se ter em mente é a eventual redução de liquidez e os custos de oportunidade[1] que muitas empresas enfrentam em razão de manter o dinheiro depositado durante a discussão judicial.

Tomemos o exemplo de uma execução fiscal federal. O dinheiro usado para realizar o depósito poderia ser alternativamente utilizado para suprir o capital de

---

1 Custo de oportunidade é um termo usado em economia para indicar o custo de algo em termos de uma oportunidade renunciada, ou seja, o custo, até mesmo social, causado pela renúncia do ente econômico, bem como os benefícios que poderiam ser obtidos a partir dessa oportunidade renunciada ou, ainda, a mais alta renda gerada em alguma aplicação alternativa. Esses custos são estimados a partir do que poderia ser ganho no melhor uso alternativo (por isso, são também chamados custos alternativos ou custos implícitos). Assim, os custos econômicos incluem, além do custo monetário explícito, os custos de oportunidade que ocorrem pelo fato de os recursos poderem ser usados de formas alternativas.

giro da empresa ou fazer investimentos de capital, tendo ambas as ações o potencial de gerar novos empregos para a economia. Além disso, caso o dinheiro que seria utilizado para realizar o depósito seja empregado em atividades produtivas, muitas vezes o retorno do investimento pode ser superior à taxa de juros Selic utilizada para atualização do depósito. Ademais, não é raro o caso de empresas que têm de recorrer a empréstimos junto a suas matrizes no exterior ou a instituições financeiras, pagando juros muitas vezes superiores ao da taxa Selic, para viabilizar a realização do depósito em seu montante integral.

Um segundo aspecto diz respeito à natureza dos rendimentos acumulados sobre os depósitos enquanto perdura a lide. Há uma linha de intepretação que considera que esses rendimentos teriam natureza de juros de mora e, em razão de sua natureza indenizatória, não seriam passíveis de tributação. Em outras palavras, na hipótese de o contribuinte sair bem-sucedido da execução fiscal, a restituição não seria plena ao se levantar o depósito caso fosse imposta uma tributação sobre os rendimentos acumulados no período.

Infelizmente, por meio do Recurso Especial (REsp) n. 1138695/SC, o Superior Tribunal de Justiça (STJ) analisou, entre outras coisas, a incidência do Imposto sobre a Renda das Pessoas Jurídicas (IRPJ) e da Contribuição Social sobre o Lucro Líquido (CSLL) sobre os juros acumulados aos valores de depósitos judiciais tributários levantados pelos contribuintes. O STJ concluiu pela incidência desses tributos uma vez que os juros incidentes na devolução dos depósitos judiciais possuiriam natureza remuneratória, compondo a esfera de disponibilidade patrimonial do contribuinte e enquadrando-se no conceito de receitas financeiras.

Nesse sentido, consideramos novamente o exemplo de uma execução fiscal, em que o depósito judicial é regulamentado pela Lei n. 9.703/1998, relativa a tributos administrados pela Secretaria da Receita Federal do Brasil (RFB). No caso, o valor depositado é imediatamente disponibilizado e utilizado pela União Federal. Ao impor tributação por IRPJ, CSLL, contribuição ao Programa de Integração Social (PIS) e ao Programa de Formação do Patrimônio do Servidor Público (Pasep) e Contribuição para o Financiamento da Seguridade Social (Cofins) sobre os rendimentos levantados em favor do contribuinte, a União recebe de volta uma parte do que deveria ser efetivamente restituído ao contribuinte em razão da cobrança indevida. Ademais, caso a inflação acumulada no período seja superior à taxa Selic, o contribuinte pode receber de volta menos que o valor principal atualizado monetariamente após uma tributação que pode chegar a até 38,65% sobre os rendimentos acumulados.

Um terceiro aspecto diz respeito à necessidade ou não de os contribuintes realizarem a atualização monetária do depósito em suas demonstrações contábeis enquanto perdura a execução fiscal. Ainda que realizem a atualização monetária para fins contábeis, existe a discussão sobre o momento em que tais rendimentos devem ser efetivamente tributados.

O art. 18 do Decreto-Lei n. 1.598/1977 prevê que deverão ser incluídas no lucro operacional as contrapartidas das variações monetárias, em função da taxa de câmbio ou de índices ou coeficientes aplicáveis, por disposição legal ou contratual, dos direitos de crédito do contribuinte, assim como os ganhos cambiais e monetários realizados no pagamento de obrigações. Esse dispositivo é geralmente invocado pelas autoridades fiscais para suportar que as variações monetárias dos depósitos judiciais têm de ser incluídas na apuração do lucro real com base no regime de competência.

O que parece, todavia, não ser discutido a fundo é o que deve ser considerado como o regime de competência para os rendimentos acumulados sobre os valores depositados, cuja contrapartida é a atualização do valor do depósito no ativo da pessoa jurídica. Portanto, um aspecto que deve ser avaliado é se as variações monetárias sobre os depósitos representam efetivamente um ativo para a pessoa jurídica, ou não passam de mero ativo contingente.

De acordo com o item 32 do Pronunciamento n. 25 do Comitê de Pronunciamentos Contábeis (CPC 25), os ativos contingentes surgem normalmente de evento não planejado ou não esperado que dá origem à possibilidade de entrada de benefícios econômicos para a entidade. Mais especificamente, os itens 31 e 33 do CPC 25 determinam que uma entidade não deve reconhecer um ativo contingente em suas demonstrações contábeis, uma vez que pode tratar-se de resultado que nunca venha a ser realizado. Esse normativo contábil estabelece que, somente quando a realização do ganho é praticamente certa, o ativo relacionado não é um ativo contingente e o seu reconhecimento é adequado. Assim, o ativo e o correspondente ganho devem ser reconhecidos nas demonstrações contábeis do período em que ocorrer a mudança de estimativa somente se for praticamente certo que ocorrerá uma entrada de benefícios econômicos. Se esta for somente provável, a entidade deve tão somente divulgar o ativo contingente.

Desse modo, se um contribuinte avalia que a entrada de benefícios atrelados à atualização monetária do depósito judicial não é praticamente certa, esse ativo seria contingente e, portanto, não estariam presentes os requisitos para o seu reconhecimento, bem como do correspondente ganho, nas demonstrações contábeis da pessoa jurídica. Logo, não haveria de se falar que o contribuinte desrespeitou o regime de competência contábil por deixar de atualizar o valor dos montantes depositados enquanto o processo pende de decisão final.[2]

Não obstante, a impressão é que o fisco parece não se atentar a essa discussão ao adotar o entendimento de que as atualizações monetárias devem ser reconhecidas na contabilidade do contribuinte a partir da data do depósito, o que, a seu ver, estaria de acordo com o regime de competência. Para isso, geralmente invocam o disposto no *caput* e no § 1º do art. 6º e no *caput* do art. 7º do Decreto-Lei n. 1.598/1977, combinado com o art. 177 da Lei n. 6.404/1976. Além disso, o STJ também já se posicionou no sentido de que os depósitos permanecem na esfera patrimonial do contribuinte e que não haveria qualquer violação ao art. 43 do CTN pela tributação dos rendimentos produzidos por eles, ainda que na pendência de solução da lide.

Isso porque, ainda que pendente a decisão da lide, o contribuinte já teria satisfeito a todas as condições para dispor de tais acréscimos no futuro quando da solução do litígio, seja para quitação da obrigação, seja para que lhe sejam devolvidos em caso de êxito na lide. Desse modo, não existiria hipótese em que tais rendimentos pudessem, de alguma forma, ser "expurgados" do contribuinte. Com base nesse raciocínio, já estariam presentes os requisitos para o reconhecimento contábil, ao longo do tempo, dos rendimentos decorrentes da variação monetária ativa sobre o depósito judicial ainda que pendente a lide.

Na prática, muitos contribuintes optam por atualizar a conta dos valores depositados judicialmente, uma vez que a correspondente obrigação é de qualquer maneira corrigida pelo princípio do conservadorismo. Esse procedimento visa, assim, neutralizar as demonstrações financeiras da pessoa jurídica, mantendo o equilíbrio entre as contas credoras e devedoras, e garantir que os dividendos passíveis de distribuição aos acionistas não sejam impactados.

Contudo, ainda que sejam reconhecidas para fins contábeis as variações monetárias ativas decorrentes da atualização dos depósitos judiciais efetuados pelo contribuinte, permanece a dúvida do momento da ocorrência do fato gerador do IRPJ, da CSLL, da contribuição ao PIS/Pasep e da Cofins.

Há uma linha que defende que o contribuinte não deve recolher tais tributos enquanto pendente a lide, devendo recolhê-los apenas quando da decisão definitiva

---

2   O mais interessante é que o item 32 do CPC 25 dá exatamente como exemplo de um ativo contingente a "reivindicação que a entidade esteja reclamando por meio de processos legais, em que o desfecho seja incerto".

exclusivamente favorável e na proporção do que lhe for favorável. Vale lembrar que a despesa decorrente da atualização monetária passiva da obrigação, cuja exigibilidade está suspensa, não é dedutível, por força do art. 344, § 1º, do Decreto n. 3.000/1999 (Regulamento do Imposto de Renda – RIR/99). Logo, ao tratar os rendimentos reconhecidos contabilmente em razão da atualização do valor do depósito como uma exclusão temporária na apuração do IRPJ, CSLL, PIS/Pasep e Cofins, o contribuinte busca garantir uma justa tributação, uma vez que, no caso de a lide lhe ser desfavorável, e notadamente no caso do IRPJ e da CSLL, se estaria antecipando a tributação da parte ativa e postergando a dedução da parte passiva, o que de certa forma poderia ser visto como uma afronta ao disposto no art. 43 do CTN.

Não obstante, a Solução de Consulta (SC) da Coordenação Geral de Tributação (Cosit) n. 166, de 9 de março de 2017, dispõe que, no âmbito da apuração de IRPJ, CSLL, PIS/Pasep e Cofins, as variações monetárias ativas decorrentes de atualização de depósitos judiciais ou extrajudiciais devem ser reconhecidas, em regra, de acordo com o regime de competência. Felizmente, essa SC abre uma exceção e diz que essa regra geral somente não é aplicável quando não houver determinação legal expressa que condicione, necessariamente, a atualização dos valores depositados a eventual sucesso na lide pelo depositante.

A SC reconhece que, no caso de depósitos efetuados ao amparo do regramento estabelecido pela Lei n. 9.703/1998, considerando-se a existência de previsão legal de ocorrência de acréscimos ao montante depositado judicial ou administrativamente tão somente quando da solução favorável da lide ao depositante, só se encontra caracterizada a ocorrência do fato gerador de IRPJ, CSLL, PIS/Pasep e Cofins: i) quando desta solução e na proporção que favorecer o contribuinte-depositante; ou ii) quando o levantamento do depósito com acréscimos se der por autorização administrativa ou judicial, antes daquela solução.

Por outro lado, para outros depósitos que não aqueles regulados pela Lei n. 9.703/1998, e não havendo determinação expressa que condicione, necessariamente, a atualização dos valores depositados a eventual sucesso na lide pelo depositante, o entendimento do fisco é que deve haver tributação imediata, apropriada temporalmente de acordo com o regime de competência. Portanto, cabe ao contribuinte rever as legislações aplicáveis a outros depósitos judiciais, realizados nas esferas federal, estadual ou municipal, para determinar se há base para realizar a exclusão das variações monetárias para fins de tributação por IRPJ, CSLL, PIS/Pasep e Cofins até o término da lide ou não.

2 FIANÇA BANCÁRIA

Os contribuintes podem apresentar também uma carta de fiança bancária como garantia a execuções fiscais. Inúmeras empresas utilizam essa modalidade de garantia, e geralmente é bem aceita pelo fisco.

Apesar de a carta de fiança bancária não constar no rol de causas suspensivas do crédito tributário do art. 151 do CTN, o contribuinte pode geralmente requerer a CND, uma vez garantido o débito por fiança, com base no art. 206 do CTN, bem como o efeito suspensivo aos embargos à execução fiscal nos termos do art. 919, § 1º, do CPC.

O custo da fiança bancária gira em torno de 1,5% a 6% do valor da dívida garantida. Na prática, a concessão e o custo dependem da análise do risco de crédito do contribuinte perante a instituição financeira. Essa análise geralmente envolve histórico do cliente com o banco, análise do balanço e da alavancagem, entre outros fatores.

Um aspecto importante a ser observado para uma fiança bancária é confirmar que as condições preestabelecidas pelo Conselho Monetário Nacional (CMN) foram observadas de forma a assegurar a validade dessa garantia perante o juízo de execução.

3 SEGURO GARANTIA

A Lei n. 13.043/2014, alterando os art. 7º e 9º da LEF, incluiu o seguro como meio apto à garantia de execuções fiscais. Ficou superada, assim, a discussão com relação ao cabimento ou não do seguro como modalidade de garantia às execuções fiscais.

De forma similar à discussão envolvendo a fiança bancária, embora o seguro garantia não conste no rol de causas suspensivas do crédito tributário do art. 151 do CTN, o contribuinte pode requerer a CND, uma vez garantido o débito por seguro, com base no art. 206 do CTN, e o efeito suspensivo aos embargos à execução fiscal nos termos do art. 919, § 1º, do CPC.

É interessante notar alguns critérios que as seguradoras avaliam para viabilizar o seguro, que dependem do seu apetite de risco[3] e que podem variar de seguradora para seguradora em razão de seus contratos de resseguro.[4]

---

3   Modalidades de garantia, volumes, atividades de empresa etc.
4   Outro ponto que deve ser levado em consideração são as resseguradoras do mesmo grupo da seguradora. Nesses casos, geralmente, as diretrizes de crédito, em decorrência do relacionamento mais direto com as seguradoras, podem ser bem distintas daquelas quando não há essa proximidade.

De qualquer maneira, alguns parâmetros que pudemos identificar para concessão do seguro ao contribuinte seriam os seguintes: (i) receita operacional líquida mínima entre R$ 100 e R$ 200 milhões; (ii) patrimônio líquido mínimo entre R$ 100 e R$ 200 milhões; (iii) cobertura de juros de 1,2 vez; (iv) margem operacional (*Earnings Before Interest, Tax, Depreciation and Amortization* – EBITDA) mínima de aproximadamente 5%; (v) não ter apurado prejuízos nos 3 últimos exercícios financeiros; (vii) caixa/disponibilidades a partir de 3 a 5 vezes o valor da importância segurada.

Em comparação à fiança bancária, o seguro tende a ser menos custoso para as empresas. O seguro garantia pode chegar a ter um custo equivalente a um terço da fiança bancária.[5] Ademais, o seguro garantia geralmente não compromete o limite de crédito da empresa perante o banco, o que geralmente ocorre no caso da fiança bancária. Logo, a empresa ainda pode obter financiamentos para investimentos e capital de giro sem que uma parte do seu limite de crédito esteja comprometida.

4 BENS À PENHORA PRÓPRIOS OU DE TERCEIROS

A quarta e a quinta modalidades de garantia à execução fiscal são, respectivamente, os bens do contribuinte nomeados à penhora ou aqueles oferecidos por terceiros e aceitos pela Fazenda Pública.

Nesse sentido, o art. 835 do CPC dispõe que a penhora deverá observar, preferencialmente, a seguinte ordem: (i) dinheiro, em espécie, depósito ou aplicação em instituição financeira; (ii) títulos da dívida pública da União, dos Estados e do Distrito Federal com cotação em mercado; (iii) títulos e valores mobiliários com cotação em mercado; (iv) veículos de via terrestre; (v) bens imóveis; (vi) bens móveis em geral; (vii) semoventes; (viii) navios e aeronaves; (ix) ações e quotas de sociedades simples e empresárias; (x) percentual do faturamento de empresa devedora; (xi) pedras e metais preciosos; (xii) direitos aquisitivos derivados de promessa de compra e venda e de alienação fiduciária em garantia; (xiii) outros direitos.

A penhora é prioritária em dinheiro, podendo o juiz, nas demais hipóteses, alterar a ordem de acordo com as circunstâncias do caso concreto.

O § 2º do art. 835 do CPC dispõe ainda que, para fins de substituição da penhora, equiparam-se a dinheiro a fiança bancária e o seguro garantia judicial, desde que em valor não inferior ao do débito constante da inicial, acrescido de 30%.

---

5 Os riscos da operação podem ser diluídos entre a seguradora e outras seguradoras e resseguradoras.

Na prática, tem-se observado certa flexibilização das autoridades fiscais em admitir e negociar outros bens e direitos, além do dinheiro, à penhora.

5 CONCLUSÕES

Como é possível notar, as empresas enfrentam diversos custos diretos e indiretos independentemente da modalidade de garantia que pode ser apresentada em um processo de execução fiscal. Assim, o contribuinte arca com custos significativos, inclusive de oportunidade, para obter e manter essas garantias. Os recursos poderiam estar alocados em atividades produtivas, com capacidade de gerar investimentos e renda.

No caso do depósito em dinheiro, a liquidez e a capacidade de investimento da empresa são afetados. Ademais, embora o depósito esteja sujeito à atualização por índices oficiais, caso o contribuinte se logre vencedor, a restituição dos valores depositados não é plena, já que os rendimentos estão sujeitos à incidência de IRPJ, CSLL, PIS/Pasep e Cofins.

A fiança bancária, por sua vez, representa um custo que pode chegar a 6% do valor afiançado, além de impactar os limites de crédito da empresa. De forma similar, há o custo do prêmio para o seguro garantia, que pode variar de acordo com parâmetros para concessão do seguro e com o valor da importância segurada. Contudo, o seguro garantia tem a vantagem de representar uma garantia aos débitos fiscais ainda que a empresa se torne inadimplente.

Em ambos os casos, os critérios de avaliação de crédito podem sofrer apertos ou restrições dependendo do momento da economia.

Por fim, a penhora de bens, principalmente o bloqueio de dinheiro, dificulta a condução das operações da empresa e a sua capacidade de reorganização. Tem-se observado também a impossibilidade, em algumas oportunidades, da substituição da penhora pela fiança bancária a pedido do contribuinte. Nesse sentido, deveria haver regra que previsse claramente o reembolso dos custos suportados pelo contribuinte relacionados à garantia na hipótese de o contribuinte se sagrar vencedor da lide.

É fato que o art. 776 do CPC estabelece que o exequente deve ressarcir ao executado os danos que este sofreu, quando a sentença, transitada em julgado, declarar inexistente, no todo ou em parte, a obrigação que ensejou a execução. A aplicação dessa regra para execuções fiscais já até foi confirmada pelo STJ.[6]

---

6   STJ, 1ª Seção, Agravo Regimental nos Embargos de Divergência no Recurso Especial n. 582.079/RS, Relator Ministro Luiz Fux, julgado em 29 maio 2006.

Porém, talvez por falta de iniciativa dos contribuintes, há poucos precedentes, notadamente do Tribunal Regional Federal (TRF) da 4ª Região, para o fim específico de restituição dos custos relacionados à obtenção e à manutenção da garantia.

Portanto, na hipótese de que embargos sejam considerados precedentes, o justo seria que os custos suportados pelo contribuinte para a obtenção e a manutenção da garantia, bem como os ganhos que deixou de auferir em razão dos custos de oportunidade por ter empregado o dinheiro em qualquer das modalidades de garantia e não em uma atividade produtiva, fossem ressarcidos pela Fazenda Pública.

ATOS NORMATIVOS E POLÊMICAS JURISPRUDENCIAIS SOBRE SUAS LACUNAS

Catarina Rodrigues

A garantia do débito tributário no âmbito das execuções fiscais produz, no sistema do direito tributário, dois efeitos extremamente relevantes para o contribuinte:[1] (i) permitir a apresentação de embargos à execução fiscal; e (ii) possibilitar a obtenção de certidão positiva de débitos com efeito de negativa.

Com efeito, nos termos do art. 16, § 1º, da Lei n. 6.830 (Lei de Execuções Fiscais), de 22 de setembro de 1980, a prestação de garantia é uma condição à apresentação de embargos em execução fiscal.[2] Assim, por se tratar de requisito à apresentação de embargos, pode-se afirmar que a prestação de garantia está intrinsecamente vinculada ao exercício do direito de ampla defesa que possui o contribuinte, e mesmo que é parte integrante do referido direito de ampla defesa.

De outro lado, ao prestar garantia, o contribuinte também se torna apto a obter certidão positiva de débitos com efeito de negativa, nos termos do art. 206

---

[1] Além dos dois efeitos citados, a depender do caso, a apresentação de garantia também pode ter outros impactos, como a exclusão do nome do contribuinte do Cadastro Informativo de créditos não quitados do setor público federal (Cadin) e a possibilidade de parcelamento de dívidas. Em relação à suspensão da exigibilidade do crédito tributário, existe intensa discussão sobre o assunto, na medida em que muitos sustentam que a suspensão somente é possível nas hipóteses do art. 151 do CTN, que não necessariamente coincidem com as hipóteses de garantia do crédito tributário.

[2] Art. 16: "§ 1º Não são admissíveis embargos do executado antes de garantida a execução".

do Código Tributário Nacional (CTN).[3] A obtenção de certidão negativa, ou de certidão positiva de débitos com efeito de negativa, permite ao contribuinte a continuidade de seus negócios e o livre exercício de suas atividades econômicas, fruindo do direito que lhe garante o art. 170 da Constituição Federal.[4]

O duplo efeito referido (apresentação de embargos à execução e obtenção de certidão positiva de débitos com efeito de negativa) faz com que a prestação de garantia seja um direito fundamental do contribuinte, cujo exercício lhe deve ser assegurado da melhor forma.

A prestação de garantia em relação a débito tributário objeto de execução fiscal atualmente é regulada pelo art. 9º da Lei de Execuções Fiscais,[5] o qual permite, além do depósito em dinheiro e da nomeação de bens à penhora, o oferecimento de fiança bancária ou de seguro garantia.[6] Vale lembrar que a possibilidade de utilizar o seguro como forma de garantir a execução fiscal foi legalmente prevista em 2014, por meio de alteração promovida pela Lei n. 13.043[7] na Lei de Execuções Fiscais.[8]

Dentre as opções legais existentes para garantia do débito tributário, a fiança bancária e o seguro garantia têm se mostrado as mais viáveis para o contribuinte. Isso porque, em geral, o contribuinte não dispõe de recursos financeiros ociosos que possam ficar indisponíveis em depósito bancário durante anos, até a conclusão

---

3 "Art. 206. Tem os mesmos efeitos previstos no artigo anterior [que trata de certidão negativa de débitos] a certidão de que conste a existência de créditos não vencidos, em curso de cobrança executiva em que tenha sido efetivada a penhora, ou cuja exigibilidade esteja suspensa."
4 A apresentação de certidão negativa de débitos, ou certidão positiva com efeito de negativa, é requisito para a realização de uma série de negócios jurídicos normais na vida de uma empresa, como contratação com o poder público, obtenção de empréstimos, dentre outros.
5 Apesar de se tratar de lei ordinária federal, a Lei de Execuções Fiscais também é aplicável à cobrança judicial de tributos estaduais e municipais.
6 "Art. 9º – Em garantia da execução, pelo valor da dívida, juros e multa de mora e encargos indicados na Certidão de Divida Ativa, o executado poderá: I – efetuar depósito em dinheiro, à ordem do Juízo em estabelecimento oficial de crédito, que assegure atualização monetária; II – oferecer fiança bancária ou seguro garantia; (Redação dada pela Lei nº 13.043, de 2014) III – nomear bens à penhora, observada a ordem do artigo 11; ou IV – indicar à penhora bens oferecidos por terceiros e aceitos pela Fazenda Pública."
7 Por se tratar de matéria processual, o entendimento do STJ é no sentido de que a referida lei se aplica inclusive a débitos e processos anteriores à sua vigência.
8 Antes disso, já havia previsão normativa infralegal acerca do seguro garantia para tributos federais, como na Portaria da Procuradoria-Geral da Fazenda Nacional (PGFN) n. 1.153/2009, além de decisões judiciais nesse sentido, mas o tema era controvertido.

do processo, sem causar prejuízo ao seu negócio. A penhora de outros bens tampouco é sempre possível (por inexistência ou por outras razões).

Assim, apesar de a contratação de fiança bancária ou de seguro garantia envolver um custo financeiro significativo (além de poder potencialmente gerar outros impactos, como a redução do limite de crédito do contratante), essas duas modalidades acabam sendo bastante empregadas pelos contribuintes como requisito para o exercício de seu direito à ampla defesa e a continuidade de suas atividades.

Por outro lado, apesar de a fiança bancária e o seguro garantia serem opções autorizadas de forma ampla pelo legislador, a Procuradoria da Fazenda (seja nacional, estadual ou municipal), sob o pretexto de regulamentar os procedimentos a serem seguidos para sua aceitação, muitas vezes restringe o direito que o contribuinte possui de se valer dessas formas de garantia, criando empecilhos e requisitos formais sem qualquer base legal.

Antes de tudo, cabe observar que é questionável se de fato competiria ao fisco a instituição, por meio de normas infralegais, de requisitos como condição para a aceitação de fiança bancária e de seguro como garantia em execução fiscal, ou se caberia apenas ao poder judiciário a decisão acerca da matéria. Isso porque a Lei de Execuções Fiscais prevê o uso da fiança bancária e do seguro garantia de forma abrangente, sem submeter essas duas modalidades ao prévio aceite do credor.

Não obstante, apesar de haver manifestações do judiciário no sentido da não necessidade de anuência do credor para fim de aceitação da fiança bancária e do seguro garantia, a jurisprudência, de modo geral, tem acatado a possibilidade da normatização dessas garantias pelo fisco.[9]

---

9 Dentre inúmeros julgados, cite-se, por exemplo, a decisão proferida pelo Tribunal Regional Federal (TRF) da 3ª Região em 16 de agosto de 2017 no Agravo de Instrumento (AI) n. 0000350-70.2017.4.03.0000: "EMENTA: PROCESSUAL CIVIL. TRIBUTÁRIO. AÇÃO ORDINÁRIA. GARANTIA DO DÉBITO. SEGURO GARANTIA. POSSIBILIDADE. DESNECESSIDADE DE CONCORDÂNCIA DA FAZENDA PÚBLICA. 1. **A nomeação e a substituição dos bens penhorados constituem um dos privilégios da Fazenda Pública, mas a vontade do sujeito passivo será decisiva se o bem oferecido corresponder a depósito pecuniário, fiança bancária ou seguro garantia. 2. Com o advento da Lei nº 13.043/14, o seguro garantia foi incluído no rol das garantias elencadas no artigo 9º, da Lei de Execuções Fiscais, sendo também alterado o artigo 15, da Lei nº 6.8030/80. 3. Por fim, o novo Código de Processo Civil conferiu o mesmo status e ordem de preferência à penhora de dinheiro, à fiança bancária e ao seguro garantia, nos termos do artigo 835, §2º. 4. Portanto, não há óbice à nomeação de seguro garantia para garantir a dívida, que ficará à disposição do Juízo onde for proposta a ação de execução, independentemente da aquiescência da Fazenda Pública, desde que atendidas as condições formais específicas, atualmente previstas na Portaria PGFN nº 164/2014**. 5. Agravo desprovido" (grifos nossos).

Em relação à normatização dos requisitos para aceitação da fiança e do seguro garantia, vale destacar que, atualmente, não existe uma norma única, de âmbito nacional, dispondo sobre a matéria. Essa ausência de um regramento geral, aplicável nas esferas federal, estadual e municipal, é por si só um problema, na medida em que a ausência de uniformidade de procedimentos gera incertezas e inseguranças para o contribuinte, além de um tratamento anti-isonômico. Assim, o que se tem hoje é que os requisitos formais instituídos em relação à fiança bancária e ao seguro garantia podem variar conforme o ente tributante.

Nesse contexto, em relação à fiança bancária, no âmbito federal foram editadas a Portaria PGFN n. 644, de 1 de abril de 2009, e a Portaria da Procuradoria-Geral Federal (PGF) n. 437, de 31 de maio de 2011, contendo requisitos à sua apresentação. No que se refere ao seguro garantia, foi editada a Portaria PGFN n. 164, de 27 de fevereiro de 2014, também no âmbito federal, estipulando os critérios a serem seguidos para sua aceitação por parte da PGFN.

Os requisitos exigidos nas mencionadas portarias federais referem-se, essencialmente, aos seguintes aspectos: (i) prazo de vigência; (ii) valor objeto da garantia; (iii) forma de atualização do valor garantido, com base em índices aplicáveis para atualização do débito; (iv) renúncia a benefício de ordem, a hipóteses de desobrigação e a direitos de natureza similar; (v) idoneidade e representação da instituição financeira ou de seguros envolvida; (vi) eleição de foro para dirimir eventuais disputas; (vii) referência ao número da inscrição em dívida ativa e do processo judicial. Além disso, em relação ao seguro garantia, a Portaria PGFN n. 164 também exige a manutenção do seguro mesmo quando não houver pagamento de prêmio, bem como estabelece as situações a serem indicadas como caracterizadoras da ocorrência de sinistro, sendo estas o não pagamento pelo tomador do valor executado e a não renovação do seguro ou apresentação de nova garantia antes do fim da vigência da apólice. Em relação ao requisito de informação quanto ao número de inscrição em dívida ativa e do processo judicial, observe-se que pode haver uma dificuldade prática nas situações em que o contribuinte pretende apresentar garantia antes da inscrição em dívida ou do início do processo de execução fiscal, havendo decisões no sentido de que tal requisito deixe de ser aplicável nestes casos.[10]

Nas esferas estadual e municipal, pode haver ou não norma dispondo sobre condições para a apresentação de garantia em relação a tributos estaduais e

---

10 Por exemplo, decisão proferida pelo TRF da 5ª região no Processo n. 08008512820154058302.

municipais e, quando há, os requisitos adotados pela fazenda variam conforme o estado ou município da federação, muitas vezes sendo adotados os requisitos previstos nas portarias federais com algumas modificações. Vale mencionar que, nas situações em que não há norma específica no estado ou município, alguns têm buscado, para suprir a lacuna normativa, a aplicação dos requisitos previstos nas portarias federais. Porém, a possibilidade de se seguir esse critério ainda está em discussão, havendo decisões judiciais contrárias, como a proferida pelo Tribunal de Justiça do Espírito Santo em 24 de novembro de 2015 no julgamento do AI n. 0028464-41.2015.8.08.0024.[11]

No âmbito estadual, tomando-se como exemplo o estado de São Paulo, tem-se a Portaria da Subprocuradoria-Geral do Contencioso Tributário-Fiscal (SubG-CTF) n. 3, de 22 de janeiro de 2015, editada pela Procuradoria-Geral do estado, que regulamenta os requisitos para aceitação do seguro garantia. A referida portaria reproduz, essencialmente, os requisitos aplicáveis no âmbito federal, com alguns ajustes. Por exemplo, em relação ao prazo mínimo de vigência da apólice, a portaria estadual adota o período de três anos, superior ao período de dois anos previsto na Portaria PGFN n. 164. Também pode-se citar a Portaria n. 60, de

---

11 "PRIMEIRA CÂMARA CÍVEL. ACÓRDÃO. Agravo de Instrumento n° 0028464-41.2015.8.08.0024. Agravante: MRV Engenharia e Participações S/A. Agravado: Município de Vitória. Relatora: Desembargadora Janete Vargas Simões. EMENTA: AGRAVO DE INSTRUMENTO – EXECUÇÃO FISCAL – ART. 9°, II, LEI 6.830/80 – SEGURO GARANTIA – PRAZO DETERMINADO – NÃO É MEIO HÁBIL PARA ASSEGURAR A EXECUÇÃO – RECURSO DESPROVIDO. 1. A Lei 13.043/2014 alterou a redação do inciso II do art. 9° da Lei de Execuções Fiscais (Lei 6.830/80), tornando possível o oferecimento de seguro garantia como forma de garantir a execução. 2. O seguro oferecido pelo executado, ora agravante, possui prazo determinado, com vigência até 26/09/2017. Assim, a garantia ofertada não se mostra apta a assegurar o juízo, sobretudo considerando o tempo médio de duração dos processos de execução fiscal no Poder Judiciário Brasileiro. 3. Diante da natureza da demanda e os incidentes que eventualmente surgem em seu bojo, é possível que a tramitação da presente execução fiscal se estenda para além do prazo de validade previsto na apólice do seguro garantia oferecido pelo executado, razão pela qual não há certeza de garantia da dívida. 4. **Não há que se falar em aplicação da Portaria 164/14 da Procuradoria da Fazenda Nacional ao caso em análise, tendo em vista que o referido ato normativo regulamenta o seguro garantia para execução fiscal e parcelamento de débitos inscritos em dívida ativa da União e do FGTS.** 5. Recurso conhecido, mas não provido. VISTOS, relatados e discutidos estes autos ACORDAM os Desembargadores que compõem a Primeira Câmara Cível do Egrégio Tribunal de Justiça do Estado do Espírito Santo, de conformidade com a ata e notas taquigráficas que integram este julgado, por unanimidade, conhecer do recurso e negar-lhe provimento, nos termos do voto da Relatora. Vitória, 24 de novembro de 2015."

24 de abril de 2015, do Distrito Federal, a qual, de modo geral, igualmente replica os requisitos aplicáveis no âmbito federal.

No âmbito municipal, utilizando-se o município de São Paulo como exemplo, há a Ordem de Serviço (OS) n. 03/2015 – FISC 7, a qual trata do seguro garantia. Em comparação com as portarias federais, a referida OS municipal traz requisitos mais gravosos ao contribuinte. Com efeito, um primeiro aspecto é que ela determina que o seguro garantia deve ter um prazo de vigência igual ou superior a dez anos, com renovação automática. Também estabelece que o seguro deve corresponder ao valor atualizado do débito acrescido de 30%. Ademais, prevê ainda, como hipóteses de caracterização do sinistro, a falência ou recuperação do executado, bem como a ocorrência de fusão, cisão, incorporação ou transformação. Ora, alguns desses requisitos impostos como condição para a aceitação do seguro como garantia mostram-se claramente contrários ao exercício do direito de defesa que possui o devedor.

No que se refere ao acréscimo de 30% ao valor atualizado do débito, estabelecido na referida OS como requisito para aceitação do seguro garantia, a sua previsão é justificada com base no Código de Processo Civil (CPC), o qual contém dispositivo sobre o assunto.[12] Porém, no caso das execuções fiscais, essa exigência é totalmente descabida, na medida em que, nos termos do próprio art. 9º da Lei de Execuções Fiscais, a garantia deve se ater ao exato valor do débito tributário, incluindo principal, multa, juros e acréscimos legais, mas sem qualquer previsão de valor que exceda tal montante.

Em relação a esse tema, a jurisprudência, inclusive do Superior Tribunal de Justiça (STJ),[13] já se manifestou contrariamente a exigências dessa natureza por parte da fazenda, entendendo que (i) tal acréscimo, previsto no CPC, somente é aplicável no caso de substituição de penhora, e não na hipótese de oferecimento inicial da garantia; e (ii) de todo modo, a regra prevista no CPC não se aplica às execuções fiscais, regidas por lei específica.

Assim, apesar de ainda constar na OS n. 03/2015 – FISC 7, o requisito de acréscimo de 30% ao valor do débito para fim de apresentação de seguro garantia em

---

12 Art. 835: "§ 2º Para fins de substituição da penhora, equiparam-se a dinheiro a fiança bancária e o seguro garantia judicial, desde que em valor não inferior ao do débito constante da inicial, acrescido de trinta por cento".
13 Nesse sentido, pode-se citar, exemplificativamente, as decisões proferidas pelo STJ no Recurso Especial (REsp) n. 1670587, de 27 de junho de 2017, e na Medida Cautelar n. 2015/0192103-4, de 17 de setembro de 2015.

relação a débitos municipais tende a ser rechaçado se questionado judicialmente. Da mesma forma, serão passíveis de questionamento outros estados e municípios que também possuam norma prevendo o acréscimo de 30% ao valor do débito para fim de garantia. Em alguns casos, a inexistência de norma é o que dá margem à exigência, por parte da Procuradoria, do referido acréscimo, supostamente com base no CPC. Não obstante, como já exposto, o CPC é inaplicável para fim dessa matéria,[14] regida exclusivamente pela Lei de Execuções Fiscais, como já reconhece de forma ampla a jurisprudência.

Em relação ao município de São Paulo, além da questão do valor, também se mostra excessivamente gravosa a previsão de ocorrência de sinistro em caso de fusão, cisão, incorporação ou transformação. Essas hipóteses de reorganização societária, muitas vezes necessárias ao desenvolvimento da própria atividade econômica, não deveriam, por si só, deflagrar a necessidade de pagamento da indenização decorrente do sinistro. A legislação societária prevê, nesses casos, a sucessão universal em relação a direitos e obrigações, sendo descabido estabelecer a resolução da garantia em decorrência de operações dessa natureza. Esse tipo de restrição contraria os princípios da razoabilidade e da menor onerosidade para o devedor.

A exigência de a seguradora efetuar depósito do montante executado antes do trânsito em julgado da decisão, constante não apenas na norma municipal, mas também nas portarias federal, estadual e do Distrito Federal ora citadas, também é questionável, bem como a previsão de ocorrência de sinistro com consequente necessidade de efetivo pagamento de indenização (e não de mero depósito) nas hipóteses de não renovação do seguro ou não apresentação de nova garantia. Ainda, o prazo mínimo de vigência da apólice (de dez anos, no caso do município de São Paulo) representa mais uma restrição ao contribuinte, na medida em que dificulta a eventual substituição da garantia durante o lapso temporal. Todas essas exigências tornam a contratação de fiança ou de seguro garantia bastante custosa, o que termina por gerar um ônus desnecessário no amplo exercício do direito de defesa.

Diante do exposto, verifica-se que os diversos requisitos impostos como condição para a apresentação de garantia de débito tributário em processo de execução fiscal muitas vezes representam um verdadeiro cerceamento ao exercício da ampla defesa e do contraditório, ou seja, aos direitos fundamentais do contribuinte.

---

14 Mais ainda quando se trata de oferecimento inicial de garantia.

No mais das vezes, esses requisitos são impostos por meio de normas que sequer possuem base legal, o que, a rigor, nem deveria ser possível.

Por outro lado, tem crescido de forma exponencial o número de autuações tendo por objeto débitos tributários em valores de altíssima monta, sendo cada vez mais difícil obter o seu cancelamento na via administrativa, mesmo nas situações em que a razão claramente assiste ao contribuinte.

Em vista dessa situação, o tema das garantias se torna ainda mais relevante, uma vez que a imposição de restrições à utilização dos mecanismos legalmente previstos, além de ferir os direitos constitucionais à ampla defesa e ao contraditório, termina por inviabilizar o próprio exercício da atividade econômica por parte dos contribuintes, o que traz prejuízos para toda a sociedade. Com efeito, o desenvolvimento econômico do país é o que propicia a melhoria de condições de vida para toda a sociedade, e tal desenvolvimento somente é possível com o livre exercício da atividade produtiva pelos diversos agentes.

Assim, se, por um lado, é de fato necessária a regulamentação dos procedimentos para a prestação de garantias em processos de execução fiscal, por outro, restringir de forma arbitrária a apresentação dessas garantias, criando-se requisitos excessivos e sem qualquer base legal, fere não apenas o exercício da ampla defesa por parte do contribuinte objeto da cobrança do débito tributário, mas atinge o desenvolvimento da própria sociedade, na medida em que limita a atuação empresarial, em prejuízo do próprio país.

Dessa forma, mostra-se necessário rever sob uma perspectiva mais ampla a questão dos requisitos para a prestação de garantia de débitos tributários, a fim de que questões procedimentais e formais não terminem por inviabilizar o exercício de direitos constitucionalmente garantidos e da própria atividade empresarial.

FIANÇA E SEGURO GARANTIA: ABRANGÊNCIA ATUAL, ASPECTOS EM COMUM E DIFERENÇAS

Marcelo Salles Annunziata

1 BREVE INTRODUÇÃO AO TEMA

Apresentar garantia de uma dívida para se defender enquanto tramita uma ação judicial é uma tradição do nosso direito, especialmente em matéria tributária, em que o Estado, com toda a sua força, exige um suposto débito fiscal de determinado contribuinte. No decorrer do tempo, logicamente, há uma evolução dos tipos de garantias que podem ser aceitos em demandas dessa natureza, com adaptação da legislação, da jurisprudência e da prática forense a uma eventual nova forma de garantia.

Assim é que, quando da edição da Lei de Execuções Fiscais (Lei n. 6.830/1980), o seu art. 9º previu, dentre várias formas de garantia, que a fiança bancária no valor do débito fiscal poderia ser oferecida. Muito anos se passaram e a fiança se consolidou como uma das formas mais aceitas de garantia; contudo, apresentava alguns inconvenientes, como o alto custo de manutenção, a dificuldade de se encerrar o contrato da fiança etc., o que fez com que surgisse, já no início dos anos 2000, o seguro garantia como uma forma alternativa, muito parecida com a fiança, mas muito mais barata e menos difícil de executar e manter.

Contudo, apesar de insistentes esforços dos advogados no sentido de que o seguro fosse aceito, a ausência de sua previsão expressa na lei sempre atrapalhou o seu desenvolvimento. Somente em 2014, com o advento da Lei n. 13.043, finalmente a Lei de Execuções Fiscais foi alterada para prever expressamente o seguro garantia como forma legítima de garantia em execução fiscal, dando a ele o mesmo patamar jurídico da já consagrada fiança.

Nesse estudo, trataremos dessas duas figuras: suas abrangências, suas diferenças e seu papel enquanto formas de garantia essenciais e fundamentais nos processos tributários.

2 ABRANGÊNCIA ATUAL DA FIANÇA E DO SEGURO

Como mencionado, tanto a fiança bancária quanto o seguro garantia estão atualmente previstos na Lei de Execuções Fiscais como formas legítimas de garantir um processo executivo.[1] Pode-se dizer, inclusive, que hoje há uma equiparação em termos legais das duas figuras, pois, como visto, a lei as igualou para serem aptas à garantia de um processo executivo (utilizando a palavra *ou* para conectar as duas figuras). Sendo equiparadas na forma da lei, tanto uma como outra, desde que cumpram os seus requisitos de formação e contratação, podem e devem ser aceitas indiscriminadamente pela Fazenda Pública e pelo juiz, sem quaisquer restrições ou possíveis preferências por uma ou por outra.

Reforça essa constatação a edição, no âmbito federal, pela Procuradoria-Geral da Fazenda Nacional (PGFN), das Portarias n. 164/2014 (seguro garantia) e 644/2009 (fiança bancária), tratando a fiança e o seguro com os mesmos efeitos de aceitação por parte da autoridade fiscal, inclusive com previsão expressa, na Portaria n. 164, de que o seguro pode vir a substituir outras formas de garantia já apresentadas no processo, à exceção do depósito em dinheiro.

É interessante notar que, na esfera federal, a permissão para apresentação de seguro garantia pela Portaria n. 164 foi editada em 5 de março de 2014, antes da alteração da própria lei que veio a expressamente permitir o seguro, uma vez que a n. Lei 13.043 é de novembro de 2014. Isso revela que, ao menos no campo federal, o seguro já era aceito pelo próprio fisco; claro que a alteração da lei eliminou quaisquer dúvidas que ainda pudessem existir nesse aspecto, especialmente no âmbito dos fiscos estaduais e municipais, que, em muitos casos, não reconheciam a legitimidade do seguro. Ainda nesse ponto, cabe ponderar que a edição da lei também tem como vantagem evitar que, mesmo no âmbito federal, ao sabor da

---

1 Conforme art. 9º da Lei n. 6.830/1980, na redação que lhe foi dada pela Lei n. 13.043/2014: "Em garantia da execução, pelo valor da dívida, juros e multa de mora e encargos indicados na Certidão de Dívida Ativa, o executado poderá: (...) II – oferecer fiança bancária ou seguro garantia".

conveniência política, a PGFN pudesse revogar a portaria então vigente a qualquer momento e passasse a rejeitar o seguro. Com a lei, assegura-se o direito subjetivo do contribuinte.

Mesmo considerando que essas portarias sejam aplicáveis apenas no âmbito dos tributos federais, não há dúvidas de que o entendimento nelas manifestado reflete uma aceitação geral das duas garantias em processos de execução fiscal, o que por certo se aplica também aos débitos estaduais e municipais, até porque, como visto, a lei atual das execuções fiscais aplica-se a todas as Fazendas Públicas (federal, estadual, distrital e municipal).

A jurisprudência também vem entendendo pela equivalência entre seguro e fiança, como se pode ver em algumas importantes decisões judiciais proferidas pelo Superior Tribunal de Justiça (STJ), como no Agravo Regimental (AgRg) no Recurso Especial (REsp) n. 1534606/MG, de relatoria do Ministro Humberto Martins, em que se concluiu que, com o advento da Lei n. 13.043/2014, houve a equiparação entre as duas figuras.[2]

Vale ainda lembrar que o art. 835, § 2º, do novo Código de Processo Civil (CPC) – antigo art. 656, § 2º, do CPC/1973 – também disciplina regra acerca do seguro enquanto possibilidade de este substituir penhora, desde que no valor do débito "acrescido de 30%". Contudo, a aplicação dessa regra deve ser mitigada quando se fala de execução fiscal, primeiro porque, como visto, o art. 9º da Lei n. 6.830/1980 apenas exige que a garantia prestada seja no montante integral do débito; segundo pois, pelo que decorre da redação do dispositivo da lei processual geral, a hipótese se aplica no caso de feitos de natureza civil em casos de substituição de uma penhora pelo seguro (no caso de apresentar um seguro como garantia na execução fiscal de forma originária, isto é, que não seja uma substituição da penhora, em regra tal acréscimo de 30% não deveria ser aplicado).

---

2 "TRIBUTÁRIO. PROCESSUAL CIVIL. EXECUÇÃO FISCAL. SEGURO GARANTIA. POSSIBILIDADE. LEI N. 13.043/2014. NORMA DE CUNHO PROCESSUAL.APLICABILIDADE IMEDIATA. 1. Discute-se nos autos a possibilidade de garantia da execução fiscal por meio de 'seguro garantia judicial'. 2. A jurisprudência do STJ possuía entendimento segundo o qual não era possível a utilização do 'seguro garantia judicial' como caução à execução fiscal, por ausência de previsão legal específica. Contudo, com a entrada em vigor da Lei 13.043/2014, que deu nova redação ao art. 9º, II, da LEF, facultou-se expressamente ao executado a possibilidade de 'oferecer fiança bancária ou seguro garantia'. E sendo a referida lei norma de cunho processual, possui aplicabilidade imediata aos processos em curso. Precedente. 3. Aplicam-se as alterações trazidas pela Lei n. 13.043/2014 inclusive aos casos em que a decisão que indeferiu o pedido de utilização do seguro garantia se deu antes da vigência da referida norma."

A interpretação que tem se dado a essa necessidade de acréscimo de 30% no caso do seguro em substituição à penhora se justificaria para evitar que, com o passar do tempo, a garantia se tornasse insuficiente para assegurar totalmente o débito discutido. Essa premissa, contudo, claramente não se aplica nos casos de seguros ou fianças apresentados nos processos executivos fiscais, pois essas garantias somente são apresentadas e aceitas pelo juiz e pela Fazenda Pública com cláusula que determine que o valor da garantia tenha os mesmos juros e correções do débito que se está a garantir. Com isso, assegura-se que a garantia esteja sempre apta e em valor atualizado do débito, não importando quanto tempo durará o processo (e sabemos que qualquer processo judicial em matéria tributária não demora menos que cinco anos para ser concluído).

Assim, o fato de o artigo (i) apenas se aplicar às substituições de penhora por seguro, o que geralmente não é o caso em execução fiscal, sendo mais comum a apresentação originária de garantia; e, ao mesmo tempo, (ii) somente poder ser aplicado aos casos em que há riscos de a garantia perder seu valor com o decorrer do tempo, o que também não ocorre nos casos tributários, torna praticamente inaplicável essa norma processual aos casos tributários.

Vale lembrar, por exemplo, a decisão da lavra do Ministro Napoleão Nunes Maia Filho, no AgRg na Medida Cautelar (MC) n. 23.537/RJ, julgado em 18 de agosto de 2015, no sentido de que "O art. 656, § 2º., do CPC está vinculado ao *caput* desse dispositivo, que trata da hipótese de substituição da penhora, e não do seu oferecimento inicial". Ainda, no que diz respeito à aplicação do citado dispositivo apenas aos casos em que há risco de perda de valor da garantia pelo decurso de tempo do processo, corrobora o entendimento de que não seria aplicável aos casos tributários a recente jurisprudência do STJ, tendo como exemplo, entre outros, o julgado do REsp n. 1670587/SP.[3]

---

3 "PROCESSUAL CIVIL. EXECUÇÃO FISCAL. GARANTIA INICIAL. FIANÇA BANCÁRIA. ACRÉSCIMO DE 30% (TRINTA POR CENTO) PREVISTO NO ART. 656, § 2º, DO CPC/1973. DESNECESSIDADE, QUANDO A CARTA DE FIANÇA CUMPRE OS REQUISITOS DA PORTARIA PGF 437/2011. 1. Trata-se de Recurso Especial interposto contra acórdão que determinou que a carta de fiança, apresentada pelo executado como garantia inicial em Execução Fiscal, contenha o acréscimo de 30% (trinta por cento) sobre o valor do débito exigido. 2. A questão de fundo relaciona-se com a norma do art. 656, § 2º, do CPC, que exige, por ocasião da substituição da penhora por fiança bancária ou seguro-garantia judicial, que o valor corresponda ao débito atualizado acrescido de 30% (trinta por cento). Contudo, o caso em exame não é de substituição de penhora, mas sim de garantia inicial prestada em Execução Fiscal. 3. O objetivo da norma insculpida no § 2º do art. 656 do CPC/1973 é evitar que o transcurso do tempo torne insuficiente a garantia prestada por meio

Nota-se ainda que a nossa doutrina também vem reconhecendo a equivalência entre seguro e fiança, como se pode notar em recente trabalho da advogada Maria Izabel de Macedo Vialle, em que afirma que "entre algumas mudanças ocasionadas pela entrada em vigor do novo Código de Processo Civil e que trouxeram grandes impactos ao direito tributário, destaca-se a expressa equiparação do seguro-garantia ao dinheiro para fins de substituição de penhora".[4]

Por fim, nos termos da citada Portaria PGFN n. 164, de acordo com o § 2º do seu artigo 3º, "não se aplica o acréscimo de 30% ao valor garantido, constante do § 2º do art. 656 da Lei n. 5.869, de 11 de janeiro de 1973 (CPC)". Claro que não seria necessário esse dispositivo porquanto, como visto, a interpretação correta de tal norma do CPC já excluía sua aplicação aos casos tributários, mas, por óbvio, tal disposição elimina, ao menos no âmbito federal, qualquer discussão sobre o assunto.

3 ASPECTOS EM COMUM E DIFERENÇAS ENTRE SEGURO E FIANÇA

Juridicamente, hoje, o seguro e a fiança são absolutamente equivalentes em termos de aceitação enquanto garantias aptas a assegurarem os interesses do sujeito ativo da obrigação tributária. As semelhanças entre as duas figuras também já são amplamente aceitas pelo poder judiciário e pelo fisco, podendo haver, assim, a substituição de uma pela outra sem maiores problemas.

Atualmente, há um grande movimento das empresas para substituir a fiança pelo seguro, não por razões jurídicas, mas principalmente por aspectos financeiros,

---

de fiança bancária. Logo, entende-se que, para afastar a aplicação subsidiária do CPC/1973, em especial a exigência do acréscimo de 30% (trinta por cento), a garantia deve observar a disciplina normativa da Portaria 437/2011, da Procuradoria-Geral Federal, pois, ao se seguirem os requisitos previstos no referido ato normativo, a garantia não se tornará insuficiente com o passar do tempo. 4. In casu, verifica-se que o Tribunal de origem consignou apenas que a Carta de Fiança vale por tempo indeterminado, não esclarecendo se estão presentes as demais condições imprescindíveis para alcançar o conteúdo da Portaria PGF 437/2011, que não requer o acréscimo de 30% (trinta por cento). 5. Recurso Especial provido para reconhecer inaplicável o acréscimo de 30% (trinta por cento) sobre o valor da fiança bancária dada em garantia e determinar o retorno dos autos à Corte de origem, para que seja aferida a presença dos requisitos da Portaria 437/2011/PGF".

4 VIALLE, Maria Izabel de Macedo. O seguro-garantia no âmbito do direito tributário: reflexos nos contornos do novo Código de Processo Civil. *Revista de Estudos Tributários*, p. 492, jul./ago. 2016.

uma vez que o seguro ainda é mais barato que a fiança e não compromete o crédito bancário da empresa. Além disso, como veremos, pelo fato de o seguro não ser dotado da chamada "cartularidade", seu cancelamento e sua administração em geral se tornam mais fáceis e menos burocráticos que os da fiança.

Dessa forma, em termos de características, entendemos que o seguro é muito parecido com a fiança, apenas com algumas singelas diferenças que podem ser assim resumidas:

- O seguro constitui-se em uma apólice emitida por uma seguradora, que assegura o pagamento do tributo discutido caso ocorra o sinistro (ou seja, caso o juiz, no âmbito do processo, determine o pagamento dos tributos, por ter havido uma decisão judicial definitiva ou provisória neste sentido, ambas aplicáveis de forma imediata nos termos da legislação processual); o mesmo ocorre com a fiança, que representa uma garantia de que determinado banco pagará o valor dos tributos caso haja uma decisão judicial neste sentido.

- O seguro é contratado de uma empresa seguradora que está sujeita às normas regulatórias da agência governamental que trata de seguros, que hoje é a Agência Nacional de Seguros (ANS); já a fiança, por ser emitida por um banco, está sujeita às normas emanadas pelo Banco Central, que regula a atividade bancária.

- A carta de fiança é um documento dotado do que se chama de "cartularidade", o que, para fins do direito comercial, significa que o documento confere os efeitos jurídicos à fiança; em termos práticos, isso significa que o documento "fiança" juntado a um processo deverá ser desentranhado dos autos da ação judicial e ser levado ao banco para que seu cancelamento se torne efetivo (não é possível, portanto, realizar o seu cancelamento sem que o juiz autorize a sua remoção do processo). Já a apólice do seguro não tem o mesmo efeito, podendo se tratar inclusive de uma apólice emitida no modo eletrônico, que pode ser cancelada a qualquer momento sem a necessidade de obtenção ou desentranhamento do documento no processo. Vale lembrar que há vários casos em que se tem a fiança como garantia nos quais, por exemplo, o débito garantido já foi cancelado pela própria autoridade fiscal, mas não se consegue obter o cancelamento imediato e concomitante da fiança, pois, como dito, esta precisa ser retirada do processo e somente depois pode ser objeto de cancelamento junto ao banco (essa demora deve-se em grande parte à atuação lenta do judiciário). O grande inconveniente disso é que, no período (às vezes superior a um ano) entre o cancelamento do débito e o cancelamento da fiança, por mais absurdo que possa parecer, a empresa continua pagando os custos/encargos da fiança e tendo afetado o seu limite de crédito, porquanto a fiança ainda existe e produz seus efeitos jurídicos. No caso do seguro, em virtude da ausência dessa característica, havendo o cancelamento do débito, a própria empresa pode, sem a necessidade de intervenção do juiz do processo, de forma imediata, fazer o cancelamento da apólice junto à empresa seguradora, devendo, oportunamente, apenas comunicar o juiz quanto a esse fato.

- Usualmente, os custos para contratação e manutenção do seguro são mais baratos que os da fiança, até por razões regulatórias que diferenciam a atividade seguradora da atividade bancária.

- O valor da fiança contratada com um banco é normalmente considerado dentro do valor de crédito que uma empresa detém perante a instituição financeira, o que afeta o total de crédito que aquela empresa poderá obter perante o banco; já o valor do seguro afeta apenas a relação geral da empresa com a seguradora, mas não afeta o crédito bancário da empresa.

Assim, como se vê, tanto o seguro como a fiança podem ser indiscriminadamente utilizados em demandas tributárias, por serem equivalentes juridicamente; contudo, alguns aspectos, especialmente financeiros, fizeram a preferência pelo seguro aumentar substancialmente nos últimos anos, o que tem levado muitas empresas a adotar pura e simplesmente a substituição da fiança pelo seguro, obtendo, com isso, uma economia que pode chegar a milhões de reais (lembrando que, em tempos de crise, esse é um planejamento financeiro absolutamente necessário).

4 POSSIBILIDADE DE EQUIPARAÇÃO DA FIANÇA E DO SEGURO COM DINHEIRO

Considerando a necessidade financeira das empresas em economizar recursos, até para manter as suas atividades em tempos de crise, cresce também uma demanda pela possibilidade de substituição de depósitos em dinheiro feitos em processos judiciais pelo seguro ou pela fiança, com o argumento de que essas figuras também tenham equiparação jurídica com o próprio dinheiro. Essa questão é bem mais polêmica e ainda suscita no meio jurídico amplos debates, havendo quem defenda a sua aplicação total e aqueles que entendem ser totalmente inaplicável esse entendimento dentro da atual estruturação do ordenamento jurídico.

Para este último grupo, o argumento é exatamente o de que a lei – especialmente a Lei n. 6.830/1980 – trata de forma separada em seu artigo 9º o dinheiro e as outras formas de garantia, diferentemente do que faz com o seguro e a fiança, que são tratados no mesmo inciso daquele dispositivo legal (o depósito em dinheiro é tratado como forma de garantia no inciso I, e o seguro e a fiança estão agrupados no inciso II). Ademais, por sua própria natureza, não haveria como equiparar o dinheiro com as outras formas de garantia, sendo o dinheiro a garantia por excelência em termos de qualidade e liquidez para o credor.

Já para o primeiro grupo, o argumento é que, em primeiro lugar, deve-se aplicar o já citado art. 835, § 2º, do CPC, que disciplina que, para fins de substituição da penhora, tanto a fiança quanto o seguro "equiparam-se a dinheiro", o que já demonstra a positivação da vontade do legislador no sentido da equiparação. Além disso, nos tempos atuais, limitar esses instrumentos absolutamente legítimos e também com muita liquidez (já que tanto a fiança como o seguro são objeto de rápido pagamento em caso de determinação pelo juiz do processo) é um total retrocesso e atenta contra a razoabilidade, uma vez que, em termos de liquidez, haveria quase que uma equivalência entre eles (claro que, financeiramente e pensando de modo imediatista, não haveria como superar o dinheiro já depositado em comparação com um seguro ou uma fiança, que, de toda forma, ainda dependerão do depósito por parte da seguradora ou do banco).

Essa atitude, aliada à crise econômica cíclica que vive o Brasil, asfixiaria as empresas ou pessoas físicas com a manutenção de depósitos em dinheiro que poderiam ser aplicados nas atividades econômicas com muito maior retorno ao País, e, o mais importante, sem que o credor do título executivo – no caso, a Fazenda Pública – ficasse desassistido.

Nesse sentido, destaca-se que, atualmente, a jurisprudência se inclina para não permitir a substituição do dinheiro pelo seguro ou pela fiança, havendo apenas algumas decisões do STJ no sentido de que, em situações excepcionais – ainda que não muito bem explicitadas quais seriam essas situações –, poderia haver essa substituição. É, por exemplo, o que restou decidido nos autos do AgRg no Agravo em Recurso Especial (AREsp) n. 726208, do relator Ministro Gurgel de Faria, em que se admite que "Somente em casos excepcionais, quando cabalmente justificada e comprovada a necessidade de aplicação do princípio da menor onerosidade

(CPC/1973, art. 620), admite-se a substituição da penhora de dinheiro por fiança bancária ou seguro garantia judicial".[5]

Na referida decisão do STJ, dá-se a entender que, a depender do prejuízo às atividades econômicas da empresa e de sua suposta capacidade econômica de arcar com os custos do processo, haveria a possibilidade de se autorizar a mencionada substituição, o que significa a necessidade de se demonstrar, de forma objetiva, essa situação para que isso seja autorizado. Nossa opinião, com absoluto respeito aos que entendem em contrário, é que o dinheiro, o seguro e a fiança devem ter reconhecida sua equivalência jurídica, para que possa haver a substituição livre entre eles; claro que estamos considerando que tanto o seguro quanto a fiança devem ser contratados com instituições financeiras e seguradoras reconhecidamente idôneas e aptas a fazer frente a um eventual desembolso rápido que se faça necessário, o que torna, sem dúvidas, a equiparação totalmente factível.

Acreditamos que, nos próximos anos, mesmo que não haja uma alteração da lei, esse assunto poderá amadurecer com um melhor conhecimento por parte dos juízes dessas duas figuras, o que trará mais confiança em sua liquidez e sua exequibilidade, resultando em sua possível aceitação e substituição até pelo dinheiro outrora depositado no processo. Vamos ver se isso ocorre. De toda forma, haverá uma pressão pela flexibilização da legislação nesse sentido, até por conta do aprofundamento das práticas de boa gestão financeira das empresas e da melhora da situação fiscal das contas públicas.

---

5 "PROCESSUAL CIVIL. AGRAVO REGIMENTAL NO AGRAVO EM RECURSO ESPECIAL. PENHORA ELETRÔNICA. SUBSTITUIÇÃO POR SEGURO GARANTIA. MENOR ONEROSIDADE. APLICAÇÃO. DESCABIMENTO. 1. O Plenário do STJ decidiu que 'aos recursos interpostos com fundamento no CPC/1973 (relativos a decisões publicadas até 17 de março de 2016) devem ser exigidos os requisitos de admissibilidade na forma nele prevista, com as interpretações dadas até então pela jurisprudência do Superior Tribunal de Justiça' (Enunciado Administrativo n. 2). 2. Somente em casos excepcionais, quando cabalmente justificada e comprovada a necessidade de aplicação do princípio da menor onerosidade (CPC/1973, art. 620), admite-se a substituição da penhora de dinheiro por fiança bancária ou seguro garantia judicial. Precedentes.3. Hipótese em que a falta de demonstração do efetivo prejuízo que a penhora eletrônica poderia ocasionar às atividades da agravante, aliada à sua notória capacidade econômica, não justifica a substituição pretendida, devendo manter-se a decisão agravada, que salientou também a inviabilidade de incursão no contexto fático-probatório dos autos para dissentir do acórdão recorrido. 4. Agravo regimental desprovido."

5 CONCLUSÕES

Como visto, atualmente, o seguro e a fiança são totalmente aceitos em processos envolvendo matéria tributária e considerados equivalentes para os fins a que se destinam, podendo haver a troca ou substituição de um pelo outro sem maiores questionamentos e sem afetar a liquidez e a higidez da garantia.

A par de sua equivalência jurídica, nos últimos anos tem-se observado um crescimento acelerado do seguro em comparação com a fiança, especialmente por razões financeiras, pois o seguro é mais barato e não compromete o crédito de uma empresa com determinada instituição financeira.

Por outro lado, ainda é muito incipiente a jurisprudência que admite a equiparação entre seguro/fiança e depósito em dinheiro, havendo apenas algumas decisões nesse sentido nas denominadas situações excepcionais, que têm sido entendidas como riscos de continuidade da atividade econômica aliados à suposta capacidade econômica diminuída da empresa.

De todo modo, espera-se que, com a evolução da legislação e da jurisprudência, possa ser reconhecida no futuro a equiparação entre essas três formas de garantia.

MEDIDAS PREPARATÓRIAS: O QUE ESTÁ AO ALCANCE DO FISCO ANTES DO INÍCIO DA DISCUSSÃO JUDICIAL

Carlos Eduardo Marino Orsolon

O presente artigo demonstrará a existência de mecanismos jurídicos – distintos da garantia apresentada em juízo – passíveis de utilização pela administração tributária para o monitoramento eficaz da capacidade de o sujeito passivo adimplir suas obrigações fiscais.

Para tanto, serão analisadas as normas existentes no âmbito da Receita Federal do Brasil (RFB) e da Procuradoria-Geral da Fazenda Nacional (PGFN) que permitem a realização, de modo bastante preciso, do acompanhamento da evolução do patrimônio do contribuinte, de modo a evitar situações de dilapidação patrimonial antes do início de qualquer disputa judicial acerca de determinado crédito tributário.

Como conclusão, será evidenciada a necessidade de relativização da importância atualmente dada à garantia judicial, haja vista a existência de uma grande quantidade de medidas de controle patrimonial aplicáveis aos contribuintes, as quais, quando corretamente implementadas pelas autoridades fiscais, se mostram suficientes para mitigar a necessidade de constituição de uma garantia específica integral para o crédito tributário que segue para discussão perante o poder judiciário.

1 MEDIDAS DE ACOMPANHAMENTO E CONTROLE PATRIMONIAL DO CONTRIBUINTE À DISPOSIÇÃO DAS AUTORIDADES FISCAIS

Uma rápida consulta ao arcabouço jurídico atualmente posto revela a existência de diversas normas que atribuem competência – e os respectivos mecanismos de aplicação – à RFB e à PGFN para que realizem um acompanhamento preventivo detalhado da evolução (e/ou involução) do patrimônio dos contribuintes, proponham medidas assecuratórias de controle de possíveis fraudes e, no limite, de acesso direto ao poder judiciário para, preventivamente, barrar qualquer clara tentativa de dilapidação patrimonial despropositada.

A seguir, indicaremos quais são as principais normas de controle patrimonial existentes e seus respectivos mecanismos de aplicação, o que revelará, ao final, a força desse plexo de regras que caminha em paralelo às normas que exigem a obrigatória apresentação de garantias no início de qualquer discussão tributária judicial.

A partir da constatação da existência de tais regras e da verificação de seu funcionamento, restará evidente que há diversas situações nas quais a exigência de garantia integral do crédito tributário pode – e deve – ser flexibilizada pelo poder judiciário, haja vista a preexistência de evidências à RFB e à PGFN da suficiência patrimonial do contribuinte.

2 ACOMPANHAMENTO DIFERENCIADO DOS MAIORES CONTRIBUINTES

Há tempos é conhecida a opção do legislador ordinário pela sujeição dos contribuintes à sistemática do lançamento por homologação (ou "autolançamento"), prevista no Código Tributário Nacional (CTN).[1] De acordo com esse regime, é atribuída exclusivamente ao contribuinte toda a atividade de cálculo e pagamento do tributo, sem qualquer participação da autoridade fiscal, a quem cabe apenas a posterior conferência da atividade realizada dentro do prazo legal de cinco anos. De acordo com essa sistemática de lançamento, o contribuinte é colocado em posição de amplo destaque, pois, além de apurar e pagar o tributo com base em seus próprios cálculos, deve ainda declará-lo corretamente em suas obrigações acessórias, as quais são periodicamente transmitidas por meio eletrônico, ficando à disposição das autoridades fiscais, em ambiente digital, para consulta imediata.

Contudo, não obstante exista esse acesso praticamente online a todas as informações utilizadas pelo contribuinte para a realização do "autolançamento",

---

1 "Art. 150. O lançamento por homologação, que ocorre quanto aos tributos cuja legislação atribua ao sujeito passivo o dever de antecipar o pagamento sem prévio exame da autoridade administrativa, opera-se pelo ato em que a referida autoridade, tomando conhecimento da atividade assim exercida pelo obrigado, expressamente a homologa."

há mais de dez anos a RFB instituiu um programa de "acompanhamento diferenciado dos maiores contribuintes", que atualmente tem suas principais regras previstas na Portaria RFB n. 641, de 11 de maio de 2015.De acordo com a definição constante do art. 1º da referida portaria, esse acompanhamento consiste "na análise do comportamento econômico-tributário [do contribuinte], por meio do monitoramento da arrecadação dos tributos administrados pela RFB, da análise de setores e grupos econômicos e da gestão para o tratamento prioritário relativo ao passivo tributário".

Adicionalmente, o art. 2º da mesma portaria elenca os objetivos pretendidos pela RFB com o acompanhamento diferenciado desses contribuintes estratégicos:

> I – subsidiar a alta administração da RFB com informações tempestivas sobre o comportamento tributário dos maiores contribuintes;
>
> II – atuar próximo ao fato gerador da obrigação tributária;
>
> III – conhecer, de forma sistêmica, o comportamento econômico-tributário dos maiores contribuintes;
>
> IV – produzir análises sobre as variações negativas mais relevantes que resultem, ou possam resultar, em queda da arrecadação efetiva ou potencial;
>
> V – promover iniciativas de conformidade tributária junto aos maiores contribuintes, priorizando ações para autorregularização; e
>
> VI – encaminhar propostas de providências a serem executadas pelas áreas responsáveis por processos de trabalho específicos.

Para atingir tais objetivos, a Portaria RFB n. 641/2015 estabelece que a RFB pode se valer de informações obtidas tanto interna quanto externamente, sendo-lhe facultado, inclusive, contatar o contribuinte por outros meios que não apenas a realização de diligência devidamente suportada por Mandado de Procedimento Fiscal, como contato telefônico, correio eletrônico ou mesmo convocação para reunião presencial.

Como se nota, com a criação do acompanhamento diferenciado dos maiores contribuintes, a RFB passou a atuar de maneira proativa não apenas no tocante ao acompanhamento dos volumes de arrecadação (mediante controle mais próximo dos fatos geradores tributários), mas também com relação ao monitoramento dos passivos tributários, sendo que, nesse sentido, foi autorizada pela

Portaria RFB n. 641/2015[2] a criação de planos de ações e metas específicos para os contribuintes supervisionados.

Como consequência da instituição desse mecanismo, a RFB passou a ter acesso total à realidade econômico-financeira (além da tributário-fiscal) daqueles contribuintes que representam os maiores volumes de arrecadação federal. Esse controle permite, a nosso ver, que, em caso de início de uma disputa judicial, seja possível às autoridades fiscais – por já conhecerem de antemão todos os detalhes da saúde financeira desses grandes contribuintes – concordar, por exemplo, com a dispensa de apresentação de garantia integral para o tributo em discussão.

3 ARROLAMENTO DE BENS E MEDIDA CAUTELAR FISCAL

Uma vez identificado qualquer erro cometido pelo contribuinte no "autolançamento", caso não lhe seja possível corrigi-lo ou refutá-lo durante o curso do processo fiscalizatório, será lavrado auto de infração com a imposição de multa de ofício.

Nesse caso, de acordo com as regras contidas na Instrução Normativa (IN) RFB n. 1.565, de 11 de maio de 2015, deve o agente fiscal responsável pela lavratura da autuação verificar se a soma dos créditos tributários de responsabilidade do sujeito passivo perante a RFB excede, simultaneamente, (i) 30% do seu patrimônio e (ii) R$ 2 milhões. Se tal situação se verificar, será proposto o arrolamento de bens e direitos do contribuinte, o qual se presta, nos termos da legislação, "ao acompanhamento do patrimônio suscetível de ser indicado como garantia de crédito tributário".[3] Uma vez instituído o arrolamento, os bens arrolados passam a ter os seus respectivos registros públicos gravados com a indicação de que estão sob a supervisão da RFB. Tal situação, embora não impossibilite a alienação desses bens a terceiros, geralmente causa problemas de ordem comercial aos contribuintes, que constantemente recebem questionamentos de potenciais compradores acerca das razões do arrolamento.

Contudo, a IN RFB n. 1.565/2015 prevê, ainda, uma segunda forma de controle patrimonial ainda mais severa que o arrolamento de bens, qual seja, a medida cautelar fiscal. Por meio dessa medida, a RFB pode requerer à PGFN que ingresse em juízo para solicitar a constrição do patrimônio do contribuinte. Tal medida

---

2 "Art. 6º. A atividade de gestão do passivo tributário dos maiores contribuintes compreenderá, entre outras: [...] III – gerenciar planos de ações e metas."
3 Art. 1º e 2º da IN RFB n. 1.565/2015.

pode ser adotada quando o contribuinte incorrer em uma das seguintes situações elencadas no art. 15 da referida IN:

I – não tiver domicílio certo e:

a) intentar ausentar-se;

b) intentar alienar bens que possui; ou

c) deixar de pagar a obrigação no prazo fixado;

II – tiver domicílio certo e ausentar-se ou tentar ausentar-se, visando a elidir o adimplemento da obrigação;

III – cair em insolvência e alienar ou tentar alienar bens;

IV – contrair ou tentar contrair dívidas que comprometam a liquidez do seu patrimônio;

V – tiver sido notificado para que proceda ao recolhimento do crédito tributário e:

a) deixar de pagá-lo no prazo legal, salvo se suspensa a sua exigibilidade; ou

b) transferir ou tentar transferir, a qualquer título, seus bens e direitos para terceiros;

VI – possuir débitos, inscritos ou não em DAU, que, somados, ultrapassem 30% (trinta por cento) do seu patrimônio conhecido;

VII – alienar bens ou direitos sem proceder à devida comunicação ao órgão da Fazenda Pública nos termos do caput do art. 8º;

VIII – tiver sua inscrição no cadastro de contribuintes declarada inapta pelo órgão fazendário;

IX – praticar outros atos que dificultem ou impeçam a satisfação do crédito tributário.

Como visto, são diversas as hipóteses nas quais a RFB pode requerer à PGFN a propositura de medida cautelar fiscal, havendo, inclusive, situações bastante subjetivas, nas quais busca-se verificar a intenção do contribuinte de dificultar ou tentar impedir a satisfação do crédito tributário.

Tem-se, assim, nos mecanismos do arrolamento de bens e da medida cautelar fiscal, poderosas ferramentas colocadas à disposição da administração tributária para que, nos casos em que haja suspeita de que determinado contribuinte está acumulando um grande volume de passivo tributário e, ao mesmo tempo, agindo no sentido de dificultar o seu pagamento, possa a administração agir imediatamente, monitorando e até bloqueando a disponibilidade de bens desse contribuinte.

Portanto, seria correto concluir que, no tocante àqueles contribuintes que não se enquadram nas situações gravosas previstas na IN RFB n. 1.565/2015, deveriam ser flexibilizadas as obrigações de prestação de garantias no âmbito judicial, o que poderia ocorrer, por exemplo, quando verificado que o volume de seu passivo tributário não excede 30% de seu patrimônio conhecido.

4 CLASSIFICAÇÃO DOS CRÉDITOS INSCRITOS EM DÍVIDA ATIVA DA UNIÃO

Seguindo a análise das medidas e dos procedimentos de monitoramento do passivo tributário e de sua recuperabilidade em razão das características específicas de cada contribuinte, cita-se a recente Portaria do Ministério da Fazenda (MF) n. 293, de 12 de junho de 2017, por meio da qual o MF estabeleceu critérios para a classificação dos créditos tributários inscritos em dívida ativa da União.

Tal norma criou o Índice Geral de Recuperabilidade (IGR), o qual é definido a partir de uma complexa sistemática de cálculo apurada por meio de um *rating* bidimensional, cujas variáveis envolvem tanto as características dos créditos tributários inscritos em dívida ativa quanto as características pessoais do contribuinte. No tocante às características dos débitos inscritos em dívida ativa da União, influenciam o cálculo a suficiência e a liquidez das garantias e a existência de parcelamentos ativos. Já as características pessoais dos devedores estão relacionadas à sua capacidade de pagamento, ao nível de endividamento total e ao histórico de adimplemento.[4]

Isso demonstra que, sob a ótica das próprias autoridades fiscais, características como o histórico de pagamento de suas dívidas tributárias, o grau de endividamento e o equilíbrio econômico-patrimonial estão aptas a diferenciar os contribuintes entre si. Nesse sentido, considerando-se que já existe um índice que é calculado pela PGFN com base em dados específicos de cada contribuinte, o qual busca classificar a recuperabilidade de valores inscritos em dívida ativa da União, questiona-se o porquê de não se utilizar esse mesmo índice (ou pelo menos a variável dele apurada a partir das características pessoais de cada devedor) para se

---

4 Art. 3º da Portaria MF n. 293/2017.

flexibilizarem a forma e o montante das garantias a serem exigidas em juízo no curso de uma disputa judicial.

5 PROCEDIMENTOS DE COBRANÇA ADMINISTRATIVA ESPECIAL E GRUPOS DE ATUAÇÃO ESPECIAL NO COMBATE À FRAUDE À COBRANÇA ADMINISTRATIVA E À EXECUÇÃO FISCAL

Como visto, tanto a RFB quanto a PGFN dispõem de diversos mecanismos para promover o monitoramento do patrimônio e o acompanhamento do comportamento dos contribuintes desde o surgimento do fato gerador até a inscrição do crédito tributário em dívida ativa da União. Nos subtópicos anteriores, foram comentados apenas alguns desses mecanismos, mas é um fato que tantos outros existem e estão todos atualmente à disposição da administração tributária.

Confirmando isso, por meio da Portaria RFB n. 1.265, de 3 de setembro de 2015, a própria RFB listou um total de 25 medidas – já previstas em legislações esparsas – voltadas à recuperação de créditos tributários. Em princípio, a portaria previu que tais medidas deveriam ser aplicadas à denominada Cobrança Administrativa Especial, que abrange contribuintes que, no âmbito da RFB, tenham débitos exigíveis em montante superior a R$ 10 milhões. Contudo, a própria norma autoriza que essas medidas sejam aplicadas a outros contribuintes que não se enquadrem em tal limite.

As medidas listadas pela Portaria RFB n. 1.265/2015 podem ser assim resumidas:

- inclusão no Cadastro Informativo de créditos não quitados do setor público federal (Cadin);
- exclusão dos programas de parcelamento Refis, Paes, Paex e/ou Profut;
- exclusão do Simples Nacional;
- encaminhamento ao Ministério Público Federal (MPF) de Representação Fiscal para Fins Penais;
- aplicação de multa ao contribuinte e a seus diretores/administradores na hipótese de distribuição irregular de bônus e lucros;
- arrolamento de bens para acompanhamento do patrimônio do contribuinte;
- representação a órgãos de registro para que seja exigida CND quando da alienação de bem móvel;

- comunicação às agências reguladoras para que seja revogada a autorização para o exercício da atividade;
- representação aos bancos públicos para não liberação de créditos oriundos de fundos públicos, repasses e financiamentos;
- representação aos órgãos competentes para fins de rescisão de contrato celebrado com o poder público;
- exclusão de benefícios e/ou incentivos fiscais;
- cancelamento da habilitação ao Despacho Aduaneiro Expresso (Linha Azul) e da certificação ao Programa Brasileiro de Operador Econômico Autorizado;
- representação à administração pública estadual ou municipal para fins de rescisão de contrato ou exclusão de benefício e/ou incentivos fiscais ou creditícios na hipótese da existência de débitos relativos a tributos destinados à seguridade social;
- bloqueio do Fundo de Participação do Distrito Federal, do estado ou do município;
- representação para interposição de medida cautelar fiscal;
- lançamento de ofício de multa isolada de 50% no caso de não pagamento de estimativa mensal de Imposto sobre a Renda das Pessoas Jurídicas (IRPJ) e Contribuição Social sobre o Lucro Líquido (CSLL);
- declaração de inaptidão da pessoa jurídica caracterizada como "não localizada" pela não confirmação do recebimento de duas ou mais Cobranças Administrativas Especiais;
- suspensão da inscrição no CPF no caso de não recebimento das correspondências enviadas pela Cobrança Administrativa Especial em virtude de inconsistências cadastrais;
- revogação da moratória e da remissão de débitos às entidades que aderiram ao Prosus ou às entidades mantenedoras de instituições de ensino superior integrantes do sistema de ensino federal que aderiram ao Proies;
- encaminhamento do débito para inscrição em dívida ativa da União e ajuizamento de execução fiscal, com penhora ou arresto de bens.

Além disso, como forma de assegurar a efetiva aplicação de tais medidas, foram ainda instituídos, nos âmbitos da RFB e da PGFN, Grupos de Atuação Especial no Combate à Fraude à Cobrança Administrativa e à Execução Fiscal (Gaefis). A criação do Gaefis foi prevista pela Portaria Conjunta RFB/PGFN n. 1.525, de 17 de outubro de 2016, e tem como objetivo "identificar, prevenir e reprimir fraudes fiscais que ponham em risco a recuperação de créditos tributários constituídos ou inscritos em Dívida Ativa da União (DAU)".

As ações do Gaefis levam em consideração critérios como: (i) a potencialidade lesiva da fraude; (ii) o risco de ineficácia da cobrança ou execução do crédito tributário; e (iii) a necessidade de adoção de medidas urgentes de constrição judicial.[5] Para implementar a prevenção ao cometimento de fraudes fiscais, é autorizado ao Gaefis, nos termos do art. 4º da portaria:

> I – solicitar o monitoramento patrimonial dos sujeitos passivos ou de terceiros envolvidos no cometimento da fraude à cobrança ou à execução fiscal, com vistas à proposição de medidas judiciais necessárias ao acautelamento e à recuperação dos créditos tributários constituídos ou inscritos em DAU, sempre que ocorrer mutação patrimonial que ponha em risco a satisfação de referidos créditos;
>
> II – solicitar a instauração de procedimento prévio de coleta de informações destinado à obtenção de documentos e informações indispensáveis à propositura de medida cautelar fiscal, execução fiscal, ação revocatória (pauliana), ação anulatória ou qualquer outra ação judicial necessária à salvaguarda ou recuperação de créditos tributários constituídos ou inscritos em DAU;
>
> III – propor ações de busca e apreensão, quebra de sigilo de dados ou outras medidas necessárias à produção de provas para demonstração de responsabilidade tributária ou localização de bens e direitos em nome do sujeito passivo ou de terceiro envolvido em fraude fiscal;
>
> IV – propor medida cautelar fiscal, execução fiscal, ação revocatória (pauliana), ação anulatória ou qualquer outra ação judicial necessária à salvaguarda ou recuperação de créditos tributários constituídos ou inscritos em DAU;
>
> V – propor a coleta de elementos para fins de lavratura de termo de sujeição passiva quando identificada pluralidade de sujeitos passivos de uma mesma obrigação tributária; e
>
> VI – propor o encaminhamento de Representações Fiscais para Fins Penais (RFFP) diretamente ao Ministério Público Federal quando for identificado

---

5 Art. 3º da Portaria Conjunta RFB/PGFN n. 1.525.

indício de crime contra a ordem tributária, fraude à execução, lavagem de dinheiro ou outros ilícitos penais.

A partir da análise de tais regras, nota-se novamente que determinadas características pessoais do sujeito passivo o diferenciam dos demais contribuintes, sujeitando-o, em determinados casos, à Cobrança Administrativa Especial ou mesmo à ação do Gaefis.

Nessa linha de raciocínio e reaproximando a presente análise do tema das garantias judiciais, tem-se que a igualdade almejada pela Constituição Federal, no entendimento uníssono da doutrina e da jurisprudência, resulta em tratar igualmente os iguais e desigualmente os desiguais na medida em que eles se desigualam. Assim, aplicando-se ao presente caso o princípio da igualdade em sua melhor interpretação, tem-se que, quando do acesso ao judiciário, aqueles contribuintes que contra si não possuam nenhuma dessas diversas medidas prévias de controle e acompanhamento patrimonial não deveriam ser tratados da mesma forma que aqueles contribuintes que já estão, há muito, sob a vigia cerrada da RFB e da PGFN em razão de seu comportamento histórico de inadimplemento fiscal.

Contudo, o que se verifica é que todo e qualquer contribuinte, independentemente de ser ou não alvo do Gaefis, ou de já ter contra si aplicada qualquer uma das 25 medidas previstas na Portaria RFB n. 1.265/2015, ao discutir no judiciário determinado crédito tributário, estará inevitavelmente sujeito às mesmas exigências no tocante à apresentação de garantias, o que traz à tona possíveis argumentações no sentido de ausência de efetiva aplicação do princípio da igualdade nessas situações.

6 CONCLUSÕES

Diante de todo o exposto, é possível concluir que:

i. o ordenamento jurídico atual prevê uma série de medidas preparatórias, passíveis de imediata utilização pela administração tributária, para acompanhamento e controle do patrimônio do contribuinte;

ii. dentre as principais medidas, destacam-se o acompanhamento diferenciado dos maiores contribuintes, o arrolamento de bens e a medida cautelar fiscal, a classificação dos créditos tributários inscritos em dívida ativa da União de acordo com um índice de recuperabilidade (IGR), a Cobrança

Administrativa Especial e os grupos especiais de combate à fraude fiscal como o Gaefis;

iii. várias dessas medidas possuem como critério de aplicação características pessoais do contribuinte, como histórico de pagamento de suas dívidas fiscais, proporção entre o valor do passivo tributário e o valor de seu patrimônio conhecido, participação em situações envolvendo fraudes fiscais, dentre outras;

iv. contudo, quando do ingresso no judiciário, todos os contribuintes, independentemente de estarem ou não em alguma situação de acompanhamento administrativo-fiscal diferenciado, estão sujeitos às mesmas regras no tocante à necessidade de apresentação de garantias judiciais, o que revela um grande desrespeito à correta aplicação do princípio constitucional da igualdade.

Todos esses elementos demonstram a necessidade de relativização da exigência de apresentação de garantias judiciais, as quais devem ser dosadas de acordo com as características pessoais de cada contribuinte. Nesse sentido, a aplicação prévia de medidas de controle patrimonial pelas autoridades fiscais pode ser um elemento válido de *discrímen* para que o judiciário mitigue a obrigatoriedade de constituição de uma garantia integral para toda e qualquer discussão de créditos tributários em juízo.

MEDIDA CAUTELAR FISCAL

Sérgio Farina Filho
Luiz Roberto Peroba
Andréa Mascitto

No presente artigo, trataremos de um tipo de ação que o fisco pode ajuizar contra os contribuintes e que, via de regra, gera-lhes surpresa e significativos transtornos práticos: é a chamada medida cautelar fiscal.

1 CONTEXTO

Embora a lei instituidora desse mecanismo processual tenha sido editada em 1992, isto é, há 25 anos, a medida cautelar fiscal tem sido cada vez mais utilizada.[1] A nosso ver, a explicação para isso é que o fisco vem, mais recentemente, reestruturando sua forma de cobrança e redirecionando seu foco para agir também preventivamente, no sentido de tomar medidas para garantir a futura satisfação de dívidas tributárias antes mesmo da sua efetiva exigência judicial. Primeiro porque o processo de execução fiscal em si tem se mostrado pouco efetivo, como transparecem os dados de estudo do Centro Brasileiro de Estudos e Pesquisas Judiciais (CEBEPEJ) feito para o Ministério Público, com apoio do Banco Mundial,[2] o qual concluiu por uma taxa de efetividade de apenas 1% dos créditos executados.

---

1 Só no Tribunal Regional Federal (TRF) da 3ª Região e no Tribunal de Justiça de São Paulo foram ajuizadas 243 medidas cautelares fiscais no último ano.
2 Estudo sobre execuções fiscais no Brasil, promovido pela Secretaria de Reforma do Judiciário do Ministério da Justiça, com apoio do CEBEPEJ, realizado em 2007.

Em segundo lugar porque, ao se mostrar mais "proativo" e, por que não dizer, até "agressivo", o fisco têm coagido os contribuintes a satisfazerem suas dívidas ainda que haja razão para disputá-las.

Algumas medidas demonstram essa "nova postura", a saber:

i. criação de grupos especiais de acompanhamento patrimonial de grandes contribuintes – Portaria n. 1441, de 7 de outubro de 2015;

ii. arrolamento e controle de bens desses contribuintes como forma de prevenir eventual dissipação de patrimônio – Instrução Normativa (IN) n. 1565, de 11 de maio de 2015;

iii. regulamentação do Regime Diferenciado de Cobrança de Créditos (RDCC) – Portaria da Procuradoria-Geral da Fazenda Nacional (PGFN) n. 396, de 20 de abril de 2016; bem como

iv. recente atuação fazendária na elaboração de projeto da Nova Lei das Execuções Fiscais (Minuta, substitutiva ao Projeto de Lei n. 2.412/2007), a qual mais uma vez foca em etapas prévias à própria execução fiscal perante o judiciário, que institui a execução administrativa e outorga à PGFN diversas vantagens relativas a acesso direto a informações de cunho patrimonial e direito a pedidos de averbação de dívidas em cadastros públicos e privados de proteção de crédito e congêneres.

Todas essas medidas, aliadas a "cartas-cobrança", privação de certidão de regularidade fiscal, protestos cíveis, arrolamentos, pedidos de aplicação de medidas coercitivas indutoras do comportamento de liquidar a dívida tributária (como o bloqueio de passaporte, Carteira Nacional de Habilitação – CNH, e até cartões de crédito)[3] e risco concreto de ajuizamento de medida cautelar fiscal, nos parece

---

3 Esses pedidos e essas decisões tomam por base o art. 139 do Código de Processo Civil (CPC) que permite ao juiz "determinar todas as medidas indutivas, coercitivas, mandamentais ou sub--rogatórias necessárias para assegurar o cumprimento da ordem judicial". A título ilustrativo, confira-se: TJ-PR: 0041463– 42.2016.8.16.0000, TJ-RS: 0431358-49.2016.8.21.7000, TJ-SP: 2226472-64.2016.8.26.0000 e TJ-DFT: 0701964-59.2016.8.07.0000. Via de regra, esse tipo de decisão é dada em processos entre partes privadas e não processos tributários. Esse tipo de medida tem sido bastante discutido e controvertido no judiciário. De todo modo, o risco ainda é concreto, especialmente ao considerarmos que o fisco hoje tem investido em ferramentas tecnológicas de última geração que o permitem rastrear informações financeiras e sociais disponíveis na rede, cruzar informações e, como isso, instruir fiscalizações e pedidos direcionados ao judiciário.

estar efetivamente gerando temor nos contribuintes. Os contribuintes temem o embaraço de suas atividades, a responsabilidade pessoal das pessoas físicas (diretores e sócios da pessoa jurídica) e a responsabilização de terceiros (sócios ou não); e tal temor, como será demonstrado por alguns exemplos práticos explorados neste texto, não são de todo infundados.

2 CONTORNOS LEGAIS DA MEDIDA CAUTELAR FISCAL

A medida cautelar fiscal foi introduzida no ordenamento jurídico brasileiro pela Lei n. 8.397/1992 (com alterações posteriores) e é hoje regulamentada no âmbito da Receita Federal do Brasil pela IN n. 1.565/2015. Trata-se de medida judicial reservada à administração pública com o fim de assegurar a indisponibilidade de bens do sujeito passivo da obrigação tributária visando garantir sua futura satisfação.

As hipóteses legais em que ela pode ser requerida estão previstas no art. 2º da Lei n. 8.397/1992[4] e estão usualmente ligadas a algum indício de tentativa de esvaziamento patrimonial ou elevado comprometimento da saúde financeira do sujeito passivo que possa comprometer o pagamento da dívida. Citamos exemplificativamente como "gatilhos" as hipóteses em que o sujeito passivo: (i) possui débitos tributários, inscritos ou não em dívida ativa, que, somados, ultrapassem 30% do seu patrimônio conhecido;[5] (ii) pratica atos que dificultem ou impeçam a

---

[4] "Art. 2º. A medida cautelar fiscal poderá ser requerida contra o sujeito passivo de crédito tributário ou não tributário, quando o devedor: I – sem domicílio certo, intenta ausentar-se ou alienar bens que possui ou deixa de pagar a obrigação no prazo fixado; II – tendo domicílio certo, ausenta-se ou tenta se ausentar, visando a elidir o adimplemento da obrigação; III – caindo em insolvência, aliena ou tenta alienar bens; IV – contrai ou tenta contrair dívidas que comprometam a liquidez do seu patrimônio; V – notificado pela Fazenda Pública para que proceda ao recolhimento do crédito fiscal: a) deixa de pagá-lo no prazo legal, salvo se suspensa sua exigibilidade; b) põe ou tenta por seus bens em nome de terceiros; VI – possui débitos, inscritos ou não em Dívida Ativa, que somados ultrapassem trinta por cento do seu patrimônio conhecido; VII – aliena bens ou direitos sem proceder à devida comunicação ao órgão da Fazenda Pública competente, quando exigível em virtude de lei; VIII – tem sua inscrição no cadastro de contribuintes declarada inapta, pelo órgão fazendário; IX – pratica outros atos que dificultem ou impeçam a satisfação do crédito."

[5] "Art. 3º. Para efeito de aplicação do disposto no art. 2º, considera-se patrimônio conhecido da pessoa física o informado na ficha de bens e direitos da última declaração de rendimentos, e **da pessoa jurídica o total do ativo constante do último balanço patrimonial registrado na**

satisfação do débito; ou (iii) peca na comunicação e na atualização de informações que devem ser fornecidas ao órgão fazendário.

A decretação da medida cautelar fiscal implica na imediata indisponibilidade dos bens do(s) requerido(s)[6] – até o limite da dívida em discussão –, os quais não poderão ser alienados até que finda a discussão judicial ou administrativa sobre a obrigação tributária, conforme o caso. Em se tratando de pessoa jurídica, a lei estabelece que a indisponibilidade recairá somente sobre os bens do ativo permanente.

Via de regra, a medida cautelar fiscal pode ser requerida após a constituição da dívida,[7] inclusive no curso da execução judicial da dívida ativa da União, dos estados, do Distrito Federal, dos municípios e das respectivas autarquias. Caso a medida cautelar fiscal tenha sido requerida antes do ajuizamento da execução fiscal, a Fazenda Pública deverá ajuizar o processo executivo no prazo de sessenta dias, contados da data em que a exigência se tornar irrecorrível na esfera administrativa (observado de forma cumulativa, por óbvio, o prazo prescricional de cinco anos para o manejo da cobrança judicial), sob pena de cessar a eficácia da medida,[8] sendo defeso à Fazenda Pública repetir o pedido pelo mesmo fundamento.

A eficácia da medida cautelar fiscal é conservada na pendência do processo de execução judicial da dívida ativa, mas pode, a qualquer tempo, ser revogada ou modificada a pedido das partes ou de ofício pelo juiz. Assim, salvo decisão em contrário, a medida cautelar fiscal conservará sua eficácia (preservando a indisponibilidade dos bens) durante o período de suspensão do débito tributário.

Finalmente, vale ainda mencionar que a medida cautelar fiscal decretada poderá ser substituída, a qualquer tempo, na forma do art. 9° da Lei n. 6.830/1980 (artigo da Lei de Execuções Fiscais que traz o rol de bens passíveis de garantir uma dívida tributária). Entretanto, a Fazenda Pública deverá necessariamente ser ouvida sobre

---

contabilidade ou o informado na Declaração de Informações Econômico-Fiscais da Pessoa Jurídica (DIPJ) ou em outro documento que venha a substituí-la" (grifos nossos).

6 Embora a lei diga que o requerido deve ser o sujeito passivo da obrigação tributária, ela também diz que a determinação de indisponibilidade de bens pode recair sobre bens do acionista controlador e outros responsáveis.

7 Exceção prevista no parágrafo único do art. 1° da Lei n. 8.397/1992, que autoriza a medida cautelar fiscal independentemente da prévia constituição do crédito tributário quando o contribuinte é notificado pela Fazenda Pública para que proceda ao recolhimento do crédito fiscal e põe, ou tenta pôr, seus bens em nome de terceiros e quando aliena bens ou direitos sem proceder à devida comunicação ao órgão da Fazenda Pública competente, quando exigível em virtude de lei.

8 Vide art. 13 da Lei n. 8.397/1992, que aponta todas as hipóteses de cessação da eficácia da medida cautelar fiscal.

o pedido de substituição em um prazo de cinco dias, sendo seu silêncio equivalente à concordância tácita. Na prática, observamos que a aceitação da substituição da medida cautelar fiscal pela garantia é tanto mais fácil quanto maior a liquidez dessa garantia. Ou seja, atualmente, são preferencialmente aceitos depósito em dinheiro, carta de fiança e seguro garantia, dado sua liquidez.

3 MEDIDA CAUTELAR FISCAL NA PRÁTICA E VISÃO JURISPRUDENCIAL

Respeitada a restrição imposta pelo tamanho deste artigo, apontamos brevemente alguns temas relativos à medida cautelar fiscal que geram discussões na prática do dia a dia dos tribunais brasileiros.

3.1 Sujeito passivo da medida cautelar fiscal

Embora a lei diga que a medida cautelar fiscal poderá ser requerida contra o sujeito passivo,[9] na prática ela é ajuizada também contra sócios, acionistas, administradores e qualquer pessoa física e/ou jurídica que possa ser eventualmente considerada responsável. Ou seja, é comum que haja uma pluralidade de requeridos na medida cautelar fiscal e nos parece que essa seja uma estratégia adotada pela Fazenda Pública para garantir a satisfação da dívida, ainda que não seja pelo sujeito passivo da obrigação tributária, pela imposição de surpresa e temor em diversas pessoas (físicas e jurídicas) muitas vezes nem relacionadas ao fato gerador.

Apesar de os tribunais estarem aceitando a indicação de pluralidade de sujeitos (superando eventual restrição legal formal), essa estratégia nos parece muitas vezes questionável, demandando necessária comprovação. Ainda que o sujeito passivo tenha uma dívida e esteja caracterizada alguma das hipóteses de cabimento da medida cautelar fiscal, isso por si só não justifica a indicação de pluralidade de sujeitos, devendo ser verificado caso a caso se há de fato causa para atração da responsabilidade tributária de cada um deles, sendo indispensável a demonstração de fatos e a sua subsunção às circunstâncias legais autorizadoras desse "redirecionamento" da obrigação.

---

9   Sem prejuizo de a indisponibilidade poder recair sobre terceiros.

A título ilustrativo, mencionamos que a PGFN ajuizou a Medida Cautelar Fiscal n. 0011.09.023912-7 contra cinco pessoas jurídicas e físicas por entender que o sujeito passivo da obrigação tributária estaria impossibilitado de garantir a sua futura satisfação. O fundamento arguido é de que haveria confusão patrimonial e gerencial,[10] o que, entretanto, não restou provado, levando à exclusão desses supostos responsáveis nas instâncias superiores (TRF1 e Superior Tribunal de Justiça – STJ) após as partes terem demonstrado principalmente autonomia financeira, contábil e gerencial, bem como a regularidade dos registros e o controle de dados dessa natureza.

Outra situação comum é a indicação de acionistas e administradores ao lado da pessoa jurídica devedora. Como exemplo, mencione-se a discussão enfrentada pelo STJ no julgamento do Recurso Especial (REsp) n. 722.998/MT.[11] Nesse caso, havia sido ajuizada medida cautelar fiscal decretando a indisponibilidade dos bens dos sócios integrantes do conselho de administração da empresa envolvida unicamente com base no argumento de que estes integravam o referido conselho. Em vista disso, a 1ª Turma do STJ, de forma unânime, entendeu que a indisponibilidade patrimonial somente pode ser estendida a sócios e demais membros do conselho de administração se demonstrada a prática de atos fundamentados em excesso de poder, infração à lei, contrato social, estatutos ou na hipótese de dissolução irregular da empresa. Isto é, deveria restar comprovada efetiva responsabilidade pessoal ou solidária dos envolvidos nos termos dos art. 134 e 135 do Código Tributário Nacional (CTN), o que não ocorreu no referido caso.

---

10 De forma absolutamente sucinta, ressaltamos que a confusão patrimonial e gerencial alegada pela PGFN foi embasada no fato de que uma pessoa jurídica funcionava em área contígua à devedora, que as pessoas físicas envolvidas eram parentes e donas dessas pessoas jurídicas e que uma das pessoas físicas parentes também locava a área em que as sedes de ambas as pessoas jurídicas estavam instaladas.

11 "PROCESSUAL TRIBUTÁRIO. MEDIDA CAUTELAR FISCAL. INDISPONIBILIDADE DOS BENS DOS SÓCIOS INTEGRANTES DO CONSELHO DE ADMINISTRAÇÃO. Lei 8.397/92. Responsabilidade Tributária. Ausência de Comprovação de Excesso de Mandato, Infração à Lei ou ao Regulamento. 1. É assente na Corte que o redirecionamento da execução fiscal, e seus consectários legais, para o sócio gerente da empresa, **somente é cabível quando reste demonstrado que este agiu com excesso de poderes, infração à lei ou contra o estatuto, ou na hipótese de dissolução irregular da empresa** (Precedentes: REsp n. 513.912/MG, Rel. Min. Peçanha Martins, DJ de 01/08/2005; REsp n. 704.502/RS, Rel. Min. José Delgado, DJ de 02/05/2005; EREsp. 422.732/RS, Rel. Min. João Otávio de Noronha, DJ de 09/05/2005; e AgRg nos EREsp n. 471.107/MG, deste relator, DJ de 25/10/2004)." Acórdão unânime da 1ª Turma do STJ, REsp n. 722.998/MT, rel. Min. Luiz Fux, j. 11 abr. 2006, julgado em 28 abr. 2006.

Assim, embora haja previsão legal de que podem ter seu patrimônio constrito por ordem exarada em medida cautelar fiscal e os tribunais aceitem a sua indicação como sujeitos passivos da medida judicial, essa indicação não é legítima, exceto se houver comprovação de que tenha ocorrido a prática de atos com excesso de poder ou infração de lei, contrato social ou estatuto, conforme preconizam as regras de responsabilidade tributária prescritas no CTN.

Nesse sentido, Humberto Theodoro Júnior esclarece o quanto segue:

> A medida cautelar, vinculada como está ao processo principal (é sempre dependente da execução fiscal, com declara o art. 1º da Lei n. 8.397), **somente será legítima quando se voltar contra quem deva suportar as conseqüências do referido processo. [...] O uso indiscriminado da interdição do direito de dispor de sócios que não se enquadram na situação de co-responsáveis tributários, ofende a garantia fundamental do direito de propriedade e do devido processo legal.** (grifos nossos)[12]

Em resumo, apesar de existirem decisões de turmas do TRF assegurando a possibilidade de a medida cautelar fiscal ser intentada contra a pessoa dos sócios e dos administradores,[13] o STJ firmou o entendimento de que os requisitos necessários para a imputação da responsabilidade patrimonial secundária na ação principal de execução são também exigidos na ação cautelar fiscal conforme demonstrado na transcrição da ementa do precedente firmado no Agravante Regimental (AgRg) no REsp n. 1.326.042/SC.[14]

3.2 Necessidade de constituição definitiva do crédito tributário para legitimar o manejo da medida cautelar fiscal

Mencionamos anteriormente que a lei, via de regra, exige que o crédito esteja constituído para concessão de medida cautelar fiscal; entretanto, há discussão quanto à necessidade de constituição definitiva desse crédito. Isso porque, apesar

---

12 THEODORO JÚNIOR, Humberto. Medida cautelar fiscal – responsabilidade tributária do sócio-gerente (CTN, art. 135). *Revista dos Tribunais*, São Paulo, v. 739, p. 124-127, maio 1997.
13 Decisão no Agravo n. 200204010570892 de 26 de novembro de 2003 – TRF da 4ª Região.
14 Nesse mesmo sentido: REsp n. 197.278/AL, 2ª Turma, Rel. Ministro Fraciulli Netto, julgado em 24 jun. 2002; AgRg no REsp n. 1122807/PR, Rel. Ministro Humberto Martins, 2ª Turma, julgado em 23 abr. 2010; REsp n. 1141977/SC, Rel. Ministro Benedito Gonçalves, julgado em 4 out. 2010.

de a constituição do crédito iniciar com a notificação de lavratura de auto de infração,[15] só se torna definitiva quando findo o processo administrativo ou em caso de declaração pelo contribuinte.

Sobre o assunto, verificamos que a posição do STJ hoje é no sentido de que a medida cautelar fiscal só poderia ser deferida após a constituição definitiva do crédito,[16] pois só a partir desse momento há efetiva liquidez do crédito exigível pela via da execução fiscal, sendo excepcional a admissão de medida cautelar fiscal antes da constituição definitiva do crédito em situações nas quais de fato se entenda que o sujeito passivo está se evadindo de patrimônio a fim de frustrar a exigência após a constituição definitiva, como prescrito no parágrafo único do art. 1º da Lei n. 8.397.[17]

3.3 Limites dos bens afetados

Como já dito, a medida cautelar fiscal provoca a indisponibilidade de bens na proporção do valor da dívida e, em se tratando de pessoa jurídica, essa indisponibilidade estaria restrita aos bens do ativo permanente pela dicção legal. Na prática, porém, observamos que a indisponibilidade decretada não costuma respeitar tais limites.

O STJ já decidiu no sentido de que estão

> a salvo do gravame da indisponibilidade os bens da pessoa jurídica que não integram o seu ativo permanente. Todavia, em situações excepcionais, quando

---

15 Ou declarações fiscais.
16 "TRIBUTÁRIO. MEDIDA CAUTELAR FISCAL. IMPROCEDÊNCIA. REQUISITOS LEGAIS. RESPONSABILIDADE SOLIDÁRIA E INDISPONIBILIDADE DOS BENS. PECULIARIDADES FÁTICAS. SÚMULA 7/STJ. 1. Improcedente a Medida Cautelar fiscal contra contribuinte que está ainda a discutir na instância administrativa, pela via recursal, o valor tributário que se lhe exige. 2. [...] 'Não restou demonstrado nos autos que a Requerida se encontra em alguma das situações excepcionais, como paralização das atividades e/ou não localização em seu patrimônio de bens que possam garantir as execuções fiscais. A indisponibilidade em questão não atinge os bens que não integram o ativo permanente da Requerida. Em relação à indisponibilidade atingir os bens dos administradores e sócios gerentes, não prospera, pois, tratando-se de responsabilidade subjetiva, não foi comprovado excesso de mandato, infração à lei ou ao regulamento'. [...] 3. Agravo Regimental não provido." STJ, AgRg no REsp n. 1.326.042/SC, Rel. Min. Herman Benjamin, 2ª Turma, julgado em 6 nov. 2012 (grifo nosso). Nesse mesmo sentido: REsp n. 200000970859 e n. 200301347130, e Agravo Interno (AgInt) no REsp n. 1597284.
17 STJ, REsp n. 1.298.496/SP, Rel. Min. Cesar Asfor Rocha, 2ª Turma, julgado em 21 ago. 2012 (grifo nosso).

a empresa estiver com suas atividades paralisadas ou não forem localizados em seu patrimônio bens que pudessem garantir a execução fiscal, esta Corte vem admitindo a decretação de indisponibilidade de bens da pessoa jurídica, ainda que não constituam o seu ativo permanente.[18]

Ou seja, observamos que, na prática, os tribunais têm reiteradamente aceitado decretar a indisponibilidade de bens diversos e estranhos ao ativo permanente, sendo comum inclusive que o gravame seja imposto sobre ativos financeiros.

3.4 Situação de parcelamento de dívida

Outro ponto de relevante debate diz respeito às situações em que o sujeito passivo (ou responsável) opta por realizar o pagamento parcelado de sua dívida tributária. É discutido se, nessa hipótese, a medida cautelar fiscal perde o objeto.

O STJ já manifestou entendimento no sentido de que, tendo o contribuinte aderido a programa de parcelamento, eventual medida cautelar fiscal se mostraria inócua.[19] Não obstante, a procuradoria costuma ser firme em pedir que se mantenha o gravame e fique o processo apenas suspenso até que comprovada a quitação da dívida. Esse pedido costuma ser atendido, até porque em muitos programas de parcelamento há regra que exige a manutenção ou até a prestação de garantias como respaldo patrimonial às autoridades fiscais.[20]

Apesar disso, conforme se infere da leitura do art. 12 da Lei n. 8397/1992, na medida em que o valor da dívida é reduzido em razão do pagamento das parcelas, fica facultado ao contribuinte requerer a substituição da garantia eventualmente oferecida por outra de menor valor; afinal, a indisponibilidade dos bens deverá abranger apenas o valor da dívida e acréscimos legais.

18　Exemplos: STJ, REsp n. 677.424/PE, 2ª Turma, Rel. Min. Castro Meira, julgado em 14 dez. 2004; e STJ, AgRg no REsp n. 1.568.041/SC, Rel. Min. Mauro Campbell Marques, 2ª Turma, julgado em 17 mar. 2016.
19　STJ, REsp n. 1156687/PR, 2ª Turma, Rel. Min. Herman Benjamin, julgado em 20 abr. 2010; e AgRg no REsp n. 454.494-RS, Rel Min Humberto Martins, julgado em 20 mar. 2014. Nesse mesmo sentido: TRF 3ª Região, Apelação/Reexame Necessário n. 0012231-08.2007.4.03.6107/SP, Rel. Desembargadora Federal Cecilia Marcondes, julgado em 2 dez.2013.
20　CARDOSO, Lais Vieira. Medida Cautelar Fiscal e o Refis. In: MARTINS, Ives Gandra da Silva; MARTINS, Rogério Gandra; ELALI, André et al. Medida cautelar fiscal. São Paulo: MP Editora, 2006. p. 127-129.

4 CONCLUSÃO

A partir do exposto, concluímos que há, na prática, exemplos de uso abusivo de medidas cautelares fiscais pelo fisco. A cautelar fiscal é um mecanismo processual radical e traumático, que deve ser usado com parcimônia e em situações excepcionais – nos termos estritamente descritos em lei – e nas quais exista, claro, evidente e comprovado, abuso pelo contribuinte devedor com intuito de esvaziar seu patrimônio, visando evadir-se de suas responsabilidades tributárias e ludibriar o fisco. Ainda, não deve ser manejada contra terceiros, sócios, administradores ou outras pessoas, exceto se caracterizada clara hipótese legal de responsabilidade tributária que deve restar devidamente demonstrada e comprovada no processo.

Não é razoável, nem deve ser aceito, que esse mecanismo seja utilizado como exclusivo instrumento de coação para forçar o contribuinte a pagar prematuramente determinada dívida, privando-o do legítimo direito de discutir sua exigibilidade quando questionável. Em situações de contribuinte que usualmente se faz presente, que não se furta ao regular cumprimento de suas obrigações fiscais, mas que, em determinada situação, pretenda legitimamente discutir a interpretação das regras de direito tributário, o seu uso indiscriminado deve ser repreendido pelo judiciário. Aliás, o judiciário tem um importante papel, que vai além do ato de repreender o uso abusivo dessa medida: em realidade, sempre que emite uma decisão, ele "educa", "ensina" ao Fisco e aos contribuintes qual a real utilidade dela e quais os efetivos limites de seu uso.

Por fim, reiteramos que deve haver consciência e parcimônia na admissão de medidas tão drásticas, analisando-se detidamente as circunstâncias fáticas, as provas e as razões jurídicas de cada caso.

PROTESTO DE CERTIDÃO DE DÍVIDA ATIVA (CDA)

Maria Eugênia Doin Vieira
Daniel Monteiro Peixoto
Daniella Zagari

Neste artigo serão tecidos alguns comentários sobre o protesto de Certidão de Dívida Ativa (CDA) perante os Tabeliães de Protesto de Títulos,[1] medida que tem trazido preocupações e transtornos aos contribuintes ante seu uso de forma crescente pelo fisco visando à cobrança de seus créditos.

1 CONTEXTO

Em sua concepção contemporânea,[2] "Protesto [de título] é o ato formal e solene pelo qual se prova a inadimplência e o descumprimento de obrigação originada em títulos e outros documentos de dívida". Essa é a definição dada pelo art. 1º da Lei n. 9.492/1997, que regulamenta os serviços relacionados ao protesto de títulos e outros documentos de dívida.

Embora o protesto seja meio de prova do inadimplemento, é válido destacar que a situação de inadimplência do contribuinte perante a Fazenda Pública é comprovada mediante a apresentação de Certidão de Regularidade Fiscal (popularmente conhecida como Certidão Negativa de Débitos – CND), cujos controle e

---

1 Art. 236 da Constituição Federal e Lei n. 8.935/1994.
2 Historicamente, o protesto tem origem nos créditos e nos títulos de natureza cambial, destacado nas disposições da Lei n. 6.690/1979. Posteriormente, com base na legislação mencionada, o protesto passou a ser admitido em relação a outros títulos executivos.

emissão são conferidos ao próprio ente tributante, como especificamente previsto nos art. 205 e 206 do Código Tributário Nacional (CTN).[3] Isso é possível pois a própria CDA é título executivo dotado de presunção de certeza e liquidez, com efeito de prova pré-constituída.[4] Ante a existência de previsão legal especial que reconhece a CND como prova de quitação do tributo, não parece justificada a necessidade do uso do protesto como ato formal adicional para que se comprove a inadimplência ou o descumprimento da obrigação pelo contribuinte.

No entanto, após reiteradas empreitadas visando ao protesto da dívida tributária sem amparo legal, em 2012 foi inserido parágrafo único no referido art. 1º da Lei n. 9.492/1997, o qual passou a dispor expressamente que "Incluem-se entre os títulos sujeitos a protesto as certidões de dívida ativa da União, dos Estados, do Distrito Federal, dos Municípios e das respectivas autarquias e fundações públicas". Esse dispositivo foi inserido pela Lei n. 12.767/2012, norma que, seguindo a fatídica tradição legislativa brasileira, é voltada ao tratamento do serviço público de energia elétrica, mas que, na parte final, divulgou uma série de alterações em outras normas sem qualquer correlação com seu objeto. Com essa inserção legal, muito além de sua vocação original de dar publicidade aos débitos, o protesto passou a integrar as medidas que vêm sendo adotadas pelo fisco na restruturação da estratégia de cobrança de seus créditos, contrapondo-se ao elevado índice de inadimplemento.

O registro da dívida tributária na esfera cível mediante o protesto é dotado de publicidade e atinge os bancos de dados especializados, como o Serasa e o Serviço Central de Proteção ao Crédito (SCPC), acarretando a percepção imediata de seus impactos pelo contribuinte no âmbito de suas relações privadas. É por essa razão que, para muitos, o protesto se caracteriza como meio coercitivo para o pagamento do débito tributário, já que sua lavratura dificulta atividades comerciais e ocasiona a restrição a créditos financeiros, fatores que acabam impulsionando o interessado a efetuar o pagamento da dívida.

---

3 "Art. 205. A lei poderá exigir que a prova da quitação de determinado tributo, quando exigível, seja feita por certidão negativa, expedida à vista de requerimento do interessado, que contenha todas as informações necessárias à identificação de sua pessoa, domicílio fiscal e ramo de negócio ou atividade e indique o período a que se refere o pedido. [...] Art. 206. Tem os mesmos efeitos previstos no artigo anterior a certidão de que conste a existência de créditos não vencidos, em curso de cobrança executiva em que tenha sido efetivada a penhora, ou cuja exigibilidade esteja suspensa."

4 Art. 204 do CTN.

Nessa linha de raciocínio, o uso do protesto pelo fisco na consecução dos créditos fiscais em nada se aproxima de sua concepção legal, desviando-se por completo de sua finalidade informativa para se caracterizar como verdadeiro mecanismo de cobrança. Ainda que seja possível conceber que houve a evolução do instituto do protesto no tempo para que, extrapolando sua função inicial de provar a inadimplência, passasse a ser forma de cobrança extrajudicial, isso não afasta a necessidade de avaliar se essa modificação está em linha com os ditames constitucionais e legais.

Sob a perspectiva do fisco, o uso desse instituto para fins de cobrança do crédito tributário costuma ser justificado em razão da celeridade e da economia desse mecanismo, que é considerado a melhor forma de cobrança no caso de créditos tributários de menor valor.[5] Ao longo dos anos, seu uso foi sendo difundido em substituição ao processo de execução fiscal, em razão de estudos apontando seus elevados custos e as pequenas chances de recuperação dos valores judicialmente.

Mencione-se que, em janeiro de 2012, o Instituto de Pesquisa Aplicada (IPEA) divulgou o Comunicado do IPEA n. 127/2012,[6] no qual apresenta seus estudos sobre os custos e o tempo do processo de execução fiscal promovido pela PGFN. Da análise deste trabalho, pode-se concluir que 55,6% das execuções propostas pela PGFN são baixadas por prescrição/decadência ou cancelamento da inscrição do débito.[7] São números exorbitantes que evidenciaram a necessidade de aprimoramento no desempenho da própria PGFN, que está perseguindo a cobrança de débitos que posteriormente são baixados, reconhecendo-se sua inexistência. Ou seja, esses débitos vinham sobrecarregando o poder judiciário com execuções fiscais fadadas ao insucesso.

Esse percentual significativo nos faz questionar se a ineficiência pode ser atribuída ao processo de execução fiscal –como previsto na Lei n. 6.830/1980 –, o que justificaria o uso alternativo do protesto como medida de celeridade e com melhores chances de sucesso na recuperação de valores. Ou se, em verdade, o

---

5 Atualmente, com lastro na Portaria n. 75/2012, a Procuradoria-Geral da Fazenda Nacional (PGFN) não ajuizará execuções fiscais de débitos cujo valor consolidado seja inferior a R$ 20 mil.
6 Disponível em: <http://www.ipea.gov.br/portal/images/stories/PDFs/comunicado/120103_comunicadoipea127.pdf>.
7 Destaque-se trecho do Comunicado: "No caso das Execuções Fiscais propostas pela PGFN, a extinção por prescrição ou decadência é o principal motivo de baixa, respondendo por 36,8% dos casos. Em seguida, vêm o pagamento (25,8%), o cancelamento da inscrição do débito (18,8%) e a remissão (13,0%)".

problema decorre do uso impróprio do sistema existente, sendo inscritos em dívida ativa valores indevidos, os quais não deveriam ser executados nem protestados. Sob o prisma dessa segunda hipótese, o protesto estaria sendo desvirtuado de sua função original para suprir o uso falho do sistema de cobrança de créditos fiscais.

2 ENTENDIMENTO JURISPRUDENCIAL SOBRE O CABIMENTO DO PROTESTO

Em novembro de 2016, o Pleno do Supremo Tribunal Federal (STF) julgou improcedente a Ação Direta de Inconstitucionalidade (ADI) n. 5.135, proposta pela Confederação Nacional da Indústria (CNI), questionando a inclusão da CDA no rol de títulos sujeitos a protesto pela inserção do parágrafo único no referido art. 1º da Lei n. 9.492/1997 pela Lei n. 12.767/2012.

O entendimento acolhido pela maioria dos ministros foi no sentido de que o protesto não restringiria de forma desproporcional o direito dos contribuintes, sendo modalidade de cobrança menos invasiva que a ação judicial, por não permitir o bloqueio de valores e a penhora de bens. Além disso, foi referendada a necessidade de redução do número de processos judiciais de cobrança, enfatizando-se a necessidade de desjudicialização das execuções fiscais que atualmente sobrecarregam o poder judiciário. Foram vencidos os ministros Edson Fachin, Ricardo Lewandowski e Marco Aurélio, que se manifestaram contrariamente ao protesto, entendendo-o como ato constrangedor, caracterizador de sanção política, que viola o devido processo legal e o direito à ampla defesa.

Como proposta pelo Ministro Relator Luís Roberto Barroso, a tese fixada neste julgamento foi: "O protesto das certidões de dívida ativa constitui mecanismo constitucional e legítimo por não restringir de forma desproporcional quaisquer direitos fundamentais garantidos aos contribuintes e, assim, não constituir sanção política."

Apesar da data do julgamento, o acórdão somente foi publicado em 7 de fevereiro de 2018, sendo certificado o trânsito em julgado em 19 de fevereiro de 2018. Portanto, o STF já manifestou seu entendimento em favor do protesto da CDA com base na novel disposição legal, considerando-o compatível com a Constituição Federal.

No âmbito do STJ, a questão será apreciada no julgamento do Tema Representativo de Controvérsia n. 30, que atualmente está atrelado ao REsp n. 1.686.659/SP,[8] sob relatoria do Ministro Herman Benjamin.

Vale mencionar que, desde a inserção de dispositivo expresso tratando do protesto de CDA na Lei n. 9.492/1997, os precedentes do STJ[9] e do TJSP[10] também tendem a validar tal mecanismo, que passou a ser acolhido como meio legítimo de cobrança dos créditos fazendários. Com efeito, vislumbra-se uma convergência de alinhamento da jurisprudência no sentido da decisão do STF, admitindo-se o protesto como forma de cobrança da CDA.

3 SUSTAÇÃO DO PROTESTO

Uma vez protestada a CDA, não havendo o cancelamento pelo credor nem optando o devedor por seu pagamento, é necessário obter ordem judicial de sustação ou cancelamento do protesto.[11] Desse modo, mesmo se tratando o protesto de medida extrajudicial, a insurgência do contribuinte em face de cobrança de CDA que considere indevida deverá ser submetida ao poder judiciário, sendo que, no caso de irresignação do contribuinte, não seria evitada a judicialização da discussão.

A sustação do protesto (ou de seus efeitos) segue a sistemática da tutela de urgência e pode ser deferida em ordem judicial que reconheça a presença dos pressupostos de probabilidade do direito, além de perigo de dano ou risco ao resultado útil do processo (art. 300 do CPC). Mesmo que verificados os pressupostos citados, o juiz pode exigir caução com a finalidade de eventualmente ressarcir os danos que a outra parte venha a sofrer (art. 300, § 1°, CPC).

Pela própria natureza do processo, não deveria haver dificuldades em reconhecer o dano potencial que sofre o contribuinte em face do protesto ante sua inclusão em cadastros de inadimplentes, cabendo ser caracterizada a existência de elementos razoáveis que se contraponham ao protesto no caso em concreto. Uma

---

8   Em substituição ao REsp n. 1.126.525, antes afetado ao rito dos recursos repetitivos sob Tema n. 777.
9   Nesse sentido: REsp n. 1.126.515; AgRg no REsp n. 1109579/PR, Rel. Ministro Sérgio Kukina, 1ª Turma, julgamento em 03 fev. 2016; REsp n. 1596379/PR, Rel. Min. Diva Malerbi, 2ª Turma, julgamento em 14 jun. 2016.
10 TJSP Órgão Especial, Arguição n. 0007169-19.2015.8.26.0000, Rel. Designado Arantes Theodoro, julgamento em 29 abr. 2015.
11 Vide Capítulos VII e X da Lei n. 9.492/1997.

vez lavrado o protesto, o ponto que ora se destaca é que a apresentação de caução, embora seja reiteradamente reconhecida como causa suficiente para a expedição de CND, não assegura a prolação de decisão de sustação do protesto.

Em breve digressão, retome-se que, sob a vigência do CPC de 1973, a jurisprudência consolidou entendimento sobre a possibilidade de, previamente à propositura de execução fiscal, os contribuintes ajuizarem ação cautelar de caução com o objetivo de obter a expedição da Certidão Positiva com Efeitos de Negativa, por considerar que "não pode ser imputado ao contribuinte solvente, isto é, aquele em condições de oferecer bens suficientes à garantia da dívida, prejuízo pela demora do Fisco em ajuizar a execução fiscal para a cobrança do débito tributário".[12]

Assim, mediante o oferecimento de garantia integral do valor controvertido, o contribuinte poderia obter decisão que lhe assegurasse a expedição de CND. Essa medida não obstaria a subsequente execução fiscal dos valores, oportunidade em que a garantia seria transferida para esse processo, viabilizando a defesa do mérito em embargos à execução fiscal. Mesmo tendo o CPC de 2015 alterado o tratamento dado às medidas cautelares, certamente não foram alteradas as balizas para o reconhecimento do direito do contribuinte de apresentar caução previamente

---

12 "PROCESSUAL CIVIL E TRIBUTÁRIO. **RECURSO ESPECIAL REPRESENTATIVO DE CONTROVÉRSIA**. ART. 543-C, DO CPC. AÇÃO CAUTELAR PARA ASSEGURAR A EXPEDIÇÃO DE CERTIDÃO POSITIVA COM EFEITOS DE NEGATIVA. POSSIBILIDADE. INSUFICIÊNCIA DA CAUÇÃO. IMPOSSIBILIDADE. 1. **O contribuinte pode, após o vencimento da sua obrigação e antes da execução, garantir o juízo de forma antecipada, para o fim de obter certidão positiva com efeito de negativa.** [...] A caução oferecida pelo contribuinte, antes da propositura da execução fiscal é equiparável à penhora antecipada e viabiliza a certidão pretendida, desde que prestada em valor suficiente à garantia do juízo. 3. É viável a antecipação dos efeitos que seriam obtidos com a penhora no executivo fiscal, através de caução de eficácia semelhante. A percorrer-se entendimento diverso, o contribuinte que contra si tenha ajuizada ação de execução fiscal ostenta condição mais favorável do que aquele contra o qual o Fisco não se voltou judicialmente ainda. 4. Deveras, não pode ser imputado ao contribuinte solvente, isto é, aquele em condições de oferecer bens suficientes à garantia da dívida, prejuízo pela demora do Fisco em ajuizar a execução fiscal para a cobrança do débito tributário. Raciocínio inverso implicaria em que o contribuinte que contra si tenha ajuizada ação de execução fiscal ostenta condição mais favorável do que aquele contra o qual o Fisco ainda não se voltou judicialmente. [...] 6. Outrossim, instigada a Fazenda pela caução oferecida, pode ela iniciar a execução, convertendo-se a garantia prestada por iniciativa do contribuinte na famigerada penhora que autoriza a expedição da certidão. [...] 10. Recurso Especial parcialmente conhecido e, nesta parte, desprovido. Acórdão submetido ao regime do art. 543-C do CPC e da Resolução STJ 08/2008." REsp n. 1123669/RS, Rel. Luiz Fux, 1ª Seção, julgamento em 1 fev. 2010.

à execução fiscal para fins de obtenção de CND visando à comprovação de sua regularidade fiscal.

Com a difusão do uso do protesto voltado à cobrança de CDA, há muitos precedentes que já reconhecem que a caução antecipada pelo contribuinte em processo judicial também suspende os efeitos do protesto.[13] Todavia, há uma corrente de precedentes que entende que o oferecimento de caução em processo judicial instaurado para tal finalidade seria apto apenas para assegurar a expedição de CND, sem ter o condão de suspender os efeitos do protesto.[14]

Segundo essa corrente, a apresentação de caução não seria causa de suspensão da exigibilidade do crédito tributário, razão pela qual o protesto subsistiria. Somente mediante o depósito integral o contribuinte teria direito à suspensão da exigibilidade do crédito tributário, nos termos do art. 151, inciso II, do CTN, e de consequentes efeitos face ao protesto.

Em nosso sentir, esse entendimento cria uma situação inconsistente em que o contribuinte faz jus ao documento legalmente previsto para comprovação de sua regularidade fiscal, qual seja a CND, emitida pelo próprio poder público, ao passo que é mantido com *status* de inadimplente na esfera privada. Essa situação não condiz com as balizas tributárias nem com a tutela do interesse público, tampouco com o entendimento jurisprudencial predominante. Ainda que a hipótese do protesto não tenha sido contemplada no julgamento do REsp n. 1.123.669, é imperioso que a jurisprudência se unifique no sentido de reconhecer a suspensão

---

13 "Agravo de instrumento. Oferecimento de seguro garantia judicial. Cabimento. Inteligência do art. 835, §2º, do NCPC. Suficiência da garantia prestada comprovada, bem como a regularidade da seguradora. O seguro garantia, embora não suspenda a exigibilidade do crédito, é suficiente para autorizar a expedição de certidão positiva com efeito de negativa e sustar o protesto da CDA. Recurso provido." TJSP, AI n. 2008981-91.2017.8.26.0000; Rel. Marrey Uint, julgamento em 23 maio 2017. No mesmo sentido: AI n. 2107030-70.2017.8.26.0000, Rel. Teresa Ramos Marques, julgamento em 24 jul. 2017; AI n. 2130884-93.2017.8.26.0000, Rel. Paulo Ayrosa, julgamento em 4 ago. 2017.

14 "Agravo de instrumento. Tutela de urgência. Determinação para obstar o protesto de CDA e a inclusão dos dados do devedor no CADIN, bem como possibilitar emissão de Certidão Positiva de Débitos com Efeito de Negativa (CPEN). Possibilidade de manutenção da decisão apenas no que diz respeito à emissão de CPEN. Suspensão da inscrição no CADIN e impedimento ao protesto de CDA que exigem suspensão da exigibilidade do crédito tributário ou oferta de garantia em dinheiro. Art. 151, inciso II, do CTN. Art. 8º da Lei Paulista nº 12.799/08. Súmula de nº 112 do C. STJ. Recurso parcialmente provido." TJSP, AI n. 2112358-78.2017.8.26.0000, Rel. Luis Fernando Camargo de Barros Vidal, julgamento em 14 ago. 2017. Também nesse sentido: TRF, 3ª Turma, AI n. 0006057-53.2016.4.03.0000, Rel. Desembargador Federal Nery Junior, julgamento em 21 jun. 2017.

dos efeitos do protesto mediante caução apresentada em ação judicial de iniciativa do contribuinte, equiparando-lhe aos efeitos atribuídos para fins de CND.

Igualmente nessa hipótese, fazendo alusão à ementa do REsp n. 1.123.669, há de se concluir que "não pode ser imputado ao contribuinte solvente, isto é, aquele em condições de oferecer bens suficientes à garantia da dívida, prejuízo" pela opção do fisco em protestar a CDA em lugar de ajuizar a execução fiscal para a cobrança do débito tributário. "Raciocínio inverso implicaria em que o contribuinte que contra si tenha ajuizada ação de execução fiscal ostenta condição mais favorável do que aquele contra o qual o Fisco ainda não se voltou judicialmente" nem mediante protesto.

Vale apontar que o STJ teve a oportunidade de decidir, também em sede de recurso repetitivo, pela possibilidade de sustação de protesto mediante contracautela. Mesmo não se tratando de julgado envolvendo o protesto de CDA, esse entendimento nos parece analogamente aplicável a casos tributários.[15]

Aliás, retome-se que, no julgamento do já referido REsp n. 1.123.699, restou sedimentado que, "instigada a Fazenda pela caução oferecida, pode ela iniciar a execução, convertendo-se a garantia prestada por iniciativa do contribuinte na famigerada penhora que autoriza a expedição da certidão". Esse mesmo raciocínio se aplica no caso de a garantia ter sido oferecida em face de CDA objeto de protesto. A judicialização da discussão pelo contribuinte é forma de manifestar sua discordância em face da CDA, já sinalizando que dificilmente a questão será dirimida pelo protesto extrajudicial, razão pela qual consideramos que caberia igualmente à Fazenda tomar as medidas cabíveis no sentido de iniciar a execução fiscal.

---

15 "SUSTAÇÃO DE PROTESTO EXTRAJUDICIAL. RECURSO ESPECIAL REPRESENTATIVO DE CONTROVÉRSIA. ART. 543-CDO CPC. TUTELA CAUTELAR PARA SUSTAÇÃO DE PROTESTO CAMBIÁRIO. A teor do art. 17, § 1º, da Lei n. 9.492/1997, a sustação judicial do protesto implica que o título só poderá ser pago, protestado ou retirado do cartório com autorização judicial. medida que resulta em restrição a direito do credor. necessidade de oferecimento de contracautela, previamente à expedição de mandado ou ofício ao cartório de protesto para sustação do protesto. 1. Para fins do art. 543-C do Código de Processo Civil: A legislação de regência estabelece que o documento hábil a protesto extrajudicial é aquele que caracteriza prova escrita de obrigação pecuniária líquida, certa e exigível. Portanto, a **sustação de protesto de título, por representar restrição a direito do credor, exige prévio oferecimento de contracautela, a ser fixada conforme o prudente arbítrio do magistrado**. 2. Recurso especial não provido" (grifo nosso). REsp n. 1.340.236/SP, Rel. Luis Felipe Salomão, julgado em 26 out. 2015.

4 CONCLUSÕES

O contexto trazido, com a inserção do parágrafo único no art. 1º da Lei n. 9.492/1997, impõe o reconhecimento e o enfrentamento do protesto como forma de cobrança do crédito tributário inscrito em dívida ativa. Todavia, é forçoso que o instituto seja devidamente regulamentado, atualizando-o para se adequar a essa nova realidade, que é dissonante daquela para a qual originalmente foi concebido, privilegiando-se a preservação das garantias e dos direitos dos contribuintes.

A jurisprudência sobre o tema ainda está em evolução, causando preocupação o entendimento de que o protesto manteria seus efeitos mesmo mediante caução ofertada em ação própria de iniciativa do contribuinte, contrapondo-se diretamente à possibilidade de obtenção de CND em situação análoga, conforme já sedimentado em nossos tribunais.

Diante desse cenário, o contribuinte deve estar bastante atento para tomar as medidas judiciais cabíveis em face do débito tributário o quanto antes, evitando que lhe seja indevidamente atribuída a pecha de inadimplente.

PARTE II
GARANTIAS E O EFETIVO DESAFIO JUDICIAL A CRÉDITOS FISCAIS

GARANTIA E SUSPENSÃO DA EXIGIBILIDADE DO CRÉDITO TRIBUTÁRIO SEGUNDO OS TRIBUNAIS

Lígia Regini

O presente artigo tem o desafio de responder interessante questão do processo tributário, que gravita em torno do debate das mais diferentes teses jurídico-tributárias e afeta diretamente a regularidade fiscal dos contribuintes.

Sabe-se que o crédito tributário é constituído pelo ato de lançamento, a partir da verificação da ocorrência do fato gerador da obrigação, com identificação do sujeito passivo, quantificação do *quantum debeatur* e imputação de eventual penalidade.[1]

A cobrança do crédito tributário recai sobre o contribuinte como impeditivo da sua regularidade fiscal, restringindo a emissão da Certidão Negativa de Débitos (CND) e limitando, assim, a prática de diversos atos da vida comercial[2] e financeira.[3] Tal situação se agrava quando esgotadas as medidas de defesa na esfera administrativa e persistente o interesse do contribuinte em questionar a exigência do crédito tributário.

O conhecido art. 206 do Código Tributário Nacional (CTN) atribui à Certidão Positiva de Débitos os mesmos efeitos da CND quando o crédito tributário existente esteja garantido ou com a exigibilidade suspensa. A dicção desse dispositivo

---

1 Art. 142 do CTN.
2 Habilitação em processo licitatório, a teor do art. 194 do CTN c/c Lei n. 8.666/1993.
3 Alienação de bens e obtenção de empréstimos, a teor do art. 47 das Leis n. 8.212/1991 e n. 7.711/1988.

legal, especificamente na sua parte final, destaca a distinção entre garantia do crédito tributário e suspensão da sua exigibilidade.

Assim, a fim de resguardar sua regularidade fiscal enquanto promove o questionamento do crédito tributário, o contribuinte pode percorrer diferentes caminhos perante o Poder Judiciário. Um deles é a busca por uma das causas suspensivas da exigibilidade do crédito tributário, outro é a prestação de garantia antecipada ou ainda a nomeação de bem ou direito à penhora no bojo da execução fiscal, cada qual com seus efeitos legais e implicação (ou não) de ônus financeiro.

1 SUSPENSÃO DA EXIGIBILIDADE

Como é sabido, a suspensão da exigibilidade é elemento impeditivo dos atos de cobrança (autuação, inscrição em **dívida** ativa e execução fiscal) do crédito tributário e está disciplinada no art. 151 do CTN.

O efeito imediato da suspensão da exigibilidade do crédito tributário é sustar o prosseguimento da cobrança e assegurar a regularidade fiscal do contribuinte. O efeito mediato é evitar a execução fiscal e a exigência de garantia ou penhora de bens e direitos, ou até a conhecida penhora online, no valor integral e atualizado da dívida mais encargos legais.[4]

Das seis causas suspensivas consagradas no art. 151 do CTN, destacam-se o depósito judicial, a liminar em Mandado de Segurança e a liminar ou tutela antecipada em outras espécies de ação judicial. Com efeito, essas três causas servem ao contribuinte interessado em discutir em juízo a legalidade do crédito tributário e manter suspensa, durante a tramitação do processo, a cobrança fiscal – muito antes da inscrição do débito em **dívida** ativa (com acréscimo de encargos legais) e da execução fiscal com ordem de penhora de bens e direitos.

O depósito judicial é tido como direito subjetivo do contribuinte para minimizar os efeitos do tempo da tramitação processual da discussão acerca da obrigação tributária. A jurisprudência, inclusive do Supremo Tribunal Federal (STF) e do Superior Tribunal de Justiça (STJ),[5] já reconheceu o depósito judicial como medida facultativa em favor do interessado em sustar a cobrança fiscal, estancando os

---

4   Na esfera federal, encargos previstos no art. 1º do Decreto-Lei n. 1.025/1969.
5   Ação Direta de Inconstitucionalidade (ADI) n. 2214, Pleno, Rel. Ministro Mauricio Correa, julgado em 19 abr. 2002; Embargos de Divergência em Recurso Especial (EREsp) n. 227835/SP, 1ª Seção, Rel. Ministro Teori Zavascki, julgado em 5 dez. 2005.

acréscimos moratórios. Uma vez realizado, o depósito judicial só terá destinação após decisão final do processo.[6]

A liminar em Mandado de Segurança, com matriz constitucional (art. 5º, inciso XXXV, da Constituição Federal), pressupõe a existência de fundamento relevante e risco de ineficácia da medida ao final ou, como consagrado pela doutrina,[7] *fumus boni iuris* e *periculum in mora*. Na vigência da Lei n. 1.551/1951, a exigência da contracautela em Mandado de Segurança costumava ser criticada e era negada pela jurisprudência[8] por dificultar o acesso à justiça e minimizar a proeminência dos requisitos processuais da medida assecuratória. De acordo com a atual legislação, por expressa disposição no art. 7º, inciso III, *in fine* da Lei n. 12.016/2009, a medida liminar **pode** ser condicionada a caução, fiança ou depósito para prevenir o risco de irreversibilidade. Essas garantias são **facultativas** e ficam reservadas ao juízo de ponderação entre o risco de dano ou prejuízo do impetrante e/ou da pessoa jurídica impetrada. Contudo, uma significativa parte da doutrina especializada[9] não tem impugnado essa inovadora regra, exatamente pelo seu caráter facultativo e vinculado à concreta hipótese de preservação do eventual ressarcimento à pessoa jurídica impetrada.

Ao tempo da inclusão do inciso V no art. 151 do CTN pela Lei Complementar n. 104/2001, a legislação processual civil previa a tutela antecipada como provimento de urgência, ao lado da medida liminar acautelatória. Hoje, após o advento do Novo Código de Processo Civil (NCPC – Lei n. 13.105/2015), "medida liminar ou tutela antecipada em outras espécies de ação judicial" correspondem a duas espécies de tutela provisória: (i) tutela de evidência, em especial quando a tese jurídica está respaldada na jurisprudência dominante (casos repetitivos ou súmula vinculante – art. 311, inciso II); e (ii) tutela de urgência, segundo a probabilidade do direito e perigo de dano ou o risco ao resultado útil do processo (art. 300), em alguns casos mediante caução idônea para ressarcir dano em potencial à parte contrária, exceto na hipossuficiência da parte (art. 300, § 1º).

---

6 Na esfera federal, art. 1º, § 3º, da Lei n. 9.703/1998.
7 "Para a concessão da liminar devem concorrer os dois requisitos legais, ou seja, a relevância dos motivos em que se assenta o pedido na inicial e a possibilidade da ocorrência de lesão irreparável ao direito do impetrante se vier a ser reconhecido na decisão de mérito – *fumus boni iuris* e *periculum in mora*." (LOPES MEIRELLES, Hely et al. *Mandado de Segurança*. 34. ed. São Paulo: Malheiros. p. 92).
8 Por exemplo: STJ, REsp n. 83.893/MG, 1ª Turma, Rel. Ministro José Delgado, julgamento em 15 abr. 1996.
9 Nesse sentido: THEODORO JUNIOR, Humberto. *Lei do Mandado de Segurança Comentada*. São Paulo: Forense, 2014; LOPES MEIRELLES, Hely et al. *Mandado de Segurança*. 34. ed. São Paulo: Malheiros.

2 GARANTIA

É dada por lei à Fazenda Pública credora a prerrogativa de exigir e buscar garantia para satisfação do crédito tributário vencido, não pago e exigível. Segundo o art. 184 do CTN, responde pelo pagamento do crédito tributário a totalidade de bens e rendas do sujeito passivo.

A Lei n. 6.830/1980, que disciplina o rito das execuções fiscais, dita as modalidades de garantia da dívida fiscal, a saber depósito em dinheiro, fiança bancária ou seguro garantia, títulos da dívida pública, pedras e metais preciosos, bens imóveis, dentre outros.

Com aplicação subsidiária às execuções fiscais,[10] o NCPC traz outra ordem de preferência de garantias (art. 835),[11] com destaque à prioritária garantia em dinheiro, consagra a prerrogativa de oposição do credor (art. 797)[12] e, expressamente, equipara ao depósito em dinheiro a fiança bancária e seguro garantia (art. 835, § 2º).[13]

3 INTERPRETAÇÃO DOS TRIBUNAIS

Competente para dar a última palavra acerca das uniformes aplicação e interpretação da lei federal, o STJ vem sendo, há muito, provocado a falar sobre a suspensão e a garantia do crédito tributário.

---

10 Art. 1º, *in fine* da Lei n. 6.830/1980.
11 "Art. 835. A penhora observará, preferencialmente, a seguinte ordem: I – dinheiro, em espécie ou em depósito ou aplicação em instituição financeira; II – títulos da dívida pública da União, dos Estados e do Distrito Federal com cotação em mercado; III – títulos e valores mobiliários com cotação em mercado; IV – veículos de via terrestre; V – bens imóveis; VI – bens móveis em geral; VII – semoventes; VIII – navios e aeronaves; IX – ações e quotas de sociedades simples e empresárias; X – percentual do faturamento de empresa devedora; XI – pedras e metais preciosos; XII – direitos aquisitivos derivados de promessa de compra e venda e de alienação fiduciária em garantia; XIII – outros direitos. § 1º – É prioritária a penhora em dinheiro, podendo o juiz, nas demais hipóteses, alterar a ordem prevista no caput de acordo com as circunstâncias do caso concreto."
12 "Art. 797. Ressalvado o caso de insolvência do devedor, em que tem lugar o concurso universal, **realiza-se a execução no interesse do exequente que adquire, pela penhora, o direito de preferência sobre os bens penhorados**" (grifo nosso).
13 "§ 2º – Para fins de substituição da penhora, equiparam-se a dinheiro a fiança bancária e o seguro garantia judicial, desde que em valor não inferior ao do débito constante da inicial, acrescido de trinta por cento."

Ao longo dos anos, ao tratar do conteúdo e do alcance do art. 151 do CTN, o STJ tem afirmado a taxatividade[14] do rol das causas suspensivas. Assim tem decidido a Corte Superior apoiada na interpretação literal da regra de suspensão do crédito tributário (art. 111, inciso I c/c art. 141 do CTN) e na superior hierarquia da norma complementar[15] (art. 146 da Constituição Federal).

Tanto é que, desde o início dos anos 1990, o STJ e os Tribunais de segunda instância[16] negam a suspensão da exigibilidade nos casos calcados em caução distinta do depósito integral e em dinheiro. E assim o fazem, na maioria das decisões, a pretexto de interpretar o inciso II do art. 151 do CTN em linha com o enunciado da Súmula STJ n. 112: "O depósito somente suspende a exigibilidade do crédito tributário se for integral e em dinheiro".[17]

A evolução jurisprudencial seguiu na linha da Súmula n. 112 e culminou, em 2010, no julgamento do REsp 1.156.668/DF,[18] afetado ao **regime dos recursos repetitivos**, no bojo do qual restou decidido que

> a fiança bancária não é equiparável ao depósito integral do débito exequendo para fins de suspensão da exigibilidade do crédito tributário, ante a taxatividade do art. 151 do CTN. [...] A suspensão da exigibilidade do crédito tributário (que implica óbice à prática de quaisquer atos executivos) encontra-se taxativamente prevista no art. 151 do CTN, sendo certo que a prestação de caução, mediante o oferecimento de fiança bancária, ainda que no montante integral do valor devido, não ostenta o efeito de suspender a exigibilidade do crédito tributário, mas apenas de garantir o débito exequendo, em equiparação ou antecipação à penhora, com o escopo precípuo de viabilizar a expedição de Certidão Positiva com Efeitos de Negativa e a oposição de embargos.

---

14 REsp n. 30.610/SP, 1ª Turma, Rel. Ministro Milton Pereira, julgado em 15 mar. 1993; AgRg na MC 14946/RJ, 1ª Turma, Rel. Ministra Denise Arruda, julgado em 9 fev. 2009.
15 REsp n. 28.869/MG, 1ª Turma, Rel. Ministro Garcia Vieira, julgado em 14 dez. 1992.
16 TR-4, APEL n. 200871000003508, 1ª Turma, Rel. Desembargor Federal Joel Ilan Paciornik, julgado em 15 dez. 2009; TRF-1, AGA n. 135146420144010000, 7ª Turma, Rel. Desembargador Federal Reynaldo Fonseca, julgado em 28 nov. 2014; TRF-4 AI n. 5008750-92.2016.404.0000, 1ª Turma, Rel. Desembargadora Federal Maria de Fatima Freitas Labarrèrre, julgado em 31 mar. 2016; TRF-3, AI n. 00145943820164030000, 3ª Turma, Rel. Desembargador Federal Nery Junior, julgado em 2 jun. 2017.
17 Julgado em 3 nov. 1994.
18 Recurso Repetitivo – Tema 378, 1ª Seção, Rel. Ministro Luiz Fux, julgado em 10 dez. 2010.

Na ocasião, restou vencida a Ministra Eliana Calmon, que, reconhecendo a equiparação legal da fiança bancária a dinheiro, ponderou

> é preciso que se atente para a necessidade de as empresas saírem do sufoco fiscal em que vivem, porque o dinheiro no Brasil é absolutamente caro pelos juros extorsivos, e é preciso, muitas vezes, que a empresa tenha capital de giro. Exigir que o depósito para suspender a exigibilidade seja única e exclusivamente em dinheiro faz com que a fiança bancária fique praticamente inutilizada para os fins a que se destina, ou seja, assegurar com liquidez e certeza um crédito tributário.

Fato é que, desde o julgamento do recurso repetitivo, os julgados do STJ aplicam o entendimento assentado pela 1ª Seção, como ilustra trecho do acórdão do Agravo Interno no REsp n. 1576817/SP:[19] "somente o depósito em dinheiro do montante integral devido possui o condão de suspender a exigibilidade do crédito tributário, não se incluindo nesse conceito a fiança bancária."

Esse breve histórico da jurisprudência do STJ permite constatar o entendimento pacificado quanto à inaptidão das garantias, mesmo as financeiras como fiança bancária, para suspender a exigibilidade do crédito tributário – efeito legal reservado apenas e tão somente ao depósito judicial estrita e taxativamente enunciado no art. 151 do CTN.

Embora não sejam aptas a suspender a exigibilidade do crédito tributário, as garantias viabilizam a regularização da situação do contribuinte para fins de emissão de Certidão de Débitos Fiscais (Certidão Positiva com efeitos de Negativa, cf. art. 206 do CTN). Não por outro motivo, o mesmo STJ proferiu reiteradas decisões e, ao julgar o REsp n. 1.123.669/RS no regime dos recursos repetitivos,[20] pacificou entendimento quanto ao cabimento da antecipada garantia de débito vencido e ainda não executado:

> O contribuinte pode, após o vencimento da sua obrigação e antes da execução, garantir o juízo de forma antecipada, para o fim de obter certidão positiva com efeito de negativa. [...] É viável a antecipação dos efeitos que seriam obtidos com a penhora no executivo fiscal, através de caução de eficácia

---

19 2ª Turma, Rel. Ministro Og Fernandes, j. 25/10/2016, DJe 07/11/2016.
20 Recurso Repetitivo – Tema 237, REsp 1123669/RS, 1ª Seção, Rel. Ministro Luiz Fux, j. 09/12/2009, DJe 01/02/2010.

semelhante. A percorrer-se entendimento diverso, o contribuinte que contra si tenha ajuizada ação de execução fiscal ostenta condição mais favorável do que aquele contra o qual o Fisco não se voltou judicialmente ainda. Deveras, não pode ser imputado ao contribuinte solvente, isto é, aquele em condições de oferecer bens suficientes à garantia da dívida, prejuízo pela demora do Fisco em ajuizar a execução fiscal para a cobrança do débito tributário. Raciocínio inverso implicaria em que o contribuinte que contra si tenha ajuizada ação de execução fiscal ostenta condição mais favorável do que aquele contra o qual o Fisco ainda não se voltou judicialmente.

Na mesma linha estão diversos acórdãos dos tribunais federais e estaduais, como ilustra trecho de precedente do TRF da 3ª Região:[21]

> A moderna jurisprudência, aceita a caução de bens, móveis ou imóveis, livres e desembaraçados, substituindo o depósito em dinheiro e garantindo o crédito, sem causar prejuízos nem para o contribuinte nem para o Fisco. Assim, não há necessidade, para os fins de expedição de Certidão Positiva de Débito com Efeito de Negativa, que a caução seja em dinheiro, porque não se trata de suspensão da exigibilidade do débito, mas de antecipação de penhora para garantia do débito, nos termos do artigo 206 do Código Tributário Nacional.

A análise da jurisprudência pátria permite concluir que, até hoje, segundo os Tribunais: (i) só as causas taxativamente elencadas no art. 151 do CTN suspendem a exigibilidade do crédito tributário e impedem o prosseguimento da respectiva cobrança; (ii) é improcedente a tentativa de equiparação de outras garantias financeiras ao depósito judicial; e (iii) a garantia antecipada é alternativa admitida apenas e tão somente para fins de liberação da CND.

4 POSSÍVEL RELEITURA DO ART. 151 DO CTN

Algumas inovações legislativas poderão provocar a releitura do art. 151 do CTN e até, espera-se, inovar o panorama jurisprudencial quanto à associação de garantias menos onerosas a algumas das causas de suspensão da exigibilidade do

---

21 TRF3, APELREEX n. 00524085019984036100, 1ª Turma, Rel. Desembargador Federal Helio Nogueira, julgado em 07 jun. 2017.

crédito tributário, de modo a tornar mais factível a estratégia processual do contribuinte para obstar a continuidade dos atos de cobrança e impedir a constrição de bens até decisão final acerca de controversa obrigação tributária.

Na seara tributária, a plausibilidade da tese jurídico-tributária e o risco de dano decorrente da contínua cobrança fiscal podem preencher os requisitos legais para a concessão de medida liminar ou tutela de urgência, sem **caução**. No entanto, a depender do caso e da matéria em discussão, uma garantia apresentada como **caução** do questionável crédito tributário pode ser elemento legítimo para reforçar o cabimento da liminar ou tutela de urgência, auxiliando no convencimento do Juiz inclusive quanto à reversibilidade da medida. Se oferecida e acolhida na ação tributária em prol da eventual satisfação do crédito do fisco, a **caução** não desnatura as causas da suspensão da exigibilidade estampadas nos incisos IV e V do art. 151 do CTN.

Como visto, desde o advento da Lei n. 12.016/2009, a medida liminar em Mandado de Segurança depende de fundamento relevante e risco de ineficácia da medida ao final, mas pode ser associada a **caução, fiança ou depósito** "com o objetivo de assegurar o ressarcimento à pessoa jurídica" (art. 7º, inciso III). Com claro propósito de afastar o risco de irreversibilidade da medida, a facultativa **caução**[22] aparece como mais um elemento de convencimento do Juiz no momento de cognição liminar.

Mais recentemente, com o advento do NCPC, também ficou a cargo do Juiz a acolhida de **caução real ou fidejussória idônea** (art. 300, § 1º, do NCPC)[23] na

---

22 Breve reflexão sobre este ponto foi identificada em recente acórdão do TRF da 3ª Região, embora sem concluir, no caso concreto, a favor do contribuinte: "Em mandado de segurança, o condicionamento de concessão liminar a caução ou depósito judicial é tratado pelo Art. 7º da Lei 12.016/2009, dependendo tal medida da discricionariedade do magistrado, que deverá averiguar, caso a caso, a existência de fatores que ensejem sua imposição, sempre com o objetivo de assegurar o ressarcimento da pessoa jurídica. O juiz deverá verificar se tal medida é proporcional à tutela concedida, fazendo um juízo de necessidade e de adequação, não devendo, porém, com a restrição, inviabilizar o exercício do direito concedido na liminar, sob pena de tornar a tutela oferecida sem efeito. Em regra, sendo o mandado de segurança remédio constitucional, a concessão liminar deverá ser incondicionada. Apenas em casos excepcionais, se admite o caucionamento". AI n. 00071517020154030000, 4ª Turma, Rel. Desembargadora Federal Monica Nobre, julgado em 19 fev. 2016.

23 "Art. 300. A tutela de urgência será concedida quando houver elementos que evidenciem a probabilidade do direito e o perigo de dano ou o risco ao resultado útil do processo. § 1º Para a concessão da tutela de urgência, o juiz pode, conforme o caso, exigir caução real ou fidejussória

concessão da tutela provisória de urgência fundada na probabilidade de direito e perigo de dano. Isto é, a tutela de urgência será concedida se verificados ambos os requisitos processuais e, conforme o caso, poderá ser vinculada a **caução** que minimize eventual dano à parte contrária e até evite o perigo de irreversibilidade dos efeitos da decisão (§ 3º).

Ademais, com a equiparação legal da fiança bancária e do seguro garantia ao depósito em dinheiro, essas espécies de contracautela ganham ainda mais força. Ora, se a fiança bancária e o seguro garantia têm os mesmos efeitos do depósito em dinheiro e se é verdade que o depósito é a melhor e mais líquida das garantias, não resta dúvida de que, atualmente, a fiança e o seguro garantia reforçam a probabilidade jurídica necessária à medida liminar e/ou à tutela de urgência.

Não se espera a ampliação do rol do art. 151 do CTN, até porque ao Poder Judiciário não é dado suprir qualquer lacuna legislativa, nem se defende a interpretação extensiva da hipótese de suspensão do depósito judicial (inciso II), pois é claro o comando do art. 111, inciso I, do CTN. Muito pelo contrário, espera-se a efetiva aplicação dos **incisos IV e V** do mencionado dispositivo legal por meio da concessão de liminares em Mandado de Segurança ou tutelas provisórias de urgência em outras espécies de ação **também quando conjugadas a caução que assegure o crédito tributário em discussão.**

A exigibilidade do crédito tributário poderá, portanto, ser suspensa por **medida liminar** ou **tutela de urgência** mediante **caução**. Assim, diferentes tipos de garantias idôneas que não o depósito em dinheiro podem servir aos provimentos jurisdicionais de urgência para obstar a exigência de controverso crédito tributário e, sem prejudicar o fisco, resguardar a regularidade fiscal e o patrimônio do contribuinte que está no exercício do direito constitucional de acesso à Justiça.

Afinal, no atual contexto social e econômico, a possibilidade de retirar dinheiro do caixa para depositá-lo em juízo é privilégio de poucos contribuintes, quanto mais pelos elevadíssimos valores de diversos créditos tributários. Cada vez é maior o uso de instrumentos alternativos ao dinheiro, como o penhor, a hipoteca, a fiança e o seguro garantia, para diversas finalidades, como deve ser para as tutelas jurisdicionais de suspensão da exigibilidade de crédito tributário de duvidosa legalidade.

---

idônea para ressarcir os danos que a outra parte possa vir a sofrer, podendo a caução ser dispensada se a parte economicamente hipossuficiente não puder oferecê-la."

CONTRIBUINTE NÃO É LITIGANTE DE SEGUNDA CATEGORIA

Daniella Zagari
Maria Eugênia Doin Vieira
Daniel Monteiro Peixoto

1 INTRODUÇÃO

O Superior Tribunal de Justiça (STJ), nos autos do Recurso Especial (REsp) n. 1.272.827-PE (repetitivo), decidiu que os embargos à execução fiscal não têm efeito suspensivo automático com a apresentação de garantia integral do valor exigido, sendo necessária também a demonstração da relevância da fundamentação e do perigo de grave dano de difícil ou incerta reparação (art. 739-A do Código de Processo Civil de 1973 – CPC/73). O dispositivo equivalente no CPC de 2015 (CPC/15), o art. 919, *caput* e § 1º, pouco inovou a respeito, apenas adaptou a redação para adequá-la à disciplina da (agora) denominada **tutela provisória**.

Este trabalho tem o objetivo de sugerir nova reflexão sobre o tema, porque, a nosso ver, o processo de execução fiscal, nesse particular, não admite aplicação subsidiária do CPC, por várias razões não submetidas ao debate prévio que a fixação de precedente **obrigatório**[1] deveria assegurar. Quando menos, os requisitos para a concessão da tutela provisória, nessa seara, merecem ser bastante temperados.

---

1 Expressão utilizada pelo Professor Doutor Otávio Henrique Martins Port, em palestra ministrada no Instituto Brasileiro de Direito Processual em 27 de agosto de 2017.

2 RESP 1272827/PE

O acórdão promove o exame histórico-legislativo do processo de execução em geral em face do processo de execução da dívida tributária, desde o CPC/39 até o CPC/73, em sua redação original e com as alterações promovidas pela Lei n. 11.282/2006, e também em face da Lei n. 6.830/1980 (Lei de Execuções Fiscais – LEF). Em síntese, o acórdão entendeu que:

i. Unificados os processos de execução entre particulares e entre particular e Fazenda Pública no CPC/73, o advento da LEF teve o objetivo de conferir primazia ao crédito público frente ao particular, já que alguns créditos particulares, como o das instituições financeiras, eram preferidos ao crédito público.
ii. No regime do CPC/39 e do CPC/73 em sua redação original, o efeito suspensivo aos embargos à execução era excepcional, possível apenas em específicas situações envolvendo matéria de ordem pública.
iii. A Lei n. 8.953/1994, alterando o CPC/73, instituiu a regra de recebimento dos embargos no efeito suspensivo, o que veio a ser revisto com o advento da Lei n. 11.382/2006, que restabeleceu a excepcionalidade desse efeito, só admissível a requerimento da parte, desde que garantido integralmente o crédito exequendo e presentes os requisitos de relevância da fundamentação e perigo de grave dano de difícil ou incerta reparação.
iv. Não há previsão expressa na LEF para concessão de efeito suspensivo automático aos embargos com a apresentação de garantia integral, devendo ser aplicado subsidiariamente o CPC, especialmente diante do princípio da supremacia do público sobre o privado.

3 ANÁLISE CRÍTICA

3.1 Interpretação histórica

O acórdão analisa cronologicamente a legislação para concluir, com amparo em trecho extraído de exposição de motivos, que há de se conferir celeridade ao processo de execução, especialmente em razão da supremacia do crédito público sobre o privado. O exame da legislação sob o ponto de vista dos aspectos *frios* de suas alterações, tratando como interpretação histórica aquilo que é exclusivamente fruto de alterações legislativas – como se estas fossem capazes de conferir o sentido axiológico e teleológico das normas – não nos parece representar uma visão de conjunto do ordenamento jurídico.

O método histórico é, sem dúvida, um dos caminhos de investigação. Mas está longe de ser o único, pois o historiador do direito não é hermeneuta. O hermeneuta busca a melhor solução para o caso concreto a partir de todos os métodos de interpretação que lhe são franqueados, ciente da unidade do sistema jurídico. O historiador examina a norma como fato histórico. Embora haja algum ponto de convergência no início, o jurista se vale do passado apenas como um dos múltiplos critérios para resolver um problema presente.[2]

Interpretar a legislação historicamente é, em essência, compreendê-la de acordo com o momento então vivido pela sociedade. O CPC/39 e o CPC/73 são diplomas editados à luz de realidades social, política e jurídica bem diversas. São anteriores à Constituição de 1988, que estipulou garantias fundamentais aos jurisdicionados e aos cidadãos, sob os auspícios do Estado Democrático de Direito e em estágios nos quais a relação entre administração e administrado era concebida de maneira totalmente diferente.

Parece-nos que tratar como interpretação histórica razões constantes de exposição de motivos de cada legislação é confundir *mens legis* com *mens legislatoris*, o que já é repudiado desde Savigny.[3] O que incumbe perquirir, pensamos, é a intenção da lei posta, e para tanto o hermeneuta deve se valer de todos os métodos postos à sua disposição, a começar por aquele que tem por premissa a Constituição Federal, ápice da pirâmide do sistema jurídico.

Identificar se os embargos à execução fiscal têm ou não efeito suspensivo passa pelo exame da natureza e da finalidade desse mecanismo de defesa, o que, por sua vez, exige também a análise da relação jurídica de direito material entre a administração fiscal e o sujeito passivo/administrado.

---

2 SOARES, Evanna. Hermenêutica jurídica: a superação da vontade do legislador na busca do sentido atual da norma. *Revista de Direito Social da Procuradoria Regional do Trabalho da 7ª Região*, Fortaleza, ano II, fev. 2010.

3 SILVA, João Fernandes Vieira da. *A interpretação segundo a vontade do legislador*. Disponível em: <http://investidura.com.br/biblioteca-juridica/artigos/hermeneutica/3830-a-interpretacao-segundo-a-vontade-do-legislador>.

3.2 Processo é meio e não fim: constituição e direito material

Os institutos e os modelos servem à ciência pelo valor que representam na consecução de seus objetivos, isto é, na capacidade de resolver problemas práticos.[4]

O ordenamento jurídico opera em dois planos: direito material e direito processual. O direito material representa o conjunto de normas criadas pelo Estado que fixam modelos de conduta considerados particularmente relevantes para a vida em sociedade, com o objetivo de induzir os indivíduos à prática de atos obrigatórios ou à abstenção da prática de atos nocivos. Tudo sob pena de sanção, que será mensurada sempre com base na maior ou menor relevância do bem da vida tutelado. O poder exercido pelo Estado de intervir na esfera particular e decidir o que fazer em caso de violação das normas que ele próprio impôs é o poder de **jurisdição**, e todas as normas que regulam essa atividade do Estado constituem o direito processual.[5]

A ciência do processo, embora autônoma (atributo intrínseco à ciência), é instrumental, não retira valor de si mesma, pois está a serviço do direito material, da justiça e da sociedade, constituindo ramo do direito público por disciplinar o exercício de atividade estatal específica – a jurisdicional.[6] Seus princípios devem ser hauridos do direito público, mais especificamente da Constituição Federal, que, idealmente, concentra as aspirações políticas e ideológicas da sociedade a quem cumpre o processo servir.

Justamente por isso, pode-se dizer corrente na doutrina que o método **direito processual constitucional** constitui premissa básica para interpretação do direito processual. Não se trata de um ramo autônomo do direito, mas puro método de trabalho.[7] Portanto, é essencial compreender o direito material em discussão, porque é a ele que o processo serve. Mas técnica não é supervalorização da forma. Com muita propriedade se afirma que **menos tecnicismo e mais justiça é o que se pretende.**[8]

---

4   FERRAZ JUNIOR, Tércio Sampaio. *A Ciência do Direito*. 3. ed. São Paulo: Atlas, 2014.
5   BEDAQUE, José Roberto dos Santos. *Direito e Processo*. 4. ed. São Paulo: Malheiros, 2006.
6   Cf. DINAMARCO, Cândido Rangel. *A instrumentalidade do processo*. 14. ed. São Paulo: Malheiros, 2009.
7   DINAMARCO, Cândido Rangel; LOPES, Bruno Vasconcelos Carrilho. *Teoria geral do novo processo civil*. São Paulo: Malheiros, 2016.
8   BEDAQUE, José Roberto dos Santos. *Direito e Processo*. 4. ed. São Paulo: Malheiros, 2006.

3.3 Interpretar o processo à luz da Constituição Federal e do direito material

A Constituição Federal protege de forma perene e insuscetível de modificação (art. 60, § 4º) alguns valores fundamentais, expressos em garantias, como a inafastabilidade do controle jurisdicional; a garantia de que **ninguém será privado da liberdade e de seus bens antes do devido processo legal**; e o direito ao contraditório e à ampla defesa. E, sobretudo, protege a igualdade, na lei e perante a lei.

Fala-se em garantias justamente porque tutelam o exercício de outros direitos, e sua inobservância é severamente sancionada, afetando de alguma forma a validade do ato, da norma ou de sua interpretação. Imaginar a existência de uma garantia sem efetividade significaria concebê-la como mera recomendação, sem efeito sancionatório.

A inafastabilidade do controle jurisdicional representa a garantia básica de acesso à justiça. Não o acesso meramente formal, equiparável ao direito de petição, mas o acesso à ordem jurídica justa. É uma garantia-síntese porque congrega diversas outras, como a tempestividade da tutela jurisdicional, a imparcialidade do juiz, o juiz natural, a igualdade, a publicidade, o contraditório.[9]

O contraditório é a maior expressão da estrutura dialética do processo. Representa a participação dos sujeitos do processo – autor, réu e juiz – na formação do provimento final. O princípio da cooperação previsto no art. 6º do CPC/15 reafirma essa realidade. Também a garantia do devido processo legal é uma garantia-síntese, pois reúne tantas outras garantias constitucionais e normas infraconstitucionais, como o direito à prova, à motivação das decisões judiciais, ao procedimento previamente estabelecido em lei, dentre outras.

A relação jurídica material entre a Fazenda Pública e o sujeito passivo da obrigação tributária possui contornos específicos. O primeiro deles é o óbvio fato de se tratar de relação jurídica de direito público, já que em um dos polos está a administração pública.

Além disso, especificamente em matéria tributária, a Constituição Federal criou um verdadeiro **estatuto constitucional do contribuinte**, ao impor limitações ao poder de tributar e ao reconhecer que os direitos individuais devem ser respeitados

---

9 DINAMARCO, Cândido Rangel; LOPES, Bruno Vasconcelos Carrilho. *Teoria geral do novo processo civil*. São Paulo: Malheiros, 2016.

(art. 145, § 1º, 150 e seguintes), o que vem sendo afirmado pelo STF em diversas oportunidades (por exemplo, ARE n. 915424).

O direito material impõe ao contribuinte o dever de pagar tributo (art. 3º, CTN). A sanção pelo não pagamento é a possibilidade de exigência do valor devido, acrescido de juros e multa (art. 113 e 161 do CTN), sem prejuízo de eventuais sanções penais se configurado o tipo legal (Lei n. 8.137/1990). Caso o fisco entenda que o tributo não foi pago, ou o foi a menos, deve seguir o caminho legal para fazer valer o direito a que entenda fazer jus. Esse caminho tem início com a constituição do crédito tributário pelo lançamento, nos termos do art. 142 do CTN.

O lançamento é ato administrativo unilateral, que não conta com nenhuma participação do sujeito passivo (contribuinte ou responsável, conforme art. 121 do CTN). Não há, nessa etapa, nenhum direito de defesa ou contraditório, nem solução de controvérsia por julgador imparcial. E é natural que assim o seja, porque é procedimento administrativo, não processo. Uma investigação que resulta na conclusão unilateral da autoridade administrativa. Justamente por se tratar de ato unilateral, o ordenamento jurídico, que opera e deve ser interpretado de forma integrada, cria mecanismos de defesa do contribuinte pela via do processo administrativo, antes que o crédito tributário possa lhe ser cobrado judicialmente pela Fazenda Pública (art. 145, inciso I, e 151, inciso III, do CTN). A legislação federal regula o processo administrativo no âmbito de tributos federais (Decreto n. 70.235/1972, recepcionado pela Constituição como lei ordinária), como o fazem, em geral, as legislações em âmbito estadual e municipal, relativamente aos tributos nas esferas de suas respectivas competências.

Se interpretado o direito material e processual à luz da Constituição Federal – como deve ocorrer –, a equação parece perfeita. Embora o ato de lançamento seja unilateral, o sujeito passivo tem o direito e a prerrogativa de impugná-lo, contrapondo à pretensão fiscal seus próprios argumentos, no pleno exercício da ampla defesa e contraditório.

A garantia do devido processo legal, como garantia-síntese, alcança também o processo administrativo. E é imperativo imposto à administração que atue nos exatos termos do art. 37 da Constituição Federal, observando os princípios de legalidade, impessoalidade, moralidade, boa-fé, publicidade e eficiência.

Esses princípios representam, para o processo administrativo, a garantia-síntese equiparável à inafastabilidade do controle jurisdicional. Administração e administrado não têm interesses contrapostos. À administração pública compete perseguir o interesse público, inclusive e sobretudo por meio do processo administrativo.

É mito supor que interesse público e particular sejam antagônicos. Se é verdade que o interesse do particular, baseado em suas conveniências pessoais, pode eventualmente se contrapor ao interesse público, não é menos verdadeiro que interesse público é a "dimensão pública dos interesses individuais, ou seja, de cada indivíduo enquanto partícipe da sociedade".[10] Portanto, interesse público (primário) não se confunde com interesse da Fazenda Pública (secundário).

De acordo com autorizadíssima doutrina,

> somente se pode pensar em efetiva realização do princípio democrático quando e onde possa o administrado participar da feitura do querer administrativo, ou da sua concretização efetiva. Para tanto, imprescindível que se assegure ao cidadão o postular junto à Administração com a mesma coorte de garantias que lhe são deferidas no processo jurisdicional – particularmente, as certezas do contraditório, da prova, do recurso e da publicidade. [...] É curial que não basta simples "arranjo" formal, que simule um processo administrativo com equilíbrio de faculdades entre seus participantes: imperioso é que em seu próprio cerne material se reflitam tais propósitos éticos, tudo de molde a tornar o processo em verdadeiro bastião potencial de defesa do cidadão contra o Estado.

E a conclusão é irretorquível: "Hoje, muito mais do que um iter para a produção de atos administrativos, o processo administrativo é um instrumento de garantia dos administrados em face de outros administrados e, sobretudo, da própria Administração".[11]

Todavia, como se diz em linguagem popular, **na prática a teoria é outra**. É fato público e notório, a dispensar maiores digressões, que o processo administrativo tributário no Brasil atual está muito longe de cumprir seus desígnios. Ressalvadas pouquíssimas exceções, seu vetor não é a persecução do interesse público, mas do interesse da Fazenda Pública. Dentre tantos, dois exemplos são suficientes para demonstrar essa realidade.

As legislações que regem os processos administrativos tributários no âmbito de cada pessoa jurídica de direito público normalmente preveem a impossibilidade

---

10 BANDEIRA DE MELLO, Celso Antonio. *Grandes temas de direito administrativo*. São Paulo: Malheiros, 2009. p. 182.
11 FERRAZ, Sergio; DALLARI, Adilson Abreu. *Processo administrativo*. São Paulo: Malheiros, 2001. p. 23-25.

de reconhecimento incidental de inconstitucionalidade de lei para afastar a exigência tributária (art. 26-A, Decreto n. 70.235/1972). Argumenta-se que tal restrição é legítima porque se trata de atribuição privativa do poder judiciário, devendo a administração, por imperativo de legalidade, observar a lei tal qual posta. O argumento, se tomado isoladamente, parece convincente, mas alcançou extensão insustentável. Sob o argumento de que a atividade administrativa é plenamente vinculada, dá-se mais valor a uma instrução normativa que a um decreto, a um decreto que a uma lei, a uma lei que à Constituição. É a odiosa **pirâmide inversa**, que fere de morte o princípio da legalidade.

O famigerado **voto de qualidade**, que é aquele que permite que o presidente do órgão colegiado incumbido do julgamento vote duas vezes em caso de empate, é outro exemplo dessa distorção. Os presidentes de órgãos julgadores administrativos colegiados, como regra, e especialmente nas instâncias máximas, são representantes do fisco. E tendem – todas as estatísticas o demonstram – a manter o lançamento em caso de empate.

O principal argumento utilizado, em ambas as situações, é que o sujeito passivo tem sempre o direito de questionar o lançamento perante o poder judiciário, ao passo que a Fazenda Pública não pode fazê-lo. Mais uma vez, se tomada isoladamente, a justificativa parece plausível, não obstante o preciso alerta de que "a revisão jurisdicional de más decisões administrativas é um pobre correspectivo para as boas decisões administrativas".[12]

De toda forma, o argumento desconsidera aspectos fundamentais do processo judicial de cobrança da dívida tributária, dramático e muitas vezes arrasador. Nem sempre se lembra que o poder de tributar não é o poder de destruir.[13]

3.4 Cobrança judicial da dívida ativa: Lei da Execução Fiscal e seu confronto com o cumprimento de sentença e execução extrajudicial entre particulares

Uma vez tornada definitiva a constituição do crédito tributário pelo lançamento (havendo ou não impugnação administrativa do sujeito passivo), a Fazenda Pública está habilitada a exigi-lo em juízo, obedecidos os trâmites procedimentais

---

12 FERRAZ, Sergio; DALLARI, Adilson Abreu. *Processo administrativo.* p. 22. São Paulo: Malheiros, 2001.
13 Palavras clássicas do *Justice* Oliver Wendell Jr., da Suprema Corte norte-americana: "The power to tax is not the power to destroy, while this Court sits".

previstos nos art. 2º e 3º da LEF, para formação do título executivo extrajudicial **Certidão da Dívida Ativa** (CDA).

O rol de títulos executivos extrajudiciais está previsto no art. 784 do CPC incluindo a CDA (inciso IX), mas o procedimento específico da execução em favor da Fazenda Pública vem previsto na lei especial, com aplicação subsidiária do CPC (art. 1, LEF).

Os títulos executivos extrajudiciais habilitam o exequente à execução forçada sem que o executado seja chamado a se defender, a exercer o contraditório e a plena defesa. O executado é chamado ao processo para pagar a dívida no prazo legal (art. 829 do CPC e art. 8º, *caput*, da LEF). Pode se opor à execução pela via dos embargos, mas não há dúvida de que se trata de uma inversão procedimental: presume-se que o exequente tem razão, mesmo à míngua de certificação judicial prévia em processo de conhecimento, cabendo ao executado, em tese, o ônus de provar que o título executivo não se reveste de seus atributos indispensáveis: **certeza, liquidez e exigibilidade**.

À primeira vista causa perplexidade, diante de todas as garantias constitucionais antes tratadas, admitir que o ordenamento jurídico acolha a ação de execução por título extrajudicial. Só há uma justificativa: como o direito é **um sistema**, mesmo se tratado de garantias constitucionais, não se está diante de valores absolutos. Em situações muito particulares e taxativas, admite-se haver elevada probabilidade de existência do crédito, razão pela qual se preservam em caráter primário outras vertentes do princípio da inafastabilidade do controle jurisdicional, como a efetividade do processo. Justiça tardia é injustiça, é a atuação concreta do princípio da proporcionalidade.

Há determinadas categorias de créditos aos quais a lei atribui força executiva **quase** como se proviessem de um prévio processo judicial de conhecimento. Diz-se **quase** porque a equiparação não é absoluta, em razão do maior grau de certeza do título executivo judicial típico, isto é, aquele formado a partir da decisão do juiz como resultado da ampla participação dos sujeitos do processo na emissão do provimento jurisdicional. Tanto é assim que, no cumprimento definitivo de sentença que reconhece a exigibilidade de obrigação de pagar quantia certa, não havendo pagamento voluntário no prazo de quinze dias, inicia-se o prazo para que o executado, **independentemente de penhora ou nova intimação, apresente nos próprios autos sua impugnação** (art.523 e seguintes do CPC). A impugnação estabelece hipóteses taxativas para oposição do executado, justamente por partir da correta premissa de que, salvo situações excepcionais e de ordem pública, a solução dada ao caso concreto pelo Estado-Juiz não é passível de revisão. Ao contrário, na execução por título extrajudicial, além das mesmas matérias passíveis de arguição na oposição contra título judicial, o embargante pode alegar **qualquer matéria que lhe seria lícito deduzir em processo de conhecimento** (art. 917, inciso VI, do CPC).

O sistema é coerente com o método processual-constitucional. Os títulos executivos extrajudiciais gozam de especial proteção pela elevada probabilidade de existência da dívida, a justificar a postergação do contraditório em nome da efetividade do processo. Mas como nenhuma garantia constitucional é absoluta, não havendo contraditório prévio (o que ocorre na formação do título judicial), o executado tem a ampla possibilidade de se defender, arguindo toda e qualquer matéria, a fim de que sejam preservadas as garantias que informam o processo e que têm por escopo proteger o jurisdicionado.

Isso também ocorre na execução da dívida ativa da Fazenda, que não prevê nenhuma limitação às alegações do executado e remete à disciplina subsidiária do CPC, conferindo ampla possibilidade de alegação de matéria de direito e produção de provas (art. 1º e 17, § único).

Mais uma vez, o sistema é coerente com os princípios constitucionais que o informam. Não houve acertamento prévio da relação jurídica de direito material deduzida em juízo, partiu-se de uma **presunção** que, ainda que razoável, não pode impedir o direito do executado à ampla possibilidade de contestar o título executivo extrajudicial formado sem prévio controle jurisdicional.

3.5 Contribuinte: litigante de segunda categoria?

Embora tanto na execução por título extrajudicial entre particulares quanto na execução fiscal não haja limitação ao direito de defesa, há uma diferença substancial na natureza jurídica dos respectivos títulos executivos. Entre particulares, a presunção de certeza e liquidez parte de uma premissa elementar: o executado participou da formação do título. Assinou o cheque, a nota promissória, o contrato subscrito por duas testemunhas etc. A relação de presumida igualdade e a autonomia de vontades no plano do direito material autoriza essa elevada presunção (art. 784 do CPC).

Diferente é a situação do sujeito passivo em face da Fazenda Pública. Ele não participa da formação da CDA. Pode até ter se defendido em processo administrativo, mas mesmo nessa hipótese sua posição equipara-se à do **hipossuficiente**: seus direitos e suas garantias elementares são apenas formalmente observados, porque o processo administrativo não cumpre seu mister de perseguir o interesse público.

Quando o processo administrativo não cumpre o seu objetivo, ou quando ao sujeito passivo sequer é franqueado acesso ao prévio processo administrativo – como tantas vezes ocorre nas malfadadas hipóteses de **redirecionamento** da execução fiscal, prática já repudiada pelo STF[14] –, é de constitucionalidade duvidosa o processo de execução fiscal, porquanto escudado em presunção de legitimidade do ato administrativo que não se conforma com o direito administrativo-constitucional.

O acórdão aqui examinado afirma que a edição de legislação específica para o trato de litígios entre Fazenda Pública e sujeito passivo – a LEF – teve por objetivo primordial privilegiar a cobrança do crédito público, que até então não preferia a alguns créditos particulares socialmente menos relevantes. O crédito tributário tem de fato prevalência sobre o crédito do particular, ressalvadas as expressas exceções previstas em lei (art. 186 do CTN), e a LEF está adequada a essa realidade. É correto que assim o seja, porque é o interesse público que deve prevalecer, desde que se esteja tratando de verdadeiro crédito tributário, constituído e exigido na forma da Constituição Federal e da lei, e não como fruto de desvio de finalidade, com vistas à mera arrecadação, sem vínculo com o interesse público.

No contexto do acórdão, contudo, a afirmação, como aforismo, de prevalência do crédito público sobre o privado, extraída de exposição de motivos, acaba assumindo outro sentido. Ao fim e ao cabo, o que se fez, na prática, foi tratar o sujeito passivo da obrigação tributária como litigante de segunda categoria, sem acesso aos mesmos e garantias franqueados aos litigantes particulares.

Por conta das deficiências atuais do sistema, seja na atividade de lançamento tributário, seja pela dificuldade de correção de desvios pela via do processo administrativo tributário,[15] a presunção muitas vezes deveria vir em sentido inverso, de modo a, tanto quanto possível, ampliar-se o leque de questões passíveis de arguição pelo sujeito passivo no próprio processo de execução, com sua suspensão, a bem do devido processo legal e da inafastabilidade do controle jurisdicional, por exemplo, questões de direito não apreciadas na via do processo

---

14 "Os princípios do contraditório e da ampla defesa aplicam-se plenamente à constituição do crédito tributário em detrimento de qualquer categoria de sujeito passivo (contribuintes, responsáveis, substitutos, devedores solidários etc.)." RE n. 608426/PR.

15 A esse respeito, o formidável desabafo de ESTRADA, Roberto Duque. Retomada da credibilidade fiscal passa pelo fim das autuações para punir e arrecadar. *Revista Consultor Jurídico*, 30 jun. 2015.

administrativo sob o manto da pirâmide inversa e limitações ao amplo direito de defesa e à prova, com o controle de legalidade do processo administrativo ou de formação da CDA.

De toda forma, para que não se desvie o foco da análise, outros elementos sugerem que o acórdão, sob a premissa (correta) da supremacia do público sobre o privado, concluiu por vias transversas (o que reputamos equivocado) que a própria identificação do que é interesse público não seria merecedora de análise, colocando o administrado na condição de litigante de segunda categoria. Nenhum dos elementos citados foi examinado. A complexa relação entre administração e administrado, entre fisco e sujeito passivo, foi deixada de lado. O momento histórico atual foi desprezado.

O acórdão também não aceita que a interpretação sistemática dos art. 19 e 24 da LEF autorizaria a conclusão de que os embargos à execução fiscal, uma vez apresentada garantia integral do crédito tributário exigido, teriam automático efeito suspensivo, diante do disposto nos art. 21 e 32, § 2º.

Não nos parece correto o entendimento. A **alienação antecipada** prevista no art. 21 não autoriza a conclusão de que a regra é a admissão de atos de execução quando recebidos os embargos. Com base na própria aplicação subsidiária do CPC, prevista no art. 1º da LEF e preconizada pelo acórdão, tem-se que a alienação antecipada é instituto excepcional, previsto no art. 670 do CPC/73 (tornado ainda mais restrito pelo art. 852 do CPC/15), cabível apenas quando determinados bens penhorados estejam sujeitos a deterioração ou depreciação, ou em caso de manifesta vantagem. Esses casos, por tratarem de situação excepcional, exigem o depósito do valor resultante da alienação em juízo, como dispõe o próprio art. 21, e o depósito somente poderá ser levantado no trânsito em julgado da decisão, nos termos do art. 32, § 2º, da LEF.

Além disso, a nosso ver, o acórdão omite um ponto fundamental para o deslinde da questão: na execução extrajudicial entre particulares disciplinada pelo CPC, a regra é a admissão de embargos do devedor **independentemente de garantia**. O executado tem o direito de se defender pela via dos embargos, e se não tivesse haveria uma flagrante inconstitucionalidade, a começar pela violação à garantia de inafastabilidade do controle jurisdicional. A distinção está justamente na concessão do efeito suspensivo: embora o executado tenha o direito de apresentar embargos, a concessão de efeito suspensivo fica condicionada aos requisitos antes tratados: garantia integral e requisitos necessários à concessão de tutela provisória (art. 300 do CPC).

Diversamente se dá na execução fiscal, em que o executado somente pode apresentar embargos à execução se apresentar garantia do crédito tributário.[16] Ainda que a jurisprudência do próprio STJ se oriente no sentido de que os embargos são cabíveis mesmo que não haja garantia integral, recente decisão da mesma corte rejeitou o cabimento dos embargos quando a garantia foi considerada irrisória em face do montante exigido.[17]

Portanto, a interpretação sistemática dos dispositivos da LEF em face do CPC conduz a conclusão diversa daquela alcançada pelo acordão comentado. Entendemos que os embargos à execução fiscal têm automático efeito suspensivo quando apresentada garantia integral e que esse efeito não coloca o fisco em situação mais gravosa que os exequentes privados.

3.6 Contraponto necessário: tutela provisória e exemplo concreto

Um contraponto é necessário. O sujeito passivo que se examina neste trabalho é o de boa-fé. Aquele que não concorda efetivamente com a exação fiscal e que clama pelo devido processo legal administrativo e judicial, sem que possa ser considerado um litigante de segunda categoria. É verdade, contudo, que em inúmeras situações é perceptível de pronto a legitimidade da presunção (relativa) criada pela CDA: tributos declarados e não pagos sem nenhuma alegação fática ou jurídica digna de atenção, argumentos meramente evasivos ou protelatórios para evitar o pagamento, dentre outros. O juiz sabe e deve diferenciar o joio do trigo. O receio do bom contribuinte é ser tratado como joio.

Em recente execução fiscal, na qual houve o redirecionamento diante do acolhimento de pretensão unilateral da Fazenda Pública sob a alegação de sucessão e responsabilidade de grupo econômico, o juízo de primeiro grau não recebeu os embargos no efeito suspensivo, em decisão confirmada por tribunal regional, à míngua do indispensável contraditório. A pessoa jurídica apontada como responsável, que jamais teve conhecimento anterior dos fatos e das acusações que tardiamente lhe foram imputados, e que não teve franqueado acesso ao processo administrativo prévio, ainda assim apresentou garantia integral (seguro garantia), aceita por preencher os requisitos legais.

---

16 Nesse sentido, também, REsp 1676138/RJ, j. 05.09.2017, Segunda Turma.
17 REsp 1663742/RS, j. 16.05.2017, Segunda Turma.

Nos embargos à execução, ainda não julgados, a empresa se empenhou em comprovar sua ilegitimidade passiva. Não só com fundamentos de direito, mas mediante prova de não caracterização de solidariedade ou sucessão. Decidiu-se que o direito invocado não evidenciaria probabilidade, nos termos do art. 300 do CPC, por demandar dilação probatória.

Se uma decisão como essa não é inconstitucional, talvez seja o caso de rever todo o sistema e deixar de lado, por inoportuno, o devido processo legal. Não se trata de indagar quem tem razão, trata-se, apenas e tão somente, de atribuir a todos nós, operadores do direito, a função de separar o joio do trigo, e de cumprir a atividade precípua da jurisdição: realizar o direito material e pacificar com justiça.

Ainda que se considere necessária a presença dos requisitos da **tutela provisória**, não obstante a prestação de garantia integral do crédito tributário – com o que não concordamos –, não há dúvida de que, aqui, na primeira oportunidade em que o réu-executado tem de se defender em juízo com a convicção da imparcialidade, os requisitos da tutela provisória clamam ser avaliados com outro olhar, por todos os motivos expostos.

4 CONCLUSÃO

A CDA é o único título executivo extrajudicial que não conta com a participação do (suposto) **devedor** em sua formação. Sua única fonte de legitimação no sistema jurídico constitucional é a preexistência do devido processo legal administrativo substancial e não formal, no qual todas as garantias e os direitos do administrado sejam realmente respeitados e em que se busque a satisfação do interesse público, que é o bem comum. No caso das exigências tributárias, não se cobrar o que é indevido, nem mais do que é devido.

Na prática atual, o sujeito passivo da obrigação tributária é tratado ordinariamente como litigante de segunda categoria, por não lhe ser assegurada a proteção que a jurisdição deveria lhe conferir, diante da posição de sujeição em que se encontra no plano do direito material e porque o processo administrativo não cumpre os desígnios para os quais foi concebido. As distorções e a má-fé devem ser devidamente tratadas como regras de exceção. É incumbência da jurisdição garantir a igualdade **perante** a lei.

Ao litigante particular, a prevalecer a interpretação adotada pelo acórdão examinado, será conferida muito maior proteção que ao que litiga contra a administração – que por princípio deveria ser mais protegido em face da desigualdade no plano material –, o que coloca em xeque a constitucionalidade do próprio processo de execução fiscal.

A interpretação histórica, sistemática, teleológica e axiológica do ordenamento jurídico, tendo por ponto de partida a Constituição Federal, conduz à conclusão de que os embargos à execução fiscal têm automático efeito suspensivo quando oferecida garantia integral do crédito exequendo. Mais que isso, urge ampliar o leque de questões passíveis de cognição pelo juiz nos autos da própria execução fiscal, e o ordenamento jurídico posto o permite.

Mesmo para os que entendem que os requisitos da tutela provisória devem estar presentes para a concessão de efeito suspensivo aos embargos à execução fiscal, esses requisitos merecem ser temperados no contexto da relação entre administração e administrado à luz de todos os fundamentos antes examinados. Fatiar o exame do fenômeno jurídico é comprometer-lhe o sentido e a finalidade.

O ARTIGO 151 DO CTN: SEGURO GARANTIA E CARTA DE FIANÇA COMO FORMAS DE SUSPENSÃO DA EXIGIBILIDADE DO CRÉDITO TRIBUTÁRIO

Vinicius Jucá Alves

O presente artigo tem por objetivo demonstrar que o art. 151, inciso II, do Código Tributário Nacional (CTN) deve ser interpretado de forma a abranger a fiança bancária e o seguro garantia como formas de suspender a exigibilidade do crédito tributário, pois são equiparáveis a dinheiro.

1 INTRODUÇÃO

A questão não é nova e alguns até diriam que está superada por conta da decisão proferida pela 1ª Seção do Superior Tribunal de Justiça (STJ) nos autos do Recurso Especial (REsp) n. 1.156.668, que concluiu que a carta de fiança não suspende a exigibilidade do crédito tributário e resultou no Tema 378 de Repetitivos: "A fiança bancária não é equiparável ao depósito integral do débito exequendo para fins de suspensão da exigibilidade do crédito tributário, ante a taxatividade do art. 151 do CTN e o teor do Enunciado Sumular n. 112 desta Corte".

Fato é que, apesar de proferida em 2010, a decisão do REsp n. 1.156.668 ainda não transitou em julgado. Como detalharemos abaixo, por questões processuais, a Primeira Seção do STJ não analisou a questão da "suspensão da exigibilidade do crédito tributário por carta de fiança" e a União pede em embargos de declaração que isso ocorra. Caso não prevaleça a tese da União, o próprio Tema 378 de Repetitivos deverá ser cancelado, pois não terá base em decisão da 1ª Seção. A nosso ver, o tema é atual e a 1ª Seção do STJ ainda deverá definir se a carta de fiança e o seguro garantia, por terem a mesma liquidez que dinheiro, devem suspender a exigibilidade do crédito tributário.

A questão é de extrema relevância não só para efeito de obtenção de Certidões de Regularidade Fiscal, que era a discussão do REsp 1.156.668, mas principalmente pela possibilidade de o fisco executar fianças bancárias antes do trânsito em julgado em ações de mérito que questionam a exigência do crédito tributário. Caso seja reconhecida a suspensão da exigibilidade por meio da apresentação de fiança e/ou seguro garantia, por serem equiparáveis a dinheiro, a fiança e/ou o seguro somente poderão ser liquidados com o trânsito em julgado.

2 RESP N. 1.156.668

O REsp n. 1.156.668 trata de um caso em que, no que interessa à presente discussão, fosse reconhecido o direito da parte requerida de obter Certidão Positiva com Efeitos de Negativa (ou Certidão de Regularidade Fiscal), com base no art. 206 do CTN, mediante a apresentação de fiança bancária.

As instâncias inferiores reconheceram esse direito, inclusive na linha da jurisprudência do STJ no REsp n. 1.123.669, que autoriza o contribuinte a se antecipar à execução fiscal e apresentar carta de fiança como forma de obter a Certidão de Regularidade Fiscal prevista no art. 206 mencionado. Ocorre que, dentre os fundamentos utilizados pelo v. acórdão de segunda instância, estava a afirmação de que a fiança bancária se equipara a dinheiro e, portanto, suspende a exigibilidade do crédito tributário.

A União recorreu ao STJ por dois motivos: (i) para cancelar uma multa processual que recebeu nas instâncias inferiores; e (ii) para afastar a atribuição à carta de fiança do efeito de suspender a exigibilidade do crédito tributário. Em seu voto, o Ministro Relator Fux deixou expresso que (i) a carta de fiança não suspende a exigibilidade do crédito tributário, pois o art. 151 deveria ser interpretado como taxativo; e (ii) a parte tem direito de apresentar carta de fiança para obter Certidão de Regularidade Fiscal, nos termos do art. 206 (conforme já reconhecido no REsp n. 1.123.669). Confira-se trecho da decisão:

> 3. Deveras, a suspensão da exigibilidade do crédito tributário (que implica óbice à prática de quaisquer atos executivos) encontra-se taxativamente prevista no art. 151 do CTN, sendo certo que a prestação de caução, mediante o oferecimento de fiança bancária, ainda que no montante integral do valor devido, não ostenta o efeito de suspender a exigibilidade do crédito tributário,

mas apenas de garantir o débito exequendo, em equiparação ou antecipação à penhora, com o escopo precípuo de viabilizar a expedição de Certidão Positiva com Efeitos de Negativa e a oposição de embargos.

O Ministro Fux fundamenta sua decisão em diversos precedentes do STJ que concluem que a carta de fiança não pode ser equiparada a dinheiro para efeito de suspensão da exigibilidade do crédito tributário, nos termos do art. 151, inciso II, do CTN, inclusive a Súmula 112 do STJ (editada em 1994): "O depósito somente suspende a exigibilidade do crédito tributário se for integral e em dinheiro". Além disso, o Ministro Fux destaca que a fiança não traria a mesma segurança ao credor que o depósito em dinheiro, pois os art. 827 e 835 do Código Civil preveem a possibilidade de o fiador se exonerar da fiança:

> Art. 827. O fiador demandado pelo pagamento da dívida tem direito a exigir, até a contestação da lide, que sejam primeiro executados os bens do devedor. [...]

> Art. 835. O fiador poderá exonerar-se da fiança que tiver assinado sem limitação de tempo, sempre que lhe convier, ficando obrigado por todos os efeitos da fiança, durante sessenta dias após a notificação do credor.

Durante o julgamento, o Ministro Castro Meira apontou que, apesar de o Ministro Fux ter feito considerações detalhadas à questão da suspensão da exigibilidade, **os fatos desse caso não diziam respeito à suspensão da exigibilidade**, mas ao direito da parte de se antecipar à execução e apresentar carta de fiança como forma de obter Certidão de Regularidade Fiscal. Portanto, o Ministro Castro Meira sugeriu que fosse dado provimento ao REsp apenas para afastar a multa processual, o que foi acatado pela 1ª Seção.

Confira-se as discussões do julgamento:

> Sr. Ministro Castro Meira: Acolho os fundamentos do recurso repetitivo, mas proponho ao Sr. Ministro Fux, analisando a peculiaridade do caso, adequar o dispositivo aos termos exatos em que a questão está proposta.

> Sr. Ministro Luiz Fux (relator): Sr. Ministro Caso Meira, tenho a impressão de que, da maneira que coloquei, está de acordo com o que V. Ex.ª diz: recurso parcialmente provido **apenas para afastar o efeito da suspensão da exigibilidade**. [...]

> Sr. Ministro Castro Meira: **Não, estou só afastando a multa**.

> Sr. Ministro Luiz Fux (relator): Diz aqui: [...] e a multa, mantido o efeito da prestação da fiança no tocante à garantia de futura execução fiscal e de expedição de certidão de regularidade fiscal.

Sr. Ministro Castro Meira: Ministro Luiz Fux, é que neste caso o ponto real é que o acórdão, como V. Ex.ª está lembrado, é um agravo de instrumento e o tribunal terminou falando outras coisas, em virtude da ação principal [...].

Sr. Ministro Luiz Fux (relator): Qual seria a proposta?

Sr. Ministro Caso Meira: **A proposta seria dar provimento ao recurso da Fazenda, em parte, apenas para excluir a multa.**

Sr. Ministro Teori Zavascki: De acordo.

Sr. Ministro Humberto Martins: De acordo.

Sr. Ministro Mauro Campbell: De acordo.

Sr. Ministro Benedito Gonçalves: De acordo.

Sr. Ministro Hamilton Carvalhido: De acordo. (grifos nossos)

Ou seja, apesar do voto do Ministro Relator Fux conter uma análise da questão da suspensão da exigibilidade do crédito tributário por carta de fiança, **a 1ª Seção não decidiu esse tema**. É exatamente por isso que o dispositivo nada menciona sobre "suspensão da exigibilidade": "12. Recurso especial parcialmente provido, **apenas para afastar a multa imposta** com base no art. 538, § único do CPC" (grifo nosso).

A União apresentou embargos de declaração insistindo na tese de que "a carta de fiança não suspende a exigibilidade do crédito tributário". O contribuinte impugnou os embargos de declaração, alegando que a questão da "suspensão da exigibilidade" não foi julgada. O Relator Ministro Napoleão Maia acolheu os embargos de declaração exatamente para indicar que a discussão da suspensão da exigibilidade não foi objeto do julgamento.

Portanto, nossa conclusão com relação ao REsp n. 1.156.668 é que **a 1ª Seção do STJ ainda não analisou a questão da suspensão da exigibilidade do crédito tributário por meio de carta de fiança (e/ou seguro garantia), de maneira que o Tema 378 de Repetitivos deve ser cancelado**, pois foi redigido sem base em decisão da 1ª Seção do STJ.

No futuro, é imprescindível que o STJ analise o tema não só sob o aspecto da possibilidade de emissão de Certidão de Regularidade Fiscal mediante apresentação de carta de fiança (com relação ao qual a jurisprudência do STJ já é pacífica a favor do contribuinte), mas também sob o ponto de vista da inviabilidade de execução da carta de fiança do contribuinte antes do trânsito em julgado na ação de mérito que questiona a exigência do crédito tributário.

Como detalharemos adiante, entendemos que devem ser reconhecidos à carta de fiança e ao seguro garantia os efeitos da suspensão da exigibilidade, pois:

i. de acordo com as regulamentações editadas pela Procuradoria Geral da Fazenda Nacional (PGFN) e pelos demais órgãos competentes dos entes federados, tanto a carta de fiança quanto o seguro garantia têm liquidez e atribuem todas as salvaguardas às autoridades fiscais, sendo equiparáveis a dinheiro; e

ii. a execução deve ser conduzida de forma que preserve o direito do credor, mas ao mesmo tempo da maneira menos onerosa possível ao devedor. Nesse contexto, a liquidação da carta de fiança e/ou do seguro garantia nas execuções fiscais não traz benefícios à satisfação do crédito, uma vez que o depósito só pode ser convertido em renda da União com o trânsito em julgado, na linha da jurisprudência pacífica do STJ – a União só defende a liquidação antecipada da carta de fiança pois pode usar os depósitos judiciais, nos termos da Lei n. 9.703/1998, art. 1º, § 2º, pretensão que não está resguardada por nenhum dos princípios orientadores do processo de execução.

3 A LIQUIDEZ DA FIANÇA BANCÁRIA E DO SEGURO GARANTIA

Não existe dúvida de que tanto a fiança bancária como o seguro garantia possuem a mesma liquidez de dinheiro. Essas garantias devem ser prestadas por bancos e seguradoras de primeira linha. Caso o juiz determine o pagamento, o fiador ou a seguradora devem fazê-lo em 24 horas. Não existe histórico de cartas de fiança ou seguros garantia que não tenham sido honrados.

Na verdade, o risco de um seguro ou uma fiança não serem honrados é o risco de solvência do mercado financeiro brasileiro. Se um dia isso ocorrer, os depósitos judiciais estarão correndo o mesmo risco de não serem devolvidos ao credor. Ora, se houver cenário em que o Banco Itaú ou o Bradesco tenham problemas para pagar uma fiança bancária, certamente a Caixa Econômica Federal estará com dificuldades ainda maiores para devolver os depósitos judiciais a ela confiados. Portanto, sob esse ponto de vista, fiança bancária e seguro garantia dão ao credor as mesmas liquidez e segurança que os depósitos judiciais.

Além disso, as preocupações do Ministro Fux com relação à possibilidade de o fiador se desonerar da fiança não encontram guarida, *data maxima venia*. As cartas de fiança e os seguros garantia somente são aceitos se estiverem de acordo com as regulamentações da PGFN, que afastam a possiblidade de o fiador ou o segurador se desonerarem da sua obrigação em prejuízo do crédito público.

As Portarias PGFN n. 644/2009 (com alterações trazidas pelas Portarias PGFN n. 1378/2009 e n. 367/2014) e n. 164/2014 regulam, respectivamente, a utilização de carta de fiança e seguro garantia. Como forma de garantir à Fazenda Nacional a satisfação do crédito tributário, em ambas as Portarias da PGFN é prevista uma série de exigências para a emissão dessas garantias. A seguir, as exigências mais importantes:

i. atualização do montante garantido pelos mesmos índices de atualização do débito inscrito em dívida ativa da União (art. 2º, inciso I, da Portaria PGFN n. 644/2009, e art. 3º, incisos I e III, da Portaria PGFN n. 164/2014);

ii. renúncia ao benefício de ordem instituído pelo art. 827 do Código Civil (art. 2º, inciso II, da Portaria PGFN n. 644/2009);

iii. renúncia aos termos do art. 835 do Código Civil (art. 2º, inciso III, da Portaria PGFN n. 644/2009);

iv. renúncia, por parte da instituição financeira fiadora, do estipulado no inciso I do art. 838 do Código Civil (art. 2º, inciso V, da Portaria PGFN n. 644/2009);

v. manutenção da vigência do seguro garantia, mesmo quando o tomador não pagar o prêmio (art. 3º, § 3º, Portaria PGFN n. 164/2014);

vi. renúncia aos termos do art. 763 do Código Civil e do art. 12 do Decreto-Lei n. 73/1966 (art. 3º, inciso IV, Portaria PGFN n. 164/2014);

vii. caracterização de sinistro e obrigação de pagamento de indenização pela seguradora, na hipótese do não cumprimento da obrigação de renovar o seguro garantia no prazo de até 60 dias antes do fim de sua vigência (art. 10, Portaria PGFN n. 164/2014);

viii. obrigação do fiador ou da seguradora pagar o débito imediatamente mediante determinação judicial.

Vale notar que o STJ já indeferiu pedido da Fazenda que requeria a substituição de carta de fiança por depósito judicial, exatamente por considerar que a fiança bancária equivale a depósito judicial para fins de garantia da execução:

TRIBUTÁRIO. AGRAVO REGIMENTAL NO AGRAVO REGIMENTAL NO RECURSO ESPECIAL. SUBSTITUIÇÃO DA FIANÇA BANCÁRIA POR DEPÓSITO JUDICIAL. EQUIPARAÇÃO DOS INSTITUTOS. PRECEDENTES DO STJ. AGRAVO IMPROVIDO.

1. Consoante iterativa jurisprudência do Superior Tribunal de Justiça, **os institutos da fiança bancária e do depósito judicial se equivalem para fins de garantia da execução.**
2. Agravo regimental improvido. (AgRg no REsp n. 1109560/RS, Rel. Ministro Arnaldo Esteves Lima, 1ª Turma, julgado em 17 ago. 2010, DJe 30 ago. 2010, grifo nosso)

Neste outro caso, o STJ autorizou a substituição de penhora online por carta de fiança, também sob o fundamento de que a fiança bancária equivale a depósito judicial para fins de garantia:

PROCESSO CIVIL – EXECUÇÃO – COBRANÇA DE MULTA ADMINISTRATIVA – PENHORA ON-LINE – SUBSTITUIÇÃO POR FIANÇA BANCÁRIA.
1. A penhora, seja convencional ou on-line, como ato preparatório do processo de execução, pode ser substituída por fiança bancária.
2. **A fiança bancária equivale a depósito bancário (art. 15, I, Lei 6.830/80).**
3. Legalidade da substituição permitida pelo legislador (art. 15 LEF).
4. Agravo regimental provido para conhecer do recurso especial e dar-lhe provimento. (AgRg no REsp n. 1058533/RJ, Rel. Ministro Herman Benjamin, Rel. do Acórdão Ministra Eliana Calmon, 2ª Turma, julgado em 18 dez. 2008, DJe 27 abr. 2009, grifo nosso)

Assim, não existe dúvida de que a carta de fiança e o seguro garantia possuem a mesma liquidez que o dinheiro. Por esse motivo, diante da realidade atual de extrema liquidez destes, impõe-se reconhecer que suspendem a exigibilidade do crédito tributário, nos termos do art. 151, inciso II, do CTN, tanto parar fins de emissão de Certidão de Regularidade Fiscal como para fins de impedir a execução provisória antes do trânsito em julgado de decisão de mérito sobre a legalidade do crédito tributário.

4 CONDUÇÃO DA EXECUÇÃO FISCAL DA FORMA MENOS ONEROSA PARA O RÉU

Ainda que a execução fiscal vise satisfazer o credor, via expropriação dos bens do executado (art. 824 do Novo Código de Processo Civil – NCPC), o art. 805 do CPC (Lei n. 13.105/2015) prevê isso deve se dar da forma menos gravosa ao executado.

Ora, é justamente nesse sentido que se enquadra a carta de fiança bancária, plenamente aceita pela Lei n. 6.830/1980 (Lei das Execuções Fiscais – LEF) como garantia do crédito tributário, em respeito aos mandamentos legais indicados.

Assim, é perfeitamente aceitável que o contribuinte garanta a execução fiscal com carta de fiança ou seguro garantia, nos termos do art. 9º da LEF:

> Art. 9º – Em garantia da execução, pelo valor da dívida, juros e multa de mora e encargos indicados na Certidão de Dívida Ativa, o executado poderá: [...]
> II – oferecer fiança bancária ou seguro garantia.

A garantia é tão líquida que a própria LEF autoriza o contribuinte a substituir penhoras de outros bens por dinheiro, fiança bancária ou seguro garantia:

> Art. 15 – Em qualquer fase do processo, será deferida pelo Juiz:
> I – ao executado, a substituição da penhora por depósito em dinheiro, fiança bancária ou seguro garantia;

Como vimos, a carta de fiança e o seguro garantia têm a mesma liquidez do dinheiro e, portanto, deveriam suspender a exigibilidade do crédito tributário nos termos do art. 151, inciso II, do CTN. Sobre esse tema, é sucinto e irreparável o voto vencido da Ministra Eliana Calmon naquele REsp n. 1.156.668, que já discutimos em detalhe:

Entendo que a interpretação não pode ser literal na medida em que fiança bancária é equivalente a dinheiro. No momento em que exigir a Fazenda o pagamento, imediatamente esse dinheiro é colocado à disposição da Fazenda. Daí por que **a liquidez e certeza da fiança bancária faz com que ela seja idêntica ao depósito em dinheiro.** Ademais é preciso que se atente para a necessidade de as empresas saírem do sufoco fiscal em que vivem, porque o dinheiro no Brasil é absolutamente caro pelos juros extorsivos, e é preciso, muitas vezes, que a empresa tenha capital de giro. Exigir que o depósito para suspender a exigibilidade seja única e exclusivamente em dinheiro faz com que a fiança bancária fique praticamente inutilizada para os fins a que se destina, ou seja, assegurar com liquidez e certeza um crédito tributário. (grifos nossos)

Contudo, caso não se estenda a suspensão da exigibilidade de forma genérica ao seguro garantia e à fiança, tal efeito ao menos deveria ser aplicado para afastar a execução dessas garantias antes do trânsito em julgado. Ora, a execução provisória da carta de fiança e do seguro garantia em nada aumentam a liquidez e a certeza da garantia da Fazenda Pública. Como vimos, a própria LEF trata tais garantias como extremamente líquidas, no topo da lista de liquidez das garantias.

Ademais, do ponto de vista do processo de execução, a liquidação provisória da carta de fiança e/ou do seguro garantia é absolutamente inútil, pois os valores pagos pelo fiador ou pela seguradora serão depositados em juízo, e não poderão ser levantados até o trânsito em julgado, conforme orientação pacífica do STJ:

> PROCESSUAL CIVIL. EMBARGOS DE DIVERGÊNCIA NO RECURSO ESPECIAL. TRIBUTÁRIO. EXECUÇÃO FISCAL. EXECUÇÃO GARANTIDA POR MEIO DE DEPÓSITO EM DINHEIRO. COBRANÇA DO TRIBUTO QUESTIONADA EM SEDE DE EMBARGOS À EXECUÇÃO. LEVANTAMENTO OU CONVERSÃO EM RENDA QUE SE SUJEITA AO TRÂNSITO EM JULGADO DA DECISÃO QUE RECONHEÇA OU AFASTE A LEGITIMIDADE DA EXAÇÃO.
>
> 1. Por força da regra contida no art. 32, § 2º, da Lei 6.830/80, **o levantamento de depósito judicial ou a sua conversão em renda da Fazenda Pública, sujeita-se ao trânsito em julgado da decisão que reconheceu ou afastou a legitimidade da exação.**
>
> 2. O art. 32, § 2º, da Lei 6.830/80 é norma especial, que deve prevalecer sobre o disposto no art. 587 do CPC, de modo que a conversão em renda do depósito em dinheiro efetuado para fins de garantia da execução fiscal somente é viável após o trânsito em julgado da decisão que reconheceu a legitimidade da exação. Em virtude desse caráter especial da norma, não há falar na aplicação do entendimento consolidado na Súmula 317/STJ.
>
> 3. Embargos de divergência providos. (Embargos de divergência em REsp n. 734.831, Relator Ministro Mauro Campbell Marques, 1ª Seção do STJ, decisão publicada em 18 nov. 2010, grifo nosso) Não existe motivo dentro da lógica do processo de execução para aceitar a liquidação provisória da fiança bancária e/ou do seguro garantia se os valores depositados em juízo pelo fiador e/ou pela seguradora não poderão ser convertidos em renda da União, na linha da jurisprudência pacífica do STJ.

É bem verdade que a Lei n. 9.703/1998, em seu artigo 1º, § 2º, determina a transferência dos depósitos judiciais para a conta única do Tesouro Nacional, para que tais depósitos possam ser usados pelo governo federal provisoriamente. Essa é uma norma de natureza financeira, e não processual, muito menos tributária. Essa norma deve ter apenas um efeito: quando existirem depósitos, eles devem ser transferidos à conta única do Tesouro Nacional. Em nenhuma hipótese essa norma deve ser entendida como um incentivo ao judiciário para executar cartas de fiança e/ou seguros-garantia no processo de execução, pois essa medida em nada aumenta a liquidez da garantia da Fazenda. Para efeitos de liquidez, depósito, cartas de fiança e seguros garantia tem a mesma liquidez, de maneira que não existe justificativa (na legislação processual/tributária) para liquidar as duas últimas espécies de garantia e depositar a quantia controversa.

Assim, se a liquidação provisória da fiança bancária e/ou do seguro garantia não faz aumentar a garantia da Fazenda Pública, somente aumentando a onerosidade do processo de execução para o contribuinte, então é de se afastar a execução antecipada de garantias, por ofender os art. 824 e 805 do NCPC.

Felizmente, o STJ tem acolhido essa tese de que não é possível executar a carta de fiança ou o seguro garantia antes do trânsito em julgado. Isso ocorreu em todos os casos a seguir:

PROCESSUAL CIVIL. TRIBUTÁRIO. EXECUÇÃO FISCAL. LEI N.º 6.830/80. EMBARGOS À EXECUÇÃO. IMPROCEDENTE. **FIANÇA BANCÁRIA. LEVANTAMENTO. CONDICIONADA AO TRÂNSITO EM JULGADO**. EQUIPARAÇÃO. DEPÓSITO BANCÁRIO. TRATAMENTO SEMELHANTE PELO LEGISLADOR E JURISPRUDÊNCIA. VIOLAÇÃO AO ART. 535, DO CPC. INOCORRÊNCIA

1. **O levantamento da fiança bancária oferecida como garantia da execução fiscal fica condicionado ao trânsito em julgado da respectiva ação.**

2. A leitura sistemática da Lei n.º 6.830/80 aponta que o legislador equiparou a fiança bancária ao depósito judicial como forma de garantia da execução, conforme se depreende dos dispostos dos artigos 9º, § 3º e 15, da LEF, por isso que são institutos de liquidação célere e que trazem segurança para satisfação ao interesse do credor.

3. O levantamento de depósito judicial em dinheiro depende do trânsito em julgado da sentença, nos termos do art. 32, § 2º, daquele dispositivo

normativo. Precedentes: REsp 543442/PI, Rel. Ministra ELIANA CALMON, DJ 21/06/2004; EREsp 479.725/BA, Rel. Ministro JOSÉ DELGADO, DJ 26/09/2005.

4. À luz do princípio *ubi eadem ratio ibi eadem dispositio*, a equiparação dos institutos – depósito judicial e fiança bancária – pelo legislador e pela própria jurisprudência deste e. Superior Tribunal de Justiça impõe tratamento semelhante, o que vale dizer que **a execução da fiança bancária oferecida como garantia da execução fiscal também fica condicionado ao trânsito em julgado da ação satisfativa.**

5. Os embargos de declaração que enfrentam explicitamente a questão embargada não ensejam recurso especial pela violação do artigo 535, II, do CPC. 6. Ademais, o magistrado não está obrigado a rebater, um a um, os argumentos trazidos pela parte, desde que os fundamentos utilizados tenham sido suficientes para embasar a decisão. 7. Recurso especial desprovido. (REsp n. 1.033.545/ RJ, 1ª Turma, Rel. Min. Luiz Fux, julgado em 28 maio 2009, grifos nossos)

TRIBUTÁRIO. AGRAVO REGIMENTAL NO AGRAVO DE INSTRUMENTO. EXECUÇÃO FISCAL. EMBARGOS DO DEVEDOR NÃO RECEBIDOS NO EFEITO SUSPENSIVO. CONVERSÃO OU LEVANTAMENTO DA GARANTIA. NECESSIDADE DE TRÂNSITO EM JULGADO. SÚMULA 83 DO STJ. AGRAVO DO ESTADO DE PERNAMBUCO DESPROVIDO.

1. Nos termos do art. 32, § 2º. da Lei 6.830/80, somente após o trânsito em julgado é possível a conversão do depósito em renda ou o levantamento da garantia.

2. Agravo Regimental do ESTADO DE PERNAMBUCO desprovido. (AgRg no Ag n. 1317089, Rel. Min. Napoleão Maia, 1ª Turma, julgado em 26 maio 2014)

PROCESSUAL CIVIL E TRIBUTÁRIO. [...] **LEVANTAMENTO DE FIANÇA BANCÁRIA ANTES DO TRÂNSITO EM JULGADO DOS EMBARGOS À EXECUÇÃO. IMPOSSIBILIDADE.** INTELIGÊNCIA DO ART. 32, § 2º, DA LEI 6.830/80. PRECEDENTES. [...]

3. O art. 32, § 2º, da Lei 6.830/80 é norma especial, que deve prevalecer sobre o disposto no art. 587 do CPC, de modo que a conversão em renda

do depósito em dinheiro efetuado para fins de garantia da execução fiscal somente é viável após o trânsito em julgado da decisão que reconheceu a legitimidade da exação. Em virtude desse caráter especial da norma, não há falar na aplicação do entendimento consolidado na Súmula 317/STJ. (EREsp n. 734.831/MG, Rel. Ministro Mauro Campbell Marques, 1ª Seção, julgado em 18 nov. 2010, grifo nosso)

4. **O levantamento da fiança bancária, de igual forma, está condicionado ao trânsito em julgado da sentença**, nos termos do art. 32, § 2º, da LEF. Precedentes: AgRg na MC 18.155/RJ, Rel. Ministro Castro Meira, Segunda Turma, DJe 16/08/2011; REsp 1.033.545/RJ, Rel. Ministro Luiz Fux, Primeira Turma, DJe 28/05/2009; RCDESP na MC 15.208/RS, Rel. Ministro Mauro Campbell Marques, Segunda Turma, Dje 16/04/2009.

5. Agravo regimental não provido. (AgRg no REsp n. 1254985, Rel. Ministro Benedito Gonçalves, 1ª Turma, julgado em 6 mar. 2012, grifo nosso)

Essa jurisprudência é acertada, pois, além de garantir os direitos dos contribuintes e lhes dar segurança jurídica, resultará em economia processual, pois evitará uma série de incidentes processuais em que se discute o efeito suspensivo de recursos no decorrer de processos em que se questionam débitos tributários, com o objetivo de evitar a execução antecipada da garantia – repita-se, **tudo sem prejudicar a garantia dos créditos da Fazenda, cuja satisfação continuará resguardada por garantias que têm a mesma liquidez de dinheiro: carta de fiança e seguro garantia.**

Portanto, caso o STJ, a título de argumentação, não atribua à carta de fiança e/ou ao seguro garantia o efeito genérico de suspender a exigibilidade do crédito tributário, que ao menos mantenha a jurisprudência citada para determinar que essas garantias possuem tal efeito para a finalidade única de impedir a sua liquidação antes do trânsito em julgado da discussão sobre o mérito da exigência do crédito tributário.

5 CONCLUSÕES

Diante do exposto, concluímos que:

i. a 1ª Seção do STJ ainda não analisou a questão da possibilidade da carta de fiança e/ou do seguro garantia suspenderem a exigibilidade do crédito tributário. Nesse sentido, o Tema 378 de Repetitivos do STJ foi concluído de forma equivocada e merece ser cancelado;

ii. a questão da suspensão da exigibilidade da carta de fiança e/ou do seguro garantia deve ser analisada pela 1ª Seção do STJ em Repetitivo sob dois enfoques: **(a)** a possibilidade de obter Certidão de Regularidade Fiscal quando alguma dessas garantias é apresentada; e **(b)** a impossibilidade de ocorrer a liquidação das garantias antes do trânsito em julgado da discussão de mérito sobre a exigência do crédito tributário;

iii. em razão das regulamentações das procuradorias dos entes federados, as cartas de fiança e os seguros garantia que atendem às exigências para serem aceitos têm absoluta liquidez e apresentam todas as salvaguardas para evitar que o fiador e/ou a seguradora se desonerem do dever de garantir o débito tributário antes do final da discussão sobre o mérito da exigência desse tributo. Portanto, não existe dúvida de que a carta de fiança e o seguro garantia têm a mesma liquidez de dinheiro para garantir o crédito tributário e, nessa condição, devem suspender o crédito tributário com base no art. 151, inciso II, do CTN; e

iv. caso não se atribuam todos os efeitos da suspensão da exigibilidade do crédito tributário à carta de fiança e ao seguro garantia, é imprescindível que seja adotada em Repetitivo a **jurisprudência do STJ no sentido de que não é possível executar essas garantias antes do trânsito em julgado** de decisão que reconheça, no mérito, que o crédito tributário é devido.

RESTRIÇÃO DAS GARANTIAS ELEGÍVEIS NAS AÇÕES ANULATÓRIAS DE DÉBITO FISCAL

Sérgio Farina Filho
Luiz Roberto Peroba
Andréa Mascitto

Neste artigo, trataremos da limitação às opções de garantia que podem ser oferecidas por aqueles contribuintes que decidem discutir débitos tributários via Ação Ordinária Anulatória de Débito Fiscal.

1 CONTEXTO HISTÓRICO E SUA EVOLUÇÃO

A restrição de que ora tratamos encontra amparo no art. 38 da Lei n. 6.830,[1] de 22 de setembro de 1980 (Lei das Execuções Fiscais – LEF), que diz que a discussão de débitos já inscritos em dívida ativa é admissível em sede de execução e respectivos embargos, ressalvadas as hipóteses de outras ações de conhecimento (como Mandado de Segurança e Ação Ordinária, seja ela de repetição do indébito ou anulatória), desde que precedida de depósito preparatório do valor do débito, monetariamente corrigido e acrescido dos juros, das multa de mora e dos demais encargos.

---

1 "Art. 38. A discussão judicial da Dívida Ativa da Fazenda Pública só é admissível em execução, na forma desta Lei, salvo as hipóteses de mandado de segurança, ação de repetição do indébito ou ação anulatória do ato declarativo da dívida, esta precedida do depósito preparatório do valor do débito, monetariamente corrigido e acrescido dos juros e multa de mora e demais encargos. Parágrafo Único – A propositura, pelo contribuinte, da ação prevista neste artigo importa em renúncia ao poder de recorrer na esfera administrativa e desistência do recurso acaso interposto."

Duas questões advêm dessa disposição normativa. A primeira delas é se o art. 38 da LEF impõe de fato uma obrigação ou uma faculdade; isto é, se o depósito é condição para a propositura de uma Ação Anulatória de Débito Fiscal. A segunda questão é se o depósito seria o único meio de garantia ao débito discutido nesse tipo de ação.

A primeira questão foi levada ao judiciário no passado e conta com uma jurisprudência firme, já de longa data, no sentido de que "não constitui pressuposto da ação anulatória do débito fiscal o depósito de que cuida o Art. 38 da Lei 6.830, de 1980", o que foi inclusive sumulado[2] no ano de 1987 pelo extinto Tribunal Federal de Recursos (TFR). O Supremo Tribunal Federal (STF) também sumulou o entendimento de que "é inconstitucional a exigência de depósito prévio como requisito de admissibilidade de ação judicial na qual se pretenda discutir a exigibilidade de crédito tributário"[3] Portanto, não há dúvidas de que o depósito judicial é uma faculdade e não uma condição para o ajuizamento de Ação Anulatória pelos contribuintes.

A segunda questão, contudo, ainda vem sendo objeto de debate. Embora o depósito judicial não seja uma condição da Ação Anulatória, ele era até 2001 a única forma de o contribuinte suspender a exigibilidade da dívida em discussão judicial (que não em Mandado de Segurança) e, assim, prevenir a demanda executiva. Em 10 de janeiro de 2001, foi editada a Lei Complementar (LC) n. 104, que incluiu a concessão de tutela antecipada em outras ações de conhecimento que não o Mandado de Segurança (como é o caso da Ação Anulatória) no rol das causas suspensivas da exigibilidade do crédito tributário previstas no art. 151 do Código Tributário Nacional (CTN).[4]

Da leitura desse artigo (pós-alteração pela LC n. 104), combinada com a regulamentação processual de tais ações de conhecimento, conclui-se que o depósito judicial deveria de fato ser entendido como uma faculdade do contribuinte que

---

2 Súmula n. 247, do TFR, publicada em 20 out. 1987.
3 Súmula n. 28, do STF, publicada em 17 fev. 2010.
4 "Art. 151. Suspendem a exigibilidade do crédito tributário: I – moratória; II – o depósito do seu montante integral; III – as reclamações e os recursos, nos termos das leis reguladoras do processo tributário administrativo; IV – a concessão de medida liminar em mandado de segurança; V – a concessão de medida liminar ou de tutela antecipada, em outras espécies de ação judicial; (Incluído pela Lcp nº 104, de 2001) VI – o parcelamento. (Incluído pela Lcp nº 104, de 2001) Parágrafo único. O disposto neste artigo não dispensa o cumprimento das obrigações assessórios dependentes da obrigação principal cujo crédito seja suspenso, ou dela conseqüentes."

não obtivesse uma decisão que promovesse a suspensão da exigibilidade da dívida em discussão. Ocorre que, se o contribuinte que ajuizou a Ação Ordinária não obtivesse a tutela prevista no art. 151, inciso V, do CTN, nem exercesse a faculdade de depositar em juízo o valor integral da dívida devidamente atualizado, seria executado judicialmente.

No âmbito da execução fiscal, o contribuinte poderia então se valer de um vasto leque de opções de garantia previsto no art. 9º da LEF,[5] a saber: fiança bancária, mais recentemente seguro garantia,[6] bens móveis ou imóveis, títulos da dívida pública, título de crédito com cotação em bolsa, direitos e ações, e até bens de terceiros. Evidente que uma pluralidade de opções traz maior conforto ao contribuinte; porém, cabe lembrar que a execução fiscal é ação de titularidade da Fazenda Pública, de modo que o contribuinte não controla o momento de seu ajuizamento e quando efetivamente poderá oferecer a garantia e solucionar problemas de ordem prática, como a renovação de sua Certidão de Regularidade Fiscal e o risco de sua inscrição em órgãos de proteção de crédito (como Cadin e Serasa).

Esse problema fez surgir a figura da Medida Cautelar de Antecipação de Garantia, que consistia em uma ação atípica,[7] de titularidade do contribuinte, manejada exclusivamente para que pudesse antecipar o oferecimento das garantias aceitas em um processo executivo enquanto não ajuizado. Trata-se de ficção jurídica validada

---

5 "Art. 9º – Em garantia da execução, pelo valor da dívida, juros e multa de mora e encargos indicados na Certidão de Dívida Ativa, o executado poderá: I – efetuar depósito em dinheiro, à ordem do Juízo em estabelecimento oficial de crédito, que assegure atualização monetária; II – oferecer fiança bancária ou seguro garantia; (Redação dada pela Lei nº 13.043, de 2014) III – nomear bens à penhora, observada a ordem do artigo 11; ou IV – indicar à penhora bens oferecidos por terceiros e aceitos pela Fazenda Pública."

6 Que passou a ser expressamente previsto após a edição da Lei n. 13.043, em 13 de novembro de 2014.

7 Fundada no art. 798 do CPC/73 (poder geral de cautela) e nas palavras de Cândido Rangel Dinamarco: "Abertura significativa trazida pelo vigente Código de Processo Civil brasileiro é a explícita proclamação do poder geral de cautela, com base no qual pode o juiz (e deve) conceder medidas cautelares atípicas, sempre que adequadas à eliminação dos males da demora e presentes os requisitos gerais da tutela cautelar. Fugindo à tipicidade das medidas cautelares, o legislador também aqui confiou na sensibilidade do juiz, para que mais efetiva possa ser a atividade jurisdicional considerada como um todo." (DINAMARCO, Cândido Rangel. *A instrumentalidade do processo*. São Paulo: Revista dos Tribunais, 1987, p. 371).

pelos tribunais brasileiros[8] dada a celeuma instaurada. Porém, não faz sentido que o contribuinte tenha de enfrentar mais de um processo judicial para discussão da dívida tão somente para ter opções de garantia. Essa premissa ofende o princípio da economia processual e estimula o acúmulo de processos no poder judiciário brasileiro, mostrando-se absolutamente "contraproducente" e contra o próprio "espírito" do Código de Processo Civil (CPC) de 2015.

Adicione-se a isso o fato de que, a despeito da pluralidade de opções de garantias (em contraposição à restrição imposta pela Ação Ordinária), caso não suspenso o curso do processo executivo pela conexão com a Ação Ordinária anterior em curso (o que deveria ocorrer na teoria,[9] mas muitas vezes não ocorre na prática), o contribuinte é compelido a manejar embargos à execução, muitas vezes extintos por litispendência,[10] o que, em última análise, pode provocar a execução da garantia oferecida no processo executivo, sobre o que tratamos em outro artigo dessa coletânea.

Toda essa narrativa mostra que, infelizmente, não é incomum um contribuinte com Mandado de Segurança ou Ação Ordinária sem liminar/tutela, Medida Cautelar de Antecipação de Garantia (ou pedido de tutela para antecipação de garantia após a entrada em vigor do Novo Código de Processo Civil – Lei n. 13.105/2015), execução fiscal e embargos à execução para discutir uma única dívida, o que leva à conclusão de que disputar judicialmente uma dívida tributária no Brasil não é tarefa fácil. Essa é uma realidade.

Por isso mesmo é que muitos contribuintes ponderam a forma eleita para a referida discussão. Indicamos a seguir os aspectos que são normalmente levados em consideração ao se comparar as opções da Ação Anulatória *versus* embargos à execução fiscal:[11]

---

8   1ª Seção do STJ: REsp n. 1.123.669/RS (Recurso Repetitivo – Tema 237) e n. 815.629/RS; e também REsp n. 99.653/SP, n. 205.815/MG e n. 1.232.447/SC.
9   Dada a orientação dos art. 55, § 3º, a 57 do CPC.
10 Na visão do ilustre magistrado Paulo Conrado, não deve ser declarada a litispendência, mas a conexão, nos termos do art. 55, § 2º, do CPC, devendo prevalecer a ação ajuizada antes. O STJ também já sinalizou pela existência de conexão (REsp n. 836.869/SP), porém afirma que a prejudicialidade capaz de ensejar a paralisação da execução fiscal só se configura quando suspensa a exigibilidade do crédito tributário nos termos do art. 151 do CTN.
11 Outros aspectos como sucumbência, fase instrutória e dilação probatória são comuns a ambas, de modo que não há contraposição desses aspectos quando avaliadas apenas essas alternativas.

	Ação Ordinária Anulatória	Embargos à execução fiscal
Vantagens	– *Timing: contribuinte controla o momento do ajuizamento.* – *Previne o acréscimo de 20% se ajuizada antes da inscrição em dívida ativa e obtida a suspensão pela tutela ou depósito.*	– *Garantia: depósito judicial, fiança bancária, seguro garantia e outros bens e direitos previstos na LEF.*
Desvantagens	– *Garantia: depósito judicial como única garantia caso não concedida a tutela.*	– *Timing: contribuinte não controla o momento do ajuizamento.* – *Acréscimo legal de 20%.*

Observa-se que a questão da garantia é fator relevante na tomada de decisão sobre a estratégia processual a ser seguida pelo contribuinte de boa-fé, que entende que há relevantes questões a serem dirimidas pelo poder judiciário, e a restrição das garantias elegíveis nas ações anulatórias de débito fiscal faz com que muitos contribuintes deixem de se valer dessa via e enfrentem processos muitas vezes mais custoso (pelo acréscimo dos 20% com a inscrição em divida ativa para fins de ajuizamento do executivo fiscal) e em um ambiente que nem sempre lhes favorece, dado que, de partida, se presume devedor[12] o contribuinte réu em uma execução fiscal.

Não são necessárias maiores digressões para se apresentar como premissa deste artigo que o histórico não denota um modelo ideal de disputas tributárias. Essa premissa, associada ao "espírito" de simplificação, economicidade e cultura de precedentes do CPC/2015, mostra que o processo judicial tributário brasileiro demanda mudanças, iniciando-se – dentre outras – pela relativização da restrição das garantias elegíveis nas Ações Anulatórias de débito fiscal. Ou, melhor dizendo, pela ampliação das possibilidades de garantia no âmbito dessa espécie de ação

---

12 O que pode evidentemente ser ilidido para fins de desconstituição da Certidão de Dívida Ativa (CDA).

de conhecimento, inclusive com efeitos de suspensão da exigibilidade tributária visando evitar a pluralidade de demandas dedicadas a um mesmo débito.

Entendemos que o modelo ideal é aquele em que a disputa fique concentrada em um único processo: na ação manejada pelo contribuinte ou na execução ajuizada pela Fazenda Pública, a depender do que ocorrer primeiro, sem outros processos relacionados. Constatada a necessidade de mudança, deve-se ponderar se ela é juridicamente viável. Será que essa mudança demanda alterações legislativas, como a ampliação do rol do art. 151 do CTN, ou apenas uma postura firme do judiciário (com caráter "educativo") nesse sentido já pode reverter o quadro atual?

Somos da opinião de que mudanças legislativas são sempre demoradas e muitas vezes traumáticas, especialmente em se tratando de alteração de LC;[13] além disso, enxergamos que hoje o ordenamento jurídico brasileiro já tem elementos normativos nos quais os magistrados podem se apoiar para aceitar outras espécies de garantias em uma Ação Anulatória além do depósito, a saber: o antigo poder geral de cautela do juiz (no CPC/73), hoje incorporado pelas tutelas previstas no Livro V do CPC/15, associado ao próprio art. 151 do CTN, que prevê em seu inciso V que a tutela em uma Anulatória pode suspender a exigibilidade de uma dívida fiscal. Ou seja, o magistrado pode aceitar pedido de tutela com objetivo de autorizar o contribuinte a garantir o débito tributário em discussão com outras garantias que julgue idôneas, dando-lhe os efeitos de suspensão da exigibilidade da dívida. O CPC/15 ampliou o poder geral de cautela do magistrado e o legislativo[14] já reconheceu a equiparação de garantias (depósito em dinheiro, fiança ou seguro), o que abre margem para a ampliação que ora defendemos.[15]

A despeito disso, esse caminho não será via fácil. Isso porque há outras questões conexas de extrema importância, dentre as quais destacamos a disponibilidade dos recursos depositados em juízo pelos contribuintes ao Erário Público. É sabido que as Leis n. 9.703/1998 e 12.099/2009 e a LC n. 151/2015[16] determinam que

---

13 Lembramos que o CTN, a despeito de formalmente ser uma lei ordinária, foi recepcionado materialmente pela Constituição Federal como uma LC.

14 Nesse sentido, confiram-se as disposições dos art. 7º, inciso II; 9º, § 3º; e 15, inciso I, da LEF, bem como o art. 835, § 2º, do CPC.

15 A despeito do Recurso Repetitivo: REsp n. 1.156.668, julgado em 24 nov. 2010; ou seja, em cenário normativo anterior ao presente em que a LEF sofreu atualizações, bem como foi editado o NCPC.

16 Cumpre observar que o STF já decidiu pela constitucionalidade do sistema de transferência de recursos oriundos de depósitos ao poder executivo na Ação Direta de Inconstitucionalidade (ADI) n. 1.933/DF.

os depósitos (judiciais e extrajudiciais) relativos a tributos e contribuições sejam automaticamente repassados (total ou parcialmente) para a conta única do tesouro nacional, estadual,[17] municipal ou do Distrito Federal, a depender de sua natureza, o que estimula a Procuradoria da Fazenda, que representa os interesses do ente público detentor da competência tributária, a se opor sistematicamente à pretensão do contribuinte de simplificar a discussão tributária com um menor número de litígios e à possibilidade de oferecimento de garantias alternativas ao depósito e efetivamente possíveis dentro do cenário de crise. Isso porque o depósito exigido como única alternativa para se evitar a demanda executiva aumenta o superávit primário do ente público.

Portanto, enquanto perdurarem interesses contrapostos, caberá ao judiciário dirimir os conflitos com a clara compreensão de todos os elementos que influenciam a disputa relativa às garantias elegíveis de apresentação em uma Ação Ordinária. Isto é, os magistrados devem fazer o seu julgamento sem simplesmente atribuir ao procurador da Fazenda Pública o amplo poder de aceitar (ou não) as garantias oferecidas, o que vemos acontecer recorrentemente na prática jurídica.

2 POSIÇÃO DO PODER JUDICIÁRIO BRASILEIRO SOBRE O TEMA

A posição do judiciário sobre o tema ainda não é uniforme. É verdade que a aceitação de garantia consubstanciada em fiança bancária e seguro tem se tornado mais comum, havendo precedentes[18] que consideram que devem ser aceitos em Ação Anulatória, inclusive com o condão de suspender a exigibilidade da dívida (o que previne o processo executivo). Entretanto, essa não era a realidade até bem pouco tempo atrás[19] e ainda hoje não é uma realidade absoluta. Há precedentes de

---

17 Como normas locais, que não tratam apenas da transferência à conta do executivo, mas do custeio de suas atividades, o que acaba gerando questionamentos via ADI, a exemplo das ADI n. 2.855 (Mato Grosso), n. 5.072 (Rio de Janeiro), n. 5.099 (Paraná), n. 5.409 (Bahia), dentre outras.

18 A exemplo da decisão proferida em 19 de julho de 2017 no processo n. 1025384-90.2017.8.26.0053 pela 15ª Vara da Fazenda Pública de São Paulo e a tutela concedida em 19 de junho de 2013 no Agravo de Instrumento n. 0031474-67.2013.4.01.0000/PA da 8ª Turma do TRF da 1ª Região.

19 Em especial (mas não se limitando a) o período anterior a 2014, em que, alterada a LEF para constar a equiparação do seguro garantia à fiança e ao depósito, e também de 2015, com a superveniência do NCPC. Isso dado especialmente ao precedente do STJ em Recurso Repetitivo (Tema 378): REsp n. 1.156.668, julgado em 24 nov. 2010.

todas as instâncias negando a aceitação de garantias diversas do depósito[20] em sede de anulatória, aplicando a interpretação restrita de que a única garantia que pode ser acolhida é o depósito judicial.

Há ainda decisões "híbridas", que a nosso ver representam uma tendência nos precedentes mais recentes. Embora aceitem garantias alternativas ao depósito e ordenem a liberação de Certidões de Regularidade Fiscal, prevenindo a inscrição do contribuinte em cadastros de controle de crédito, essas decisões não asseguram a suspensão da exigibilidade do débito,[21] em linha com a orientação que havia sido firmada em 2010 pelo STJ em sede de Recurso Repetitivo,[22] o que entendemos que deve ser revisto dado o contexto legislativo atual.

É curioso observar que os tribunais de fato oscilam. Ilustramos essa oscilação transcrevendo trechos de decisões divergentes proferidas pelo Tribunal de Justiça do Estado de São Paulo (TJ/SP) nos últimos dois anos, que ora acolheram, ora deixaram de acolher outras garantias, a depender do entendimento da Câmara.

Precedente favorável ao contribuinte:

> Cuida-se de **agravo** de instrumento interposto **em ação anulatória** de débito fiscal contra a r. **decisão que indeferiu a suspensão da exigibilidade do débito, condicionando** a eficácia da decisão **à caução em dinheiro**. [...] **O seguro garantia cauciona o Juízo, sendo que o título tem liquidez imediata e foi expedido por instituição financeira idônea** [...]. A propósito, esta Câmara já se manifestou sobre a questão, conforme o v. acordão relatado pelo Des. VENICIO SALLES (AI n. 0006682-88.2011.8.26.0000, 12ª Câmara de Direito Público, j. 11/05/2011): "A garantia do juízo por carta

---

20 Citamos a título exemplificativo: EDcl no AgRg no REsp n. 734777 (STJ, 18 dez. 2006), EDcl no REsp n. 848.675 (STJ, de 23 out. 2006) e AI n. 2008.03.00.029891-5/SP (6ª Turma do TRF 3, 22 out. 2008); EDcl no AgRg no REsp n. 734777 (STJ, 18 dez. 2006) e EDcl no REsp n. 848.675 (STJ, de 23 out. 2006).

21 Exemplos de decisões em 1ª instância (liminar proferida no Processo n. 1005550-12.2017.8.26.0309, em curso perante a Vara da Fazenda Pública de Jundiaí), em 2ª instância (TJ/SP, 1ª Câmara de Direito Público, Processo n. 2208806-50.2016.8.26.0000, julgado em 6 dez. 2016, e TJ/SP, 18ª Câmara de Direito Público, Processo n. 2020967-76.2016.8.26.0000, julgado em 24 nov. 2016; e TRF3, Processo n. 0014594-38.2016.4.03.0000, julgado em 24 maio 2017), e ainda no próprio STJ, tendo sido o REsp n. 1.156.668/DF julgado sob a sistemática de Recurso Repetitivo (Tema 378) antes das alterações na LEF e do NCPC.

22 Tema 378 do STJ. Nesse sentido, vide ainda decisão mais recente do STJ: AgRg no REsp n. 403.800/MG, julgado pela 1ª Turma em 27 mar. 2014.

fiança bancária ou seguro garantia judicial equivale ao depósito em dinheiro do valor da discussão e seguro o juízo, **não há razão para que não se suspenda a exigibilidade do crédito**".[23] (grifos nossos)

Precedentes desfavoráveis ao contribuinte:

AGRAVO DE INSTRUMENTO – IPVA – Pedido de Suspensão da Execução Fiscal ante o ajuizamento anterior de **ação anulatória**, com o **oferecimento de bem imóvel em garantia**, visando à desconstituição dos créditos tributários – R. sentença de procedência reformada por esta C. 9ª Câmara de Direito Público na apreciação do reexame necessário e do apelo voluntário da FESP – **Não se admite suspender a ação de execução, mesmo na pendência de ação anulatória conexa, se não houver o depósito do valor integral da dívida** em cobrança – Precedentes do C. STJ – Submissão às hipóteses taxativas do art. 151 do CTN – Precedentes do STJ e desta C. Corte de Justiça – Descabida alegação de que o valor irrisório da EF esvazia a pretensão executiva da FESP – R. decisão mantida. Recurso improvido.[24] (grifos nossos)

Portanto, depósito em dinheiro (que sempre suspende a exigibilidade do crédito, desde que integral art. 151, II, CTN), antecipação de tutela (que pode ou não ser concedida para o mesmo fim art. 151, V, CTN) e seguro garantia são **instrumentos jurídicos distintos**, cada qual tendo seu próprio âmbito de incidência. E justamente porque não se confundem, mostra-se **inviável o acolhimento do seguro garantia como instrumento similar ao depósito em dinheiro previsto no artigo 151, II, do CTN**. Assim, o seguro garantia ofertado não era suficiente para os fins do art. 151, II, do CTN.[25] (grifos nossos)

Do exposto e do vasto arcabouço de precedentes sobre o tema, o que enxergamos é que o judiciário ainda exara decisões em diversos sentidos: em momentos pela restrição, em outros pela ampliação do rol de garantias elegíveis à Ação Anulatória, e também em relação aos efeitos atribuídos às garantias prestadas (se amplos, provocando a suspensão da exigibilidade que previne o ajuizamento

---

23 TJ/SP, 12ª Câmara de Direito Público, AI n. 2041250-86.2017.8.26.0000, julgado em 19 jul. 2017.
24 TJ/SP, AI n. 20185569420158260000 SP, julgado em 14 maio 2015.
25 TJ/SP, 18ª Câmara de Direito Público, AI n. 2123010-28.2015.8.26.0000, julgado em 28 jan. 2016.

do feito executivo, ou se restritos à Certidão de Regularidade Fiscal e à inscrição em cadastros de proteção de crédito). Em relação especificamente aos efeitos, a maioria dos precedentes ainda é refratária à suspensão da exigibilidade do crédito, na linha do precedente do Repetitivo do STJ, como mencionamos.

Nesse contexto, parece-nos que um fator relevante e bastante sutil que influencia sobremaneira o desfecho dessas decisões é como o pedido é endereçado ao judiciário e como o judiciário o enxerga. Explicamos: considerando que o art. 151 do CTN prevê causas distintas de suspensão da exigibilidade do débito tributário, sendo o inciso II dedicado ao depósito integral e o inciso V dedicado a tutela, o judiciário tende a não acolher os pedidos de suspensão com fundamento no inciso II pautados na equiparação das demais garantias ao depósito, porém as decisões que acolhem tal pedido normalmente são embasadas no inciso V.

O que queremos dizer é que hoje há tanto mais chance de uma garantia alternativa ao depósito ser acolhida pelo poder judiciário em decorrência de um pedido de tutela bem fundamentado e que demonstre o preenchimento dos requisitos seja da tutela de urgência (probabilidade do direito e perigo de dano ou risco ao resultado útil do processo), seja da tutela de evidência (que é concedida na hipótese de prova documental e tese firmada em Repetitivo ou súmula vinculante, independentemente de perigo de dano ou risco ao resultado útil do processo).[26] Associado a isso, outro fator que costuma ser levado em consideração é a liquidez da garantia: quanto mais líquida, maiores as chances de seu acolhimento. É por isso que grande parte dos precedentes que aceitaram garantias diversas do depósito acolheu garantias com alta liquidez e que já vêm sendo, mais recentemente (desde 2014), equiparadas ao depósito pela legislação, como é o caso da fiança bancária e do seguro garantia.

Seja como for, acreditamos que, desde o precedente de 2010 em Repetitivo (Tema 378), e em especial após 2014 e 2015 (com as mudanças legislativas), temos caminhado para maiores conscientização e "abertura" à apresentação de outras garantias, acolhidas por tutelas que vinculam a suspensão da exigibilidade do débito sob debate à evolução legislativa, doutrinária e jurisprudencial.

---

26 Com a verificação do cumprimento dos requisitos previstos no Livro V do CPC ("Da tutela provisória").

3 CONCLUSÃO

Fato é que a questão posta a debate não é simples dado o contexto atual, em que o judiciário está abarrotado (de processos que poderiam ser prevenidos), o legislativo tem editado medidas de simplificação processual, o executivo anda preocupado em fechar suas contas com superávit e o contribuinte quer sobreviver à crise (momento em que também tem pouca liquidez e disponibilidade de caixa).

No entanto, é justamente no caos que surgem novas soluções. A nosso ver, a solução neste caso é lógica. Considerando que os institutos jurídicos vigentes já autorizam os magistrados a conceder tutelas em Ações Anulatórias para fins de aceitação de garantias alternativas ao depósito judicial com o intuito de suspender a exigibilidade do débito fiscal, não há razão para assim não proceder quando a garantia ofertada atribuir a mesma segurança exigida no processo executivo. Isto é, não há óbice legal para que se defira medida capaz de manter o equilíbrio entre os interesses contrapostos, uma vez garantida a futura satisfação daquele débito.

Ao assim agir, o judiciário ficará menos sobrecarregado (evitando-se o ajuizamento desnecessário de demandas executivas), o princípio da economia processual será atendido e o contribuinte poderá adotar o caminho da disputa tributária que lhe fizer maior sentido, sendo-lhe garantido o acesso ao judiciário sem uma "espada na cabeça", dada a pluralidade de opções de garantias.

Portanto, estimulamos os contribuintes e seus advogados a insistirem nos pedidos para ampliação do rol de garantias em Anulatórias, a Fazenda Pública a ter maior flexibilidade nessa discussão, e também os magistrados a examinar os pedidos que lhe forem submetidos atentos aos interesses das partes envolvidas, mas também às circunstâncias que denotem a boa-fé do contribuinte, suas condições econômico-financeiras e a higidez da garantia.

GARANTIAS EM MANDADO DE SEGURANÇA

Gabriela Silva de Lemos

1 INTRODUÇÃO

O Mandado de Segurança é a medida judicial prevista na Constituição Federal (art. 5º, inciso LXIX) e na Lei n. 12.016/2009 para preservar direito líquido e certo, que pode ser impetrado em face de autoridade pública que pratique ou esteja em vias de praticar ato revestido de ilegalidade ou abuso de poder. Em matéria tributária, o Mandado de Segurança é instrumento muito comum às discussões que prescindem de dilação probatória ou que têm como propósito discutir procedimentos irregulares adotados na esfera administrativa, ainda no *iter* para a constituição definitiva do crédito tributário ou até no *iter* para sua cobrança.

O contribuinte que busca em juízo preservar seu direito líquido e certo em matéria tributária normalmente se preocupa em manter sua regularidade fiscal durante o período em que litiga judicialmente, sendo, em princípio, de suma importância assegurar a suspensão da exigibilidade do crédito tributário nesse ínterim, nos moldes do art. 151 do Código Tributário Nacional (CTN).

Ainda sob a vigência da Lei n. 1.533/1951, que regulamentava o Mandado de Segurança, sucedida pela atual Lei n. 12.016/2009, houve muita discussão sobre a possibilidade de que, em matéria tributária, fossem concedidas liminares aptas a suspender a exigibilidade do crédito tributário independentemente de oferecimento de caução. Muito se discutiu também sobre a possibilidade de que o contribuinte fizesse depósito judicial, que suspende a exigibilidade do crédito tributário, nos termos do art. 151, inciso II, do CTN, sem que o juízo expressamente autorizasse tal medida.

No passado, ambas as discussões foram solucionadas pelo judiciário em linha com a pretensão dos contribuintes, reconhecendo-se que é inconstitucional condicionar o deferimento de liminares (quanto constatada a violação de direito líquido e certo) à prestação de caução (Ação Direta de Inconstitucionalidade – ADI n. 1.576/DF) e que o depósito judicial é prerrogativa do contribuinte e, se integral, suspende a exigibilidade do crédito tributário, independentemente de decisão judicial (Súmula n. 112 do Superior Tribunal de Justiça – STJ).

A verdade é que uma profunda análise da jurisprudência conduz à conclusão de que os tribunais pátrios tendem a aproximar o Mandado de Segurança das ações pelo rito comum, ao viabilizar a compensação de tributos e mesmo a execução judicial da sentença nele proferida na hipótese de esta declarar obrigação de restituição imposta ao fisco. Assim, diante da nova Lei do Mandado de Segurança (Lei n. 12.016/2009) e do Novo Código de Processo Civil (NCPC), o presente estudo tem como propósito avaliar se, atualmente, é imperativo prestar garantia para que se obtenha liminar ou suspensão da exigibilidade do crédito tributário, ou ainda a possibilidade de que garantias sejam oferecidas e viabilizem a concessão de liminar, em especial para que seja suspensa a exigibilidade do crédito tributário.

2 A EXIGÊNCIA DE PRESTAÇÃO DE GARANTIA PARA A CONCESSÃO DE LIMINARES

O art. 7º da Lei n. 12.016/2009 estabelece em seu inciso III que,

> ao despachar a inicial, o juiz ordenará [...] que se suspenda o ato que deu motivo ao pedido, quando houver fundamento relevante e do ato impugnado puder resultar a ineficácia da medida, caso seja finalmente deferida, sendo facultado exigir do impetrante caução, fiança ou depósito, com o objetivo de assegurar o ressarcimento à pessoa jurídica.

Em outras palavras, a legislação aduz expressamente que, verificada a relevância do fundamento (*fumus boni iuris*) e o perigo de ineficácia da medida (*periculum in mora*), o juízo deve deferir a liminar (suspender o ato coator), sendo **facultado** exigir garantia. Repise-se que, de forma muito clara, a legislação confere **faculdade** ao juízo de exigir caução/garantia, e não obrigação.

E nem poderia ser diferente, já que no passado a Medida Provisória (MP) n. 1.570/1997 alterou a Lei n. 8.437/1992 para consignar que "sempre que houver possibilidade de a pessoa jurídica de direito público requerida vir a sofrer dano, em virtude da concessão da liminar, ou de qualquer medida de caráter antecipatório, o juiz ou o relator determinará a prestação de garantia real ou fidejussória".

Referido dispositivo impôs verdadeira limitação ao exercício de direito constitucional de, por meio de Mandado de Segurança, proteger direito líquido e certo, o que levou o Supremo Tribunal Federal (STF) a reconhecer a inconstitucionalidade do referido dispositivo.

> TUTELA ANTECIPADA. SERVIDORES. VENCIMENTOS E VANTAGENS. SUSPENSÃO DA MEDIDA. PRESTAÇÃO JURISDICIONAL. Ao primeiro exame, inexiste relevância jurídica suficiente a respaldar concessão de liminar, afastando-se a eficácia do artigo 1º da Medida Provisória nº 1.570/97, no que limita o cabimento da tutela antecipada, empresta duplo efeito ao recurso cabível e viabiliza a suspensão do ato que a tenha formalizado pelo Presidente do Tribunal a quem competir o julgamento deste último. **LIMINAR. PRESTAÇÃO JURISDICIONAL ANTECIPADA. CAUÇÃO. GARANTIA REAL OU FIDEJUSSÓRIA. Na dicção da ilustrada maioria, concorrem a relevância e o risco no que o artigo 2º da Medida Provisória nº 1.570/97 condicionou a concessão da liminar, ou de qualquer medida de caráter antecipatório, à caução, isso se do ato puder resultar dano a pessoa jurídica de direito público.** SENTENÇA. EFICÁCIA. AÇÃO CIVIL PÚBLICA. Em princípio, não se tem relevância jurídica suficiente à concessão de liminar no que, mediante o artigo 3º da Medida Provisória nº 1.570/97, a eficácia erga omnes da sentença na ação civil pública fica restrita aos limites da competência territorial do órgão prolator. (ADI n. 1576 MC, Rel. Min. Marco Aurélio, Tribunal Pleno, julgado em 6 jun. 2003, grifo nosso)

O que se verifica é que, quando a lei expressamente determinou que a concessão de liminares em face de pessoa jurídica de direito público dependia do oferecimento de garantia, o STF afastou tal exigência, dado o reconhecimento de sua inconstitucionalidade. Logo, o texto hoje vigente, que, registre-se, diverge daquele declarado inconstitucional por não ser impositivo, mas facultativo, não pode, de forma alguma, condicionar o deferimento de liminares ao oferecimento de caução, seja por não ser essa sua dicção, seja porque, se fosse, seria inconstitucional, conforme já compreendido pelo STF.

3 OFERECIMENTO DE GARANTIA POR INICIATIVA DO CONTRIBUINTE

Demonstrado que não há exigência legal que imponha o oferecimento de garantia para concessão de liminar em Mandado de Segurança, há de se avaliar a possibilidade de que o contribuinte, por iniciativa própria, ofereça contracautela como forma de reforço do *fumus boni iuris* para viabilizar a concessão da liminar.

3.1 Garantia como reforço do fumus boni iuris

A alternativa que se apresenta aqui é a possibilidade de que o contribuinte, na hipótese de não ter demonstrado o *fumus boni iuris* à suficiência para a concessão da liminar, possa reforçá-lo pelo oferecimento de uma contracautela. Como já mencionado no início do presente estudo, o contribuinte que impetra um Mandado de Segurança normalmente busca um provimento que suspenda a exigibilidade do crédito tributário e garanta a manutenção de sua regularidade fiscal.

A reflexão sobre a possibilidade de apresentação de garantia para obtenção de provimento jurisdicional que suspenda a exigibilidade do crédito tributário é tema muito atual. O período de crise atualmente vivido, por sua vez, acaba conduzindo à instituição de obrigações tributárias revestidas de inconstitucionalidades e ilegalidades, o que impõe ao contribuinte a adoção de uma postura defensiva, dando ensejo a medidas judiciais – em especial Mandados de Segurança – buscando afastar referidas obrigações tributárias, mantendo suspensa sua exigibilidade.

É bem verdade que a prática tem demonstrado que grande parte das autuações fiscais tem sido mantida pelos tribunais administrativos por votos de qualidade, mantendo-se multas exorbitantes e confiscatórias que demandam o questionamento judicial. Ocorre que, não tendo o contribuinte recursos financeiros líquidos para a realização do depósito judicial integral e enfrentando dificuldade para convencer o judiciário quanto à procedência de seus argumentos na estreita fase de análise de pedido de liminar, fica ele refém das alternativas apresentadas pelo próprio fisco para regularização de seus débitos.

O mecanismo que vem sendo apresentado é a criação de diversos e reiterados programas de anistia ou parcelamentos incentivados que reduzem o montante do crédito tributário (conferindo descontos a multas e juros) e diferem seu pagamento, forçando o contribuinte a renunciar aos seus direitos e pagar a suposta dívida fiscal por não ter fôlego financeiro para enfrentar uma batalha judicial com possibilidade de se estender por diversos anos.

Na prática, a adesão aos programas de anistia ou parcelamentos incentivados é economicamente viável, enquanto a discussão judicial, além de representar custos mais elevados, traz impactos à atividade empresarial. Assim, infelizmente, há a conclusão recorrente de que o acesso ao judiciário está inviabilizado, ao menos em sua plenitude. Em razão disso, parece-nos adequado e recomendável formular pedidos de suspensão da exigibilidade do crédito tributário já na petição inicial, ainda que por uma decisão que alie o *fumus boni iuris* à apresentação de garantia, nos termos do art. 151, inciso IV, do CTN.

Da mesma forma, é razoável imaginar que nos processos em curso, nos quais tenha sido realizado depósito judicial para suspender a exigibilidade do crédito tributário – em especial ações que tratem de temas cuja jurisprudência sinaliza um bom direito do contribuinte –, seja possível buscar a substituição de depósitos judiciais, vez que os ativos financeiros são essenciais para a continuidade da atividade empresarial especialmente em período de escassez de liquidez, por uma decisão que alie o *fumus boni iuris* a outra espécie de garantia.

Nesse sentido, a redação do art. 7º da Lei n. 12.016/2009, ao facultar ao juízo que se "suspenda o ato que deu motivo ao pedido, quando houver fundamento relevante e do ato impugnado puder resultar a ineficácia da medida, caso seja finalmente deferida, sendo facultado exigir do impetrante caução, fiança ou depósito, com o objetivo de assegurar o ressarcimento à pessoa jurídica", confirma a viabilidade de que, em Mandado de Segurança, o *fumus boni iuris* seja reforçado por garantia (caução, fiança ou depósito) para viabilizar a concessão da liminar.

A jurisprudência já vem sinalizando com algumas decisões, ainda que de maneira tímida, a viabilidade de ser suspensa a exigibilidade do crédito tributário com o reforço de garantia. Confira-se:

> PROCESSUAL CIVIL. AGRAVO REGIMENTAL [AgRg] EM AGRAVO DE INSTRUMENTO. BLOQUEIO DE VALORES EM CONTA CORRENTE DA EXECUTADA. DÉBITO JÁ GARANTIDO POR SEGURO GARANTIA. AGRAVO REGIMENTAL A QUE SE NEGA PROVIMENTO. 1. Reconhecido que **o débito exequendo está garantido em razão do oferecimento de seguro garantia em decisão proferida nos autos do Mandado de Segurança nº 7958-15.2009.4.01.3700, suspendendo sua exigibilidade do crédito tributário**, inviável o bloqueio de valores nas contas correntes da executada. 2. **Como a fiança bancária tem paridade com o depósito em dinheiro** (art. 9º, I, II e §3º, da Lei nº 6.830/80), reconhecida pelo STJ (MC nº 13.590/RJ), **também assim**

ocorre com o "seguro garantia judicial". (AG 2009.01.00.016427-3/DF, 7ª Turma, Des. Luciano Tolentino Amaral, DJ 24/07/2009.) 3. Agravo regimental a que se nega provimento. (AGA n. 0015195-40.2012.4.01.0000/MA, Rel. Desembargador Federal José Amilcar Machado, 7ª Turma, julgado em 12 maio 2017)

Ora, se a legislação admite e a jurisprudência caminha para o mesmo destino, não há qualquer fundamento apto a justificar a suposta inviabilidade de oferecimento de garantia em sede de Mandado de Segurança.

Repise-se que, apesar de a decisão citada ter equiparado a garantia oferecida ao depósito judicial, a verdade é que não se está falando aqui de dita equiparação, mas apenas da viabilidade de que o juízo, certo da reversibilidade de sua decisão, tenha maior conforto para avaliar os fundamentos de direito apresentados pelo impetrante e, porventura, considerar sua consistência preliminar.

Vale a pena mencionar ainda que a suspensão da exigibilidade do crédito tributário em discussões tributárias é medida que só contribui para uma melhor condução dos processos para o fisco, o contribuinte e o judiciário. Isso porque é fato que o contribuinte, normalmente, não tem condições de oferecer depósito judicial no valor integral da discussão tributária e, por outro lado, também não pode aguardar o ajuizamento da respectiva execução fiscal de cobrança para que tenha condições de oferecer a garantia e opor embargos de devedor.

Assim, o contribuinte – sem poder contar com a possibilidade de suspender a exigibilidade do crédito tributário – se vê compelido a provocar o judiciário por diversas ações independentes. E, nesse contexto, há situações em que o contribuinte ingressa com medida judicial para antecipar a garantia de futura execução fiscal, aguarda o ajuizamento da execução fiscal e ainda opõe os competentes embargos de devedor. Em outras palavras, são três ações judiciais que poderiam ser substituídas por uma única medida judicial e que ainda expõem tanto a Fazenda Pública quanto o próprio contribuinte a três possíveis condenações em sucumbência.

Há situação ainda mais grave e, infelizmente, comum: casos em que o contribuinte impetra o mandado de segurança para a discussão do mérito e, a despeito da existência de bons argumentos, não é deferida a liminar. Nessa situação, o processo de cobrança tem regular andamento, com o consequente ajuizamento de execução fiscal e, uma vez ajuizada e garantida tal execução, são opostos os competentes embargos de devedor (para evitar a execução da garantia) que, com base na jurisprudência do STJ, devem ser extintos por litispendência (AgRg no Recurso Especial – REsp n. 1.269.192/SC).

Essa situação coloca o contribuinte que optou por antecipar a discussão judicial tributária (mesmo que mediante o oferecimento de garantia) em situação de desequilíbrio com o contribuinte que se mantém inerte aguardando que a Fazenda Pública tome as providências para lhe exigir o crédito tributário. Em outras palavras, não viabilizar a análise de pedidos de suspensão da exigibilidade do crédito tributário mediante o oferecimento de contracautela, além de contrariar o art. 7º da Lei n. 12.016/2009, viola também os princípios constitucionais da razoabilidade, da celeridade processual e da inafastabilidade do judiciário. Portanto, não há alternativa senão a flexibilização da análise do *fumus boni iuris*, permitindo que a garantia seja admitida como um componente do direito invocado em mandado de segurança.

Veja que a célere garantia de seus débitos por instrumentos adequados e validados pela própria Fazenda Pública, como é o caso da fiança bancária e da apólice de seguro judicial, está em absoluto alinhamento com os interesses do contribuinte (que efetivamente cumpre com suas obrigações), da Fazenda Pública (que poderá ter seu crédito tributário garantido por instrumento líquido e rapidamente exequível) e do próprio judiciário (que poderá centralizar diversas ações judiciais em uma única medida, evitando decisões conflitantes e que, na prática, haja diversas ações judiciais sobre um único tema).

Por fim, quanto ao depósito judicial, acreditamos que não há atualmente espaço para discussões quanto à possibilidade de apresentação dessa modalidade de garantia em sede de Mandado de Segurança. Deveras, com base no art. 151, inciso II, do CTN, o depósito judicial suspende a exigibilidade do crédito tributário, independentemente de qualquer provimento judicial, em qualquer espécie de ação judicial. Sobre esse aspecto, sequer há resistência da Fazenda Pública e do judiciário. Aliás, qualquer pretensão de limitar o acesso ao Mandado de Segurança milita, inclusive, em desfavor da própria Fazenda Pública, já que essa medida afasta risco de sucumbência, o que garante ao ente público uma menor exposição a risco.

3.2 Equiparação do seguro garantia e da fiança bancária ao depósito judicial

Além da possibilidade de que a garantia seja tratada como verdadeiro componente do *fumus boni iuris* para obtenção de decisão liminar que suspenda a exigibilidade do crédito tributário, há de se avaliar a possibilidade de equiparar o seguro garantia e a fiança bancária ao depósito judicial, o que conduziria à suspensão da exigibilidade do crédito tributário independentemente de decisão judicial declarando-a, nos moldes do art. 151, inciso II, do CTN.

Tal possibilidade encontra guarida no NCPC, que, em seu art. 835, § 2º, equiparou o dinheiro à fiança bancária e ao seguro garantia, "desde que em valor não inferior ao do débito constante da inicial, acrescido de trinta por cento". Referido dispositivo afirmou que, em execução por quantia certa, para fins de substituição da penhora, dinheiro, fiança bancária e seguro garantia estão no mesmo patamar, previsão esta, diga-se, já contemplada no art. 15 da Lei de Execuções Fiscais (LEF).

A nosso ver, ainda que haja certa indefinição no judiciário sobre a equiparação das garantias ao depósito judicial, tal equiparação deveria ser aplicada pelos juízes e aceita pela Fazenda Pública. Isso porque a lógica de o depósito judicial integral suspender a exigibilidade do crédito tributário está atrelada ao fato de que esse crédito, se considerado devido na ação judicial, será inexoravelmente adimplido pela conversão em renda dos depósitos judiciais. E, da mesma forma, a garantia adequada no valor integral da dívida teria exatamente a mesma liquidez que o depósito judicial e seria imediatamente quitada pelo emissor da garantia (banco ou seguradora).

Assim, parece-nos que, também sob o aspecto da equiparação do seguro judicial e da fiança bancária ao depósito judicial, seu mero oferecimento (e, evidentemente, desde que atendidos os requisitos exigidos pela Fazenda Pública que conferem exequibilidade da garantia) deveria – de imediato – suspender a exigibilidade do crédito tributário.

4 CONCLUSÕES

Em resumo, parece-nos que, historicamente, os tribunais vêm flexibilizando a utilização do Mandado de Segurança como o meio adequado para discussões tributárias (desde que o mérito trate apenas de matéria de direito e/ou que não dependa de dilação probatória) e, diante das premissas aqui apresentadas – em especial da legislação –, é possível imaginar que, em breve, teremos o reconhecimento do judiciário de que a fiança bancária e o seguro judicial são equiparados ao depósito judicial e, portanto, as ações, uma vez propostas e instruídas com as competentes garantias, conduziriam a ato inequívoco de suspenção da exigibilidade do crédito tributário.

Situação ainda mais evidentemente cabível e fundada na própria Lei do Mandado de Segurança é o oferecimento de contracautela ou garantia como item que compõe o *fumus boni iuris* e viabiliza a concessão de liminares.

Para tanto, espera-se que o judiciário tenha flexibilidade e reconheça os inúmeros prejuízos que serão trazidos não apenas ao contribuinte, mas também à Fazenda Pública e ao próprio judiciário, ao deixar de aplicar o raciocínio aqui exposto.

Esse será um passo importante para a simplificação das discussões tributárias e, principalmente, para assegurar ao contribuinte o pleno acesso ao judiciário e aos meios de defesa.

TUTELA, GARANTIA COMO CAUTELA E GARANTIA PARCIAL

Luiza Lacerda

1 INTRODUÇÃO

É sabido que o Estado tem o poder/dever de constituir o crédito tributário e o respectivo título executivo contra o sujeito passivo ao constatar a realização de um fato imponível. Trata-se de situação em que a sociedade atribuiu ao próprio credor a prerrogativa da constituição unilateral da dívida, em benefício da coletividade, na confiança de que as autoridades administrativas observem os respectivos limites de atuação.

Seria utópico, contudo, esperar que o Estado estivesse livre de falhas em sua atividade fiscal. Na vida real, muitos créditos tributários são cobrados indevidamente dos contribuintes, hipossuficientes por natureza na relação tributária. Assim, deve ser assegurado ao contribuinte administrado o direito à ampla defesa em face da imposição estatal, com todos os meios necessários à garantia do seu direito à propriedade, evitando-se injusta e indevida expropriação de seu patrimônio para a satisfação de valor indevido.

A suspensão da exigibilidade do crédito tributário enquanto pendente, legítima e bem fundamentada oposição à cobrança pelo suposto devedor assume papel de destaque nesse contexto. Além de evitar injustas constrições, tal medida é por vezes essencial à manutenção das atividades empresariais, ao resguardar a regularidade fiscal do contribuinte.[1] Apesar de alguns avanços, nos parece que a suspensão da exigibilidade do crédito tributário mediante tutelas provisórias próprias do direito processual civil ainda merece aperfeiçoamento, notadamente quanto à possibilidade de exigência ou oferta de caução idônea para a concessão da tutela, na forma prevista no art. 300, § 1º, do Código de Processo Civil (CPC).

Outro tema relevante para assegurar a proteção dos direitos do contribuinte em face da atuação estatal na execução de seu crédito tributário diz respeito à possibilidade de oposição de embargos à execução fiscal independentemente da integral garantia do juízo. A jurisprudência tem evoluído positivamente nesse assunto, viabilizando o processamento dos embargos nos casos em que comprovada a inexistência ou insuficiência de bens do executado para a garantia total da dívida exequenda.[2] Ainda há, contudo, questões a serem exploradas, como: (i) a viabilidade do processamento dos embargos nos casos de penhora insuficiente, independentemente da comprovação inequívoca da incapacidade financeira do executado, como meio de defesa do patrimônio constrito; e (ii) a possibilidade de suspensão da exigibilidade do crédito tributário e da própria execução por tutela provisória.

Este artigo tem por objetivo trazer elementos à reflexão desses pontos, importantes ao exercício do justo e legítimo direito de defesa dos contribuintes contra a cobrança de créditos tributários que, muitas vezes, serão derrubados pelos tribunais. É preciso que o poder judiciário assegure aos administrados mais que a justa análise da lide, viabilizando também os meios para que o contribuinte enfrente o litígio sem sofrer danos (por vezes irreparáveis) no caminho.

2 TUTELA ACEITANDO A GARANTIA COMO CAUTELA PARA FINS DE SUSPENSÃO DA EXIGIBILIDADE DO CRÉDITO TRIBUTÁRIO

Até a edição da Lei Complementar (LC) n. 104, de 10 de janeiro de 2001, o art. 151 do Código Tributário Nacional (CTN) apenas previa como causas suspensivas da exigibilidade do crédito tributário: (i) a moratória; (ii) o depósito do seu

---

1 Por certo, a apresentação de certidões comprobatórias da regularidade fiscal é muitas vezes indispensável à realização de atos próprios das atividades regulares dos contribuintes, como contratação e recebimento de valores de órgãos públicos, participação em certames, realização de sorteios e promoções, dentre outros.
2 Recurso Especial (REsp) n. 1127815/SP, Rel. Ministro Luiz Fux, 1ª Seção, julgado em 24 nov. 2010.

montante integral; (iii) os recursos administrativos regularmente apresentados; e (iv) a medida liminar em mandado de segurança.

Como bem destacado pela doutrina, o CTN foi editado em 1966, quando o ordenamento processual vigente limitava as hipóteses de concessão de medidas preventivas.[3] O instituto da antecipação da tutela e o amplo poder geral de cautela, como instrumentos válidos para assegurar a eficácia da função jurisdicional, somente foram introduzidos no ordenamento jurídico no CPC de 1973.[4] Com a edição do CPC/73, surgiu a discussão sobre a possibilidade de suspensão da exigibilidade do crédito tributário por medida liminar em ação cautelar ou por antecipação de tutela em ação ordinária. Discutiu-se, inclusive, a possibilidade de oferecimento de caução para viabilizar a concessão da medida liminar em ação cautelar, na forma prevista no art. 804 do *Codex* então vigente.

Apegando-se à interpretação literal e restritiva da legislação, o Superior Tribunal de Justiça (STJ) entendeu inicialmente ser incabível a concessão de medida cautelar para a suspensão da exigibilidade do crédito tributário,[5] afastando também o cabimento de cautelar calcada em fiança bancária. Nesse sentido, vale citar o acórdão prolatado pela 1ª Turma do STJ no julgamento do REsp n. 24.888,[6] cujo voto condutor proferido pelo Exmo. Ministro Relator Cesar Rocha discorre sobre os avanços do legislador ao instituir as medidas cautelares atípicas ou inominadas, porém conclui que o art. 151 do CTN teria estabelecido taxativamente as hipóteses em que fica suspensa a exigibilidade do crédito tributário, não incluindo a medida cautelar, com ou sem garantia.

---

3 O art. 676 do Decreto-Lei n. 1.608/1939 listava as medidas preventivas cabíveis, não atribuindo ao juiz a possibilidade de antecipar a tutela pleiteada, nem o poder de conceder outras medidas cautelares.

4 Nesse sentido, José Antonio Minatel destaca que: "O critério cronológico parece ser a única razão para explicar a ausência da liminar em cautelar, no rol das medidas suspensivas da exigibilidade do crédito tributário, uma vez que ao ser editado o CTN em 1966, o mandado de segurança era o único instrumento com natureza acautelatória de direitos, previsto no ordenamento processual da época, sobrevindo o específico procedimento cautelar só com a reforma do CPC de 1973". (MINATEL, José Antônio. Suspensão da exigibilidade do crédito tributário por liminar em ação cautelar. In: *Problemas de processo judicial tributário*. São Paulo: Dialética, 1999. p. 249).

5 REsp n. 94.513/SC, Rel. Ministro Demócrito Reinaldo, 1ª Turma, julgado em 11 nov. 1996; REsp n. 162.199/SP, Rel. Ministro Francisco Peçanha Martins, 2ª Turma, julgado em 19 jun. 2000.

6 REsp n. 24.888/AL, Rel. Ministro Cesar Asfor Rocha, 1ª Turma, julgado em 4 out. 1993.

Em outra oportunidade (REsp n. 30.610/SP),[7] a 1ª Turma do STJ reformou acórdão prolatado pelo Tribunal de Justiça de São Paulo, que havia endossado decisão liminar proferida por magistrado para suspender a exigibilidade de crédito tributário com base no poder geral de cautela, pela constatação do *fumus boni iuris* e do *periculum in mora*, acautelada por caução prestada por fiança bancária. O voto condutor do acórdão do STJ afirma que a provisoriedade da cautelar (art. 804, CPC), "com contornos específicos, não serve de instrumento hábil para se opor diante da presunção de certeza e liquidez do crédito fiscal, cuja suspensão da exigibilidade está monitorada por disposições especialíssimas e de hierarquia legal superior".[8] Em suma, o STJ posicionou-se, à época, no sentido de que "a suspensão da exigibilidade do crédito tributário só é admissível mediante o depósito integral e em dinheiro da quantia correspondente ao débito (art. 151, II, do CTN), insubstituível por mera concessão de liminar em ação cautelar".[9]

Em casos posteriores, entre 1999 e 2000, o Supremo Tribunal Federal (STF) deferiu liminares em medidas cautelares para suspender a exigibilidade de créditos tributários, sem ter enxergado no rol previsto no art. 151 do CTN uma limitação à aplicação do poder geral de cautela instituído pelo art. 804 do CPC/73.[10] Logo em seguida, o próprio art. 151 do CTN foi alterado pela LC n. 104/2001, sendo introduzidas duas novas hipóteses de suspensão da exigibilidade do crédito tributário: (i) concessão de medida liminar ou de tutela antecipada em outras espécies de ação judicial; e (ii) parcelamento. Com isso, não se discute mais a possibilidade de suspensão da exigibilidade do crédito tributário por decisão judicial proferida em ação cautelar ou ordinária, atualmente regulamentadas pelos art. 294 e seguintes do CPC vigente.

Todavia, ainda merece reflexão e aprofundamento a questão concernente à possibilidade de exigência de caução idônea para a concessão da tutela. Apesar de já expressamente prevista tal possibilidade desde o CPC/73, a jurisprudência parece manter a ótica outrora adotada pelo STJ quando da análise do cabimento

---

7   REsp n. 30.610/SP, Rel. Ministro Milton Luiz Pereira, 1ª Turma, julgado em 15 mar. 1993.
8   O acórdão faz referência ao art. 151 do CTN e ao art. 38 da Lei n. 6.830/1980, que não trariam previsão para a suspensão da exigibilidade do crédito tributário por fiança deferida por medida cautelar.
9   Trecho da ementa do REsp n. 52.971/SP, Rel. Ministro Demócrito Reinaldo, 1ª Turma, julgado em 6 maio 1996.
10 Pet 1884 QO, Rel. Ministro Ilmar Galvão, 1ª Turma, julgado em 25 fev. 2000; Pet 2100 MC, Rel. Ministro Octavio Gallotti, 1ª Turma, julgado em 22 set. 2000.

da suspensão da exigibilidade do crédito tributário por liminar deferida em medida cautelar.

Como visto, naquela época, o STJ não admitiu a suspensão da exigibilidade do crédito tributário por liminar deferida em medida cautelar, com ou sem caução, por vislumbrar ausência de previsão legal para tanto à luz do rol instituído no art. 151 do CTN. Superada tal limitação, não se vislumbra mais motivo para limitar a aplicação completa da liminar em medida cautelar, na forma prevista na legislação processual, o que inclui a possibilidade de exigência de caução idônea pelo juízo como contracautela.

A exigência ou o oferecimento de caução como contracautela ao deferimento de medida cautelar ou, na denominação atual, tutela provisória, não significa que a suspensão da exigibilidade do crédito tributário será fundada na garantia. A 1ª Seção do STJ já decidiu, acertadamente, que "a prestação de caução [...] ainda que no montante integral do valor devido, não se encontra encartada nas hipóteses elencadas no art. 151 do CTN, não ostentando o efeito de suspender a exigibilidade do crédito tributário".[11]

No entanto, não há qualquer óbice à suspensão da exigibilidade do crédito tributário por decisão judicial provisória mediante a constatação da presença dos requisitos autorizadores para tanto, ainda que seu deferimento esteja condicionado à prestação de caução. Nesse caso, o fundamento da suspensão da exigibilidade do crédito tributário será o inciso V do art. 151 do CTN.

Já há muito, Hugo de Brito Machado destaca que:

> O poder geral de cautela, conferido ao Juiz, tem matriz na constituição, na norma segundo a qual a lei não excluirá da apreciação do judiciário lesão ou ameaça a direito. A garantia de prestação jurisdicional há de ser entendida como garantia de prestação jurisdicional útil, e a cautelar tem por fim garantir a utilidade da prestação jurisdicional.[12]

A compreensão e a utilização da caução como garantia para a concessão de tutela provisória podem viabilizar a suspensão da exigibilidade do crédito tributário, com notória redução de riscos para a parte credora, nas hipóteses em que se vislumbre necessidade de precauções em vista da possibilidade de reversão posterior da decisão. Por exemplo, nos casos em que, apesar da plausibilidade do direito

---

11   Trecho da ementa do REsp n. 1156668/DF, Rel. Ministro Luiz Fux, 1ª Seção, julgado em 10 dez. 2010.
12   MACHADO, Hugo de Brito. A ação cautelar e a suspensão da exigibilidade do crédito tributário. *Revista Dialética de Direito Tributário*, n. 38, p. 28-29, 1996.

do contribuinte, a questão ainda não está definida na jurisprudência dos tribunais e/ou envolve questões de fato.¹³

Trata-se de instrumento benéfico a todas as partes e passível de maximizar as oportunidades para os contribuintes se defenderem de cobranças tributárias indevidas por meio de ações de conhecimento, sem que estejam sujeitos à inscrição do débito em dívida ativa (com o eventual acréscimo de encargos decorrentes desse ato) e posterior cobrança judicial em apartado processo. Evita-se, com isso, procedimentos que representam altos custos financeiro e administrativo para os contribuintes, e muitas vezes inviabilizam a própria defesa da cobrança.

Dada a inexistência de óbice ao exercício dessa faculdade, a oferta e a exigência de caução para a concessão de tutelas provisórias que suspendam a exigibilidade do crédito tributário com base no *fumus boni iuris* e *periculum in mora* merecem maior destaque nas decisões de nossos tribunais. É imperioso diferenciar a situação ora exposta da suspensão do tributo mediante o oferecimento de caução, diferenciação que não vem sendo bem explorada e compreendida nas decisões judiciais.¹⁴

Evidentemente, a exigência de caução para a concessão da tutela provisória deve ser exercida com parcimônia e razoabilidade, não sendo cabível nos casos em que o contribuinte não disponha de meios para prestá-la,¹⁵ quando o direito perseguido seja robustamente verificado de plano, ou quando não houver risco de prejuízo para o fisco em caso de eventual reversão da medida.

3 GARANTIA PARCIAL À EXECUÇÃO FISCAL: POSSIBILIDADES E EFEITOS NO QUE TANGE À COMPROVAÇÃO DE REGULARIDADE FISCAL

Outro ponto de grande importância para que os contribuintes possam se defender de cobranças indevidas sem sofrer danos desnecessários e injustos ao

---

13 Hugo de Brito Machado defende com propriedade que a necessidade de produção de prova quanto a fatos envolvidos não pode ser obstáculo ao deferimento de medida liminar para a suspensão da exigibilidade do crédito tributário, "embora seja uma razão para que o juiz tenha maior cuidado na avaliação das circunstâncias, e para que, a depender destas, determine o oferecimento de contracautela por parte do autor". (MACHADO, Hugo de Brito. Comentários ao código tributário nacional, vol. III. 2. ed. São Paulo: Atlas, 2009. p. 203).

14 Parece notadamente imprópria a utilização de precedentes do STJ firmados à luz da redação do art. 151 do CTN anterior à LC n. 104/2001 para justificar o não cabimento de liminar em medida cautelar, garantida por caução, para fins de suspensão da exigibilidade do crédito tributário. Comentários ao código tributário nacional, vol. III.

15 Como exposto no próprio § 1º do art. 300 do CPC.

longo do processo se refere à necessidade de apresentação de garantia para a contestação de execuções fiscais pela via dos embargos à execução. De fato, a Lei n. 6.830/1980 estabelece não serem admitidos embargos do executado antes da garantia à execução.[16]

A garantia é também hipótese de manutenção da regularidade fiscal do contribuinte, já que o art. 206 do CTN prevê ter efeitos de negativa a certidão de que conste a existência de créditos em curso de cobrança executiva em que tenha disso efetivada a penhora. A prévia garantia da execução para a oposição de embargos pelo devedor correspondia à regra geral nas medidas executivas até a edição da Lei n. 11.382/2006, que conferiu nova redação ao art. 736 do CPC/73, admitindo a oposição de embargos independentemente da garantia, regra mantida na legislação atual.[17]

Apesar de já defendida a aplicação dessa regra geral à execução fiscal, a jurisprudência do STJ consolidou-se em sentido diverso. Segundo precedente firmado pela corte pela sistemática dos recursos repetitivos,

> a nova redação do art. 736 do CPC dada pela Lei n. 11.382/2006 – artigo que dispensa a garantia como condicionante dos embargos – não se aplica às execuções fiscais diante da presença de dispositivo específico, qual seja o art. 16, §1º da Lei n. 6.830/80, que exige expressamente a garantia para a apresentação dos embargos à execução fiscal.[18]

Essa discussão envolve, contudo, direitos e garantias constitucionais fundamentais previstos no art. 5º da Constituição Federal, notadamente o direito de petição e os princípios do contraditório e da ampla defesa.[19] Tais garantias merecem atenção especial no que diz respeito à defesa do contribuinte contra execuções fiscais de créditos reputados indevidos, na medida em que o título executivo em questão (certidão da dívida ativa) é constituído unilateralmente pela Fazenda Pública. De toda forma, à margem dessa discussão, cabe analisar a situação em que a execução fiscal é garantida de forma insuficiente, por penhora em valor inferior ao débito cobrado.

A jurisprudência do STJ é firme em afastar a extinção dos embargos à execução face à insuficiência da garantia, sem a intimação do embargante para a

---

16 § 1º do art. 16 da Lei n. 6.830/1980.
17 Art. 914 do CPC de 2015.
18 REsp n. 1272827/PE, Rel. Ministro Mauro Campbell Marques, 1ª Seção, julgado em 31 maio 2013.
19 Incisos XXXIV e LV do art. 5º da Constituição Federal.

apresentação de reforço de penhora. No entanto, a jurisprudência do STJ também tem se inclinado para determinar que a penhora sempre corresponda ao valor do débito, sendo a insuficiência patrimonial do devedor, inequivocamente comprovada, a única justificativa plausível para a apreciação dos embargos sem que o executado proceda ao reforço da garantia.[20]

Com a devida vênia, a questão ainda comporta debate e aprofundamento, especialmente quanto: (i) ao cabimento do processamento dos embargos para a defesa do patrimônio constrito em penhora insuficiente, independentemente do reforço da garantia ou comprovação inequívoca da impossibilidade financeira do contribuinte; e (ii) à possibilidade de suspensão do crédito tributário e da execução fiscal, após a garantia parcial, por tutela provisória.

Quanto ao primeiro ponto, demonstra-se a irreparável reflexão feita por Hugo de Brito Machado Segundo, segundo a qual há duas conclusões evidentes do fato de o prazo para a oposição de embargos fluir da penhora, e não de seu reforço: "a primeira, de que a suficiência da penhora não é condição para a interposição dos embargos; a segunda, decorrência lógica da primeira, de que o reforço há de ser buscado paralelamente ao normal processamento dos embargos".[21]

Por certo, são decorrências inequívocas da penhora de bens do executado, ainda que insuficientes à garantia integral do juízo: (i) a fluência do termo inicial para a oposição de embargos à execução fiscal, o qual não se renova pela efetivação de constrições posteriores;[22] e (ii) o cabimento da execução definitiva do patrimônio constrito no caso de não oposição (ou não recebimento) de embargos, para a satisfação do credor.

Ocorre que o direito do executado de opor-se à constrição e à expropriação de seus bens é essencial, sob pena de violação ao princípio constitucional da inafastabilidade do controle jurisdicional do título executivo constituído unilateralmente pelo próprio exequente. A não complementação da garantia insuficiente pelo devedor e/ou falha na comprovação inequívoca de sua impossibilidade de o fazer

---

20 Nesse sentido: REsp n. 1127815/SP, Rel. Ministro Luiz Fux, 1ª Seção, julgado em 1 dez. 2010; AgRg no Ag n. 1325309/MG, Rel. Ministro Herman Benjamin, 2ª Turma, julgado em 3 fev. 2011, dentre outros.

21 MACHADO SEGUNDO, Hugo de Brito. Penhora insuficiente e o direito de embargar. *Revista Dialética de Direito Tributário*, n. 82, p. 35, 2002.

22 Sendo, nesse caso, admitidas novas oposições apenas para questionamento do ato constritivo, cf. entendimento firmado no REsp n. 1.116.287/SP, representativo de controvérsia.

não podem afastar o cabimento de contraditório e defesa[23] à satisfação forçada do crédito tributário (ainda que parcialmente).

Essa questão ganha destaque especial na medida em que a insuficiência patrimonial e seus elementos probatórios têm contornos elásticos[24] e capazes de gerar indesejável insegurança jurídica quanto à possibilidade de processamento da defesa do contribuinte *versus* a submissão desse à expropriação de seu patrimônio sem a análise judicial da higidez da dívida (pelo processamento de seus embargos). Portanto, demonstra-se peculiarmente imprópria a definição, como única exceção à suposta regra de não processamento dos embargos sem a integral garantia da execução, a comprovação inequívoca da "insuficiência patrimonial do devedor".[25]

A possibilidade de propositura de ação ordinária não mitigaria a ofensa aos princípios da inafastabilidade do controle jurisdicional, do contraditório e da ampla defesa, pois significaria submeter o contribuinte ao famigerado *solve et repete*, cuja aplicação no direito tributário é agravada pela necessidade de se buscar a repetição pelo tortuoso precatório.[26] Com respeito às opiniões em sentido diverso, a admissão dos embargos como meio próprio de defesa do patrimônio constrito demonstra-se mais eficaz aos princípios básicos democráticos do devido processo legal, do contraditório, da ampla defesa e da inafastabilidade do controle jurisdicional.

Implacável, nesse sentido, trecho do voto proferido pelo saudoso Ministro Humberto Gomes de Barros sobre o tema, no julgamento do REsp n. 79.097 SP: "Aproveitar a garantia parcial, apenas para a satisfação do credor, sem a correspondente

---

23 Direitos assegurados constitucionalmente pelo art. 5º, inciso LV, da Constituição Federal.
24 As empresas, de modo geral, dependem da disponibilidade de ativos (capital de giro, recursos financeiros, estoques etc.) para a manutenção de suas atividades, sendo necessária a verificação casuística do patrimônio disponível para a garantia do juízo. Não se trata de mero confronto matemático do valor do patrimônio *versus* o montante da dívida, mas de uma análise subjetiva das circunstâncias do caso.
25 Termo utilizado no acórdão prolatado no julgamento do REsp n. 1.127.815-SP, já citado.
26 Havendo, por outro lado, o processamento dos embargos, a execução fiscal, ainda que não suspensa, poderá prosseguir somente até os atos que importem no depósito judicial do produto dos bens penhorados, sendo certo que a conversão desse em renda depende do trânsito em julgado da ação de embargos, afastando-se a necessidade de posterior busca dos valores indevidamente executados pela via do precatório.

defesa do devedor é praticar odiosa restrição ao direito de defesa. É transformar a execução em confisco".[27]

Por outro lado, o processamento dos embargos à execução no caso de penhora insuficiente não pode obstar, por si só, o prosseguimento dos esforços para a complementação da garantia do juízo, que deve seguir paralelamente. Até porque, conforme o disposto no art. 919 do CPC, a própria atribuição de efeitos suspensivos aos embargos depende dos requisitos para a concessão da tutela provisória e da garantia suficiente da execução.

Não obstante, deve ser assegurada forma de suspensão da exigibilidade do crédito tributário objeto de execução fiscal parcialmente garantida, especialmente quando conjugados três fatores: (i) a plausibilidade jurídica do direito perseguido ser patente; (ii) o contribuinte não possuir meios financeiros para providenciar a garantia integral do débito; e (iii) a manutenção da exigibilidade do crédito tributário poder causar dano irreparável ao contribuinte ou risco ao resultado útil do processo.

Nesse caso, seria cabível ao contribuinte o ajuizamento de ação ordinária, com pedido de tutela provisória para a suspensão da exigibilidade do crédito tributário e da própria execução. Quando verificadas as premissas citadas, a concessão da tutela provisória é medida que se impõe.

Em determinadas circunstâncias, é possível, contudo, que o manejo da ação ordinária esteja prejudicado pela litispendência de embargos já opostos a execução cuja garantia não tenha se perfectibilizado no valor integral do débito ou tenha se tornado insuficiente posteriormente, por qualquer motivo. Vale refletir, então, sobre o cabimento da atribuição de efeito suspensivo aos embargos mesmo no caso de penhora parcial, diante da constatação da presença do *fumus boni iuris* e do *periculum in mora*, atrelados à interpretação do conceito de suficiência da garantia referida no art. 919 do CPC.

Na concepção comum, suficiente significa aquilo que satisfaz, que é o bastante. Em uma primeira análise, é possível compreender garantia suficiente como a garantia que satisfaça integralmente o débito cobrado. Todavia, diante de eventual demonstração pelo devedor da improcedência absoluta da cobrança (total ou parcialmente), a penhora de valor correspondente ao montante apurado devido (por comprovação verossímil) não seria suficiente à garantia do débito? Trata-se de questão a ser analisada no caso concreto, cabendo a avaliação da suficiência da garantia em contraposição ao direito do credor.

---

27 REsp n. 79.097/SP, Rel. Ministro Humberto Gomes de Barros, 1ª Turma, julgado em 6 maio 1996.

Adicionalmente, há de se ter em mente que as providências processuais cautelares, fundadas no poder geral de cautela, podem ser deferidas em qualquer processo, inclusive de maneira incidental. Em casos excepcionais, sob o fundamento de que o poder geral de cautela deve ser compreendido como importante instrumento de exercício da atividade jurisdicional, para a melhor tutela do direito material lesado ou sob ameaça, o STJ já reconheceu o cabimento da suspensão de execução de título extrajudicial impugnada por embargos, mesmo diante da insuficiência de garantia.[28] No julgamento do REsp n. 1241509/RJ, a 4ª Turma do STJ afirmou textualmente que o poder geral de cautela, dada a sua relevância, não pode sofrer os limites então impostos pelo art. 739-A do CPC de 979, ora previstos no art. 919 do código processual vigente.

De fato, não se pode deixar à margem da tutela jurisdicional o direito material do contribuinte que se vê diante de cobrança notoriamente indevida, em valor não suportado por seu patrimônio, e cuja manutenção das atividades produtivas dependa da comprovação de sua regularidade fiscal. É necessário, nesse caso, o deferimento de tutela provisória que suspenda o débito fiscal indevidamente constituído, seja pela constatação da garantia **suficiente**, seja pela excepcionalidade da situação, assegurando-se a devida apreciação de seu direito.

4 CONCLUSÕES

Diante do exposto, conclui-se que:

i. o ordenamento jurídico vigente não obsta a possibilidade de suspensão da exigibilidade do crédito tributário mediante tutelas provisórias próprias do direito processual civil, nos moldes do art. 151, inciso V, do CTN, ainda que exigido ou ofertado caução real ou fidejussória idônea como contracautela;

ii. na hipótese de que o crédito tributário seja cobrado em execução fiscal parcialmente garantida, devem ser admitidos e processados os embargos opostos pelo devedor para a defesa do patrimônio constrito, independentemente da comprovação inequívoca pelo executado da inexistência ou insuficiência de bens para a garantia total da dívida exequenda, sob pena de afronta a princípios basilares da democracia; e

---

28 REsp n. 1241509/RJ, Rel. Ministro Luis Felipe Salomão, 4ª Turma, julgado em 1 fev. 2012; AgRg no AREsp n. 797.159/RO, Rel. Ministro Moura Ribeiro, 3ª Turma, julgado em 20 fev. 2017.

iii. mesmo diante da garantia parcial à execução fiscal, é cabível a suspensão da exigibilidade do crédito tributário e da própria execução por tutela provisória quando presentes o *fumus boni iuris* e o *periculum in mora*, seja pela constatação da suficiência da garantia face a insubsistência total ou parcial do crédito exequendo, seja pelo fato de o poder geral de cautela não estar submetido aos limites impostos pelo art. 919 do CPC.

POSSIBILIDADE DE DISPENSA DA GARANTIA NO REDIRECIONAMENTO DA EXECUÇÃO FISCAL

Letícia Pelisson

O redirecionamento do processo executivo fiscal consiste na inclusão de terceiro no polo passivo da ação, passando este a responder pessoalmente pelos débitos tributários imputados pela Fazenda ao obrigado originário. Por ser medida extrema, dado que visa alcançar o patrimônio de terceiro que não o contribuinte, pressupõe a prévia observância do devido processo legal, da ampla defesa e do contraditório. Contudo, em grande parte das situações, o terceiro é incluído de forma automática no polo passivo de execução fiscal, sem o necessário percurso do contencioso administrativo, tendo que dispor de parte de seu patrimônio para demonstrar sua ilegitimidade passiva.

A discussão sobre a imputação da responsabilidade tributária e o cabimento do redirecionamento da ação executiva há muito vem sendo debatida pelos tribunais pátrios. E, a despeito da garantia constitucional do *due process of law*, fato é que a jurisprudência vem se mostrando pendular, ora protegendo o terceiro dos arbítrios fazendários, ora buscando assegurar a arrecadação.

O presente artigo busca fazer breve reflexão sobre a possibilidade de dispensa de garantia em execução fiscal pelo corresponsável tributário quando não observado o devido processo legal administrativo e a possibilidade de suspensão dos efeitos negativos decorrentes do ato de inscrição.

1 CAUSAS DE REDIRECIONAMENTO DA EXECUÇÃO FISCAL

Como regra geral de responsabilidade patrimonial, o devedor responde, para o cumprimento de suas obrigações, com todos os seus bens presentes e futuros, exceto as restrições expressamente previstas em lei (art. 789 do Código de Processo Civil – CPC). Essa lógica também é válida para o direito tributário: segundo o Código Tributário Nacional (CTN), o tipo de sujeição passiva é caracterizado de acordo com o tipo de relação mantida com a ocorrência objetiva à qual se imputa o dever de pagar o tributo.

O art. 121 do *Codex* tributário define o sujeito passivo tributário como a pessoa obrigada ao pagamento de tributo ou penalidade pecuniária, sendo qualificado como **contribuinte** quando mantém relação pessoal e direta com a situação que constitua o respectivo fato gerador (materialidade do tributo) ou como **responsável** quando, sem revestir a condição de contribuinte, sua obrigação decorra de disposição expressa de lei.

A responsabilidade tributária está prevista no art. 128 do CTN, segundo o qual a lei pode atribuir de modo expresso a responsabilidade pelo crédito tributário a terceira pessoa, vinculada ao fato gerador da respectiva obrigação, excluindo a responsabilidade do contribuinte ou atribuindo-a a este em caráter supletivo do cumprimento total ou parcial da referida obrigação.

Especificamente sobre a responsabilidade pessoal do administrador, o art. 135, inciso III, do CTN determina que são pessoalmente responsáveis diretores, gerentes ou representantes de pessoa jurídica de direito privado pelos créditos correspondentes a obrigações tributárias resultantes de atos praticados com excesso de poderes ou infração de lei, contrato social ou estatuto. A mera condição de administrador não tem o condão de imputar a responsabilidade tributária: somente o administrador que tenha efetivo poder de gestão no âmbito do ilícito cometido é que pode ser responsabilizado nos termos do art. 135, inciso III, do CTN.

Da análise da jurisprudência do Superior Tribunal de Justiça (STJ),[1] pode-se verificar que, para a caracterização da responsabilidade pessoal do administrador, é imprescindível que o fisco[2] comprove, além da ocorrência dos pressupostos

---

1 REsp n. 1101728/SP, Rel. Ministro Teori Albino Zavascki, 1ª Seção, julgado em 23 mar. 2009.
2 "A responsabilidade tributária substituta prevista no art. 135, III, do CTN, imposta ao sócio-gerente, ao administrador ou ao diretor de empresa comercial depende da prova, a cargo da Fazenda Estadual, da prática de atos de abuso de gestão ou de violação da lei ou do contrato e da

legais, os seguintes requisitos: (i) efetivo poder de gestão; (ii) excesso de poder (ultrapassar os limites de poderes e atribuições outorgados pela pessoa jurídica) ou infração a lei ou contrato/estatuto social (lei que influencie na existência da pessoa jurídica);[3] e (iii) dolo de sonegação (o intuito fraudulento da operação).[4]

Além disso, é imperativo que o administrador tenha relação com o fato gerador da obrigação tributária, em linha com o determinado pelos art. 121, inciso II, e 128 do *Codex* Tributário. Mesmo diante da absoluta incapacidade da pessoa jurídica de saldar sua obrigação tributária, não se pode responsabilizar automaticamente o terceiro que agiu em conformidade com o direito, dentro da legalidade, orientado pela boa-fé.[5]

O percurso a ser trilhado pelo fisco para imputar a responsabilidade tributária ao administrador não é ato automático, devendo reunir evidências que comprovem

---

incapacidade da sociedade de solver o débito fiscal." (AgReg no AG n. 246475/DF, 2ª Turma, Rel. Ministra Nancy Andrighi, julgado em 1 ago. 2000).

3   Súmula 435: "Presume-se dissolvida irregularmente a empresa que deixar de funcionar no seu domicílio fiscal, sem comunicação aos órgãos competentes, legitimando o redirecionamento da execução fiscal para o sócio-gerente".

4   REsp n. 650.746/SP, Rel. Ministra Denise Arruda, 1ª Turma, julgado em 31 maio 2007.

5   Vale a pena mencionar aqui que, de acordo com a jurisprudência que se pacificou no âmbito do STJ, o mero inadimplemento tributário não configura ato contrário à lei para fins de aplicação do art. 135 do CTN. Veja-se, nesse sentido, a seguinte decisão: "TRIBUTÁRIO E PROCESSUAL CIVIL. EXECUÇÃO FISCAL. RESPONSABILIDADE DE SÓCIO-GERENTE. LIMITES. ART. 135, III, DO CTN. PRECEDENTES. 1. Os bens do sócio de uma pessoa jurídica comercial não respondem, em caráter solidário, por dívidas fiscais assumidas pela sociedade. A responsabilidade tributária imposta por sócio-gerente, administrador, diretor ou equivalente só se caracteriza quando há dissolução irregular da sociedade ou se comprova infração à lei praticada pelo dirigente. 2. Em qualquer espécie de sociedade comercial, é o patrimônio social que responde sempre e integralmente pelas dívidas sociais. Os diretores não respondem pessoalmente pelas obrigações contraídas em nome da sociedade, mas respondem para com esta e para com terceiros solidária e ilimitadamente pelo excesso de mandato e pelos atos praticados com violação do estatuto ou lei (art. 158, I e II, da Lei nº 6.404/76). 3. De acordo com o nosso ordenamento jurídico-tributário, os sócios (diretores, gerentes ou representantes da pessoa jurídica) são responsáveis, por substituição, pelos créditos correspondentes a obrigações tributárias resultantes da prática de ato ou fato eivado de excesso de poderes ou com infração de lei, contrato social ou estatutos, nos termos do art. 135, III, do CTN. 4. **O simples inadimplemento não caracteriza infração legal. Inexistindo prova de que se tenha agido com excesso de poderes, ou infração de contrato social ou estatutos, não há falar-se em responsabilidade tributária do ex-sócio a esse título ou a título de infração legal. Inexistência de responsabilidade tributária do ex-sócio.** 5. Precedentes desta Corte Superior. 6. Embargos de Divergência rejeitados". (Embargos de Divergência no REsp n. 174.532, julgado em 20 ago. 2001, grifo nosso).

a caracterização de uma das hipóteses do *caput* do art. 135 do CTN, sempre em linha com a jurisprudência do STJ, ainda mais quando essa responsabilidade for atribuída ao administrador no momento do ato de inscrição em dívida ativa, que pressupõe o exercício do controle de legalidade pela Fazenda Pública.

Contudo, o que se tem visto nos últimos anos é a uma certa relativização deste controle de legalidade, na medida em que a Fazenda Pública vem indicando como corresponsável da obrigação tributária o administrador, sem a necessária comprovação de sua efetiva responsabilidade, ou seja, sem a essencial instauração do prévio processo administrativo.

2 FORMAÇÃO DO TÍTULO EXECUTIVO E NECESSIDADE DE PRÉVIO ESGOTAMENTO DO CONTENCIOSO ADMINISTRATIVO

O CPC determina que o título executivo deve expressar uma obrigação certa, líquida e exigível (art. 783). Como bem leciona o professor Humberto Theodoro Júnior, a obrigação será certa quando dispuser de elementos probatórios que atestem sua existência jurídica, e líquida, quando o seu objeto se achar adequadamente identificado.

Não é diferente para a Certidão de Dívida Ativa, que é o título da execução fiscal, uma vez que o ato de constituição do crédito tributário pressupõe a verificação da ocorrência do fato gerador da obrigação correspondente, a determinação da matéria tributável, o cálculo do tributo devido, a identificação do sujeito passivo e, se cabível, a propositura da aplicação de penalidade (cf. art. 142 do CTN).

A determinação dessa obrigação certa, líquida e exigível na Certidão de Dívida Ativa deve atender aos requisitos dispostos no art. do 202 do CTN, espelhados no art. 2º, § 5º, da Lei n. 6.830/1980 (Lei de Execução Fiscal – LEF). Um desses requisitos é justamente a correta indicação do corresponsável pelo débito tributário, sob pena de nulidade da inscrição e do processo de cobrança dela decorrente (cf. art. 203 do CTN). Sobre esse ponto, convém lembrar o enunciado da Súmula STJ n. 392, a qual veda a substituição da Certidão de Dívida Ativa para a alteração do sujeito passivo da execução fiscal.[6]

---

[6] A Fazenda Pública pode substituir a Certidão de Dívida Ativa (CDA) até a prolação da sentença de embargos, quando se tratar de correção de erro material ou formal, vedada a modificação do sujeito passivo da execução.

O art. 201 do CTN determina que "Constitui dívida ativa tributária a proveniente de crédito dessa natureza, regularmente inscrita na repartição administrativa competente, depois de esgotado o prazo fixado, para pagamento, pela lei ou por decisão final proferida em processo regular". Como se pode ver, o ato de inscrição em dívida ativa exige o prévio e regular processo administrativo. E faz sentido que seja assim, afinal, o sujeito passivo terá que dispor de parte de seu patrimônio para viabilizar sua defesa em face da cobrança intentada pela Fazenda Pública em sede de execução fiscal.

No entanto, nos últimos anos, com a informatização dos sistemas de cobrança criados pelo fisco para tornar, de certa forma, mais eficiente a satisfação da dívida tributária, verifica-se o aumento da indicação de administradores como corresponsáveis do crédito inscrito. Essa indicação, ao contrário do preconizado pelo CTN, é feita de forma automática, sem o necessário percurso do contencioso administrativo prévio e a essencial comprovação da ocorrência de uma das hipóteses de responsabilidade trazidas no art. 135, inciso III, do CTN.

O que se tem visto é aumento de processos executivos fiscais redirecionados ao administrador, pelo simples fato de seu nome constar da Certidão de Dívida Ativa. No entanto, essa prática importa na verdadeira ausência de revisão do ato administrativo e do controle de legalidade por parte da Fazenda Pública (cf. art. 2º, § 3º, da LEF). A despeito disso, a jurisprudência do STJ se consolidou no sentido de que, se a execução fiscal foi ajuizada apenas contra a pessoa jurídica, mas o nome do administrador/sócio consta da Certidão de Dívida Ativa, a ele incumbe o ônus da prova da não caracterização de nenhuma das circunstâncias previstas no art. 135 do CTN, ou seja, a não ocorrência de atos "com excesso de poderes ou infração de lei, contrato social ou estatutos".[7]

Essa orientação foi tomada pelo STJ em sede de Recurso Repetitivo (à época da vigência do art. 543-C do CPC) no ano de 2009, e teve como base precedente firmado pela 1ª Seção no ano de 2005,[8] ou seja, há mais de 12 anos. Certamente, o STJ não levou em consideração o fato de que, na maioria dos casos, o corresponsável não participou, ou sequer foi chamado a participar, do contencioso administrativo prévio à inscrição em dívida ativa. Em muitas situações, a indicação do corresponsável é feita de forma automática pelo sistema informatizado da

---

7   REsp n. 1.104.900/ES, 1ª Seção, Rel. Ministra Denise Arruda.
8   Embargos de Divergência em Recurso Especial (EREsp) n. 702.232/RS, 1ª Seção, Rel. Ministro Castro Meira, julgado em 26 set. 2005.

Fazenda Pública, na medida em que seu nome está cadastrado como diretor ou administrador da pessoa jurídica. No entanto, o mero cadastro não importa na imputação automática da responsabilidade tributária.

Por ter sido firmada sob a sistemática de Recurso Repetitivo, a referida orientação do STJ vem sendo adotada, muitas vezes, de forma maquinal pelos juízes, sem a real e devida análise da circunstância fática e particular de cada caso, ainda mais após o advento do Novo Código de Processo Civil (NCPC), o qual determina a aplicação dos precedentes firmados pelos tribunais superiores em sede de Recurso Repetitivo ou repercussão geral. No entanto, não se pode concordar com a adoção de tal posicionamento naqueles casos em que a formação do título executivo é deficiente, sem o necessário contencioso administrativo prévio para o fim de imputação de responsabilidade tributária.

A razão da automatização do ato de inscrição em dívida ativa também se dá por outra razão: uma vez constante do título executivo, há a inversão do ônus da prova em desfavor do corresponsável. Na linha da orientação firmada pelo STJ, a ilegitimidade passiva de administrador constante da Certidão de Dívida Ativa no momento do ajuizamento da execução fiscal somente poderá ser deduzida na via dos embargos à execução, na medida em que não prescinde da fase de instrução.

Como se sabe, os embargos executórios não serão admitidos "antes de garantida a execução" fiscal (cf. art. 16, § 1°, da LEF). E, ainda que seja dada garantia parcial pelo corresponsável, sua defesa não terá o condão de suspender os atos de constrição patrimonial para assegurar parte da dívida não garantida. Nesse cenário, o administrador que não teve observada a garantia do prévio processo administrativo está sendo duramente penalizado, na medida em que deverá garantir o crédito tributário para, então, demonstrar sua ilegitimidade passiva e própria nulidade do título executivo.

Como bem ponderado pelo próprio STJ: "É inadmissível o excesso de tolerância com relação à ilegalidade do título executivo, eis que o exeqüente já goza de tantos privilégios para a execução de seus créditos que não pode descumprir os requisitos legais para a sua cobrança".[9] E é justamente esse excesso de tolerância que se busca combater, uma vez que não pode prevalecer e mitigar as garantias constitucionais do devido processo legal, da ampla defesa e do contraditório, as quais, nos termos do art. 5°, inciso LV, da Constituição Federal, também devem ser observadas no processo administrativo.

---

9   REsp n. 733.432, Rel. Ministro Jose Delgado, 1ª Turma, julgado em 8 ago. 2005

2.1 Observância do devido processo legal antes da inscrição em dívida ativa

A ordem constitucional conclama que, mesmo na via administrativa, a imputação de gravame ao particular só pode ocorrer após esgotado o devido processo legal, com a disponibilização de todos os meios de defesa a ele facultados.

Os princípios do devido processo legal, do contraditório e da ampla defesa estão consagrados nos incisos LIV e LV do art. 5º da Constituição Federal,[10] segundo o qual "aos litigantes, em processo judicial ou administrativo, e aos acusados em geral são assegurados o contraditório e a ampla defesa, com os meios e recursos a ela inerentes". Assim, o processo, para ser utilizado como instrumento verdadeiramente democrático, deve ser realizado sob o manto da garantia constitucional do contraditório e da ampla defesa.

O princípio da ampla defesa, uma das bases do Estado Democrático de Direito, visa garantir o **pleno direito** dos cidadãos de buscar proteção jurisdicional (administrativa ou judicial) contra as violações de seus direitos. Dada sua natureza de garantia fundamental, a ampla defesa deve ser assegurada pelo próprio Estado, sob pena de nulidade do processo.

O princípio do contraditório, em contrapartida, tem como fundamento a obrigatoriedade de abrir-se, sempre, a possibilidade de manifestação de todos os litigantes e acusados em geral que possam ser atingidos por uma decisão judicial ou administrativa. Ou seja, dar as mesmas oportunidades às partes para que possam fazer valer em juízo os seus direitos.

O contraditório é decorrente da ampla defesa e ambos estão compreendidos no primado do devido processo legal, pois asseguram ao cidadão o direito de se insurgir contra qualquer determinação que lhe for imposta e, instaurada a lide, de ser ouvido no processo – **administrativo ou judicial** – em todos os seus termos e instâncias.[11]

---

10 "Art. 5º. Todos são iguais perante a lei, sem distinção de qualquer natureza, garantindo-se aos brasileiros e aos estrangeiros residentes no País a inviolabilidade do direito à vida, à liberdade, à igualdade, à segurança e à propriedade, nos termos seguintes:
[...] LIV – ninguém será privado da liberdade ou de seus bens sem o devido processo legal; LV – aos litigantes, em processo judicial ou **administrativo**, e aos acusados em geral são assegurados o contraditório e ampla defesa, com os meios e recursos a ela inerentes" (grifo nosso).

11 Na lição do professor Celso Antônio Bandeira de Mello, o devido processo legal administrativo **impõe que, além da necessária observância dos aspectos formais, o conteúdo da decisão**

Como já se pronunciou o Supremo Tribunal Federal (STF), "os mais elementares corolários da garantia constitucional do contraditório e da ampla defesa são a ciência dada ao interessado da instauração do processo e a oportunidade de se manifestar e produzir ou requerer a produção de provas".[12]

No caso do redirecionamento de execução fiscal para administrador constante da Certidão de Dívida Ativa que não participou do respectivo processo administrativo, não se vê a observância aos primados do contraditório e da ampla defesa, na medida em que não lhe é dada ciência da instauração do processo administrativo e direito de petição, isto é, a oportunidade de se manifestar e produzir provas. De forma arbitrária e abusiva, é imputado ao corresponsável o ônus de ilidir sua responsabilidade pelos débitos da pessoa jurídica, quando já submetidos aos negativos efeitos da cobrança executiva.

A inscrição deve pressupor a constituição definitiva do crédito, o que se opera por meio do desenvolvimento regular e válido do processo administrativo, como leciona Ricardo Lobo Torres: "**A inscrição só se efetua depois de constituído definitivamente o crédito tributário** na esfera administrativa, o que ocorre com a decisão final das instâncias julgadoras" (grifo nosso).[13]

Em implícito reconhecimento da inconstitucionalidade e da ilegalidade da automática inclusão dos administradores no polo passivo de execuções fiscais, a Procuradoria da Fazenda Nacional determina que a inclusão dos responsáveis na Certidão de Dívida Ativa somente ocorrerá "após a declaração fundamentada da autoridade competente da Secretaria da Receita Federal do Brasil (RFB) ou da Procuradoria-Geral da Fazenda Nacional (PGFN) acerca da [efetiva] ocorrência"

---

decorrente do processo administrativo esteja de acordo com os ditames estampados no art. 37 da **Constituição**: "Compreende-se que tenha ocorrido a completude desta trajetória no Estado de Direito, pois é de sua essência o enquadramento da conduta estatal dentro de limites jurídicos, tanto materiais como formais. O propósito do Estado é subordinar o exercício do poder público à obediência de normas adrede concebidas para conformar-lhe a atuação, prevenindo, destarte, seu uso desatado ou descomedido. Deveras, o propósito nele consubstanciado é o de oferecer a todos os integrantes da Sociedade a segurança de que não serão amesquinhados pelos detentores do Poder nem surpreendidos com medidas e providências interferentes com a liberdade e a propriedade sem cautelas preestabelecidas para defendê-las eficazmente".

12 STF, MS 23550/DF, Pleno, Rel. Ministro Marco Aurélio, Rel. para acórdão Ministro Sepúlveda Pertence, por maioria, julgado em 31 out. 2001.
13 TORRES, Ricardo Lobo. *Curso de direito tributário e financeiro*. 4. ed. Rio de Janeiro: Renovar, 1997. p. 303.

de uma das hipóteses legais de responsabilidade tributária dos sócios e administradores (cf. art. 2º, Portaria PGFN n. 180, de 25 de fevereiro de 2010).

E, em recente ato, a PGFN reforçou a necessidade de observância ao prévio contencioso administrativo antes do redirecionamento da execução fiscal. É o que se observa da Portaria PGFN n. 948, de 15 de setembro de 2017, na qual se institui o "Procedimento Administrativo de Reconhecimento de Responsabilidade – PAR", que será instaurado contra terceiro cuja responsabilidade se pretende apurar para determinação e comprovação dos indícios da ocorrência da dissolução irregular da pessoa jurídica devedora. A despeito de saber de seu dever legal de controle de legalidade do ato de inscrição, fato é que tal conduta não é praticada pelos Procuradores da Fazenda Nacional.

O debate acerca da possibilidade de redirecionar a execução fiscal em face do administrador indicado na Certidão de Dívida Ativa volta à pauta do STJ. A 1ª Seção começou a julgar o cabimento de tal medida quando o administrador não fez parte do processo administrativo – não estava indicado quando da realização do ato de lançamento –, mas consta do título executivo sem a indicação dos respectivos atos ilícitos.[14] O Rel. Ministro Napoleão Nunes Maia bem ponderou que

> o fato do [sic] nome do sócio constar da CDA nada significa para o fim de imputar-lhe responsabilidade pela dívida tributária, se ausente a razão legal justificadora dessa inclusão. Cuida-se de vício insanável na formação do título executivo, sendo que a inversão do ônus probatório, nesses casos, exigiria prova de fato negativo não especificado, a chamada prova diabólica.
>
> Com isso, tem-se que a indicação do nome do sócio, gerente ou diretor na CDA não o legitima automaticamente para a execução tributária sob um dos fundamentos do art. 135, III do CTN, se este fundamento não veio especificado quando de sua inclusão como coobrigado no título executivo, isto é, quando não houve procedimento administrativo prévio tendente à apuração dessas circunstâncias. A presunção de liquidez e certeza da CDA refere-se aos valores nela constantes, não se alastrando para aspecto de cunho eminentemente subjetivo.

Enquanto não concluído esse julgamento pelo STJ, que também está sujeito à sistemática de Recurso Repetitivo, deve-se haver mais razoabilidade por parte dos

---

14 REsp n. 1.326.221.

juízes na aceitação de defesa que prescinda a garantia do juízo da execução fiscal, no caso, a exceção de pré-executividade.

3 DISPENSA DE GARANTIA: POSSIBILIDADE ATRELADA À RAZOABILIDADE

Sabe-se que a exceção de pré-executividade é admitida nos casos em que o fundamento da defesa apresentada seja atinente a matérias de ordem pública, reconhecidas *ex officio*, e passíveis de alegação imediata e independente de dilação probatória. A via da exceção se revela como instrumento eficaz para impedir o prosseguimento de execuções indevidas, evitando constrições abusivas sobre o patrimônio do coexecutado, na medida em que prescinde de garantia, atendendo, assim, aos valores da economia e da celeridade processuais e, ademais, ao disposto no art. 805 do *Codex* processual, que prescreve que a execução seja promovida pelo modo menos gravoso para o devedor.

O STJ consolidou seu entendimento quando da veiculação da Súmula n. 393, cujo verbete afirma: "A exceção de pré-executividade é admissível na execução fiscal relativamente às matérias conhecíveis de ofício que não demandem dilação probatória." E em linha com tal orientação, o art. 803, § único, do NCPC (Lei n. 13.105/2015) estabeleceu que será pronunciada pelo juiz, de ofício ou a requerimento da parte, **independentemente de embargos à execução**, a nulidade de título executivo extrajudicial que não corresponda a obrigação certa, líquida e exigível.

Por todas as razões expostas no presente artigo, não é razoável entender pelo não cabimento da exceção quando não houve o devido controle de legalidade por parte da Fazenda Pública: a não realização e o esgotamento de prévio contencioso administrativo. Nesse caso, o cabimento da via da exceção como meio de defesa válido e eficaz para a demonstração da ilegitimidade passiva tributária é medida que se impõe para não haja a indevida mitigação das garantias constitucionais à ampla defesa e ao contraditório, ainda mais quando o próprio STJ está revisando a orientação firmada em 2005.

A preservação da segurança jurídica também conduz ao cabimento da exceção de pré-executividade quando o administrador é meramente indicado na Certidão de Dívida Ativa. E, para evitar todos os graves efeitos decorrentes do ato de inscrição e da cobrança executiva, é possível o requerimento e a concessão de tutela de urgência com o objetivo de suspender a cobrança do crédito tributário para todos os fins, inclusive para permitir a emissão do Certificado de Regularidade Fiscal (art. 206 do CTN) e a não positivação do nome do corresponsável no Cadastro de Inadimplentes.

A tutela de urgência, segundo o art. 300 do *Codex* processual, "será concedida quando houver elementos que evidenciem a probabilidade do direito e o perigo de dano ou o risco ao resultado útil do processo". A concessão de tal medida não prejudica a Fazenda Pública, nem tem traços de irreversibilidade, porque apenas e tão somente suspende a cobrança do crédito tributário que, na hipótese de confirmação da legitimidade passiva, poderá ser cobrado, com as prerrogativas e os acréscimos que a lei assegura à Fazenda.

GARANTIAS NOS CASOS DE LITISCONSÓRCIO PASSIVO NA EXECUÇÃO FISCAL

Christiane Alves Alvarenga

1 INTRODUÇÃO

O número de litisconsórcios passivos tem aumentado no âmbito das execuções fiscais, dada a grande preocupação da Fazenda Pública, nos âmbitos federal, estadual, municipal e distrital, em realizar a arrecadação tributária de forma rápida e eficiente. Dúvidas surgem, no entanto, sobre a forma de defesa dos litisconsortes, sobretudo quando não estão indicados, inicialmente, na Certidão de Dívida Ativa, título necessário ao ajuizamento da execução fiscal, a teor do que dispõe o art. 1º da Lei n. 6.830/1980 (Lei de Execuções Fiscais – LEF).

Entendido que o meio processual adequado aos litisconsortes é o dos embargos à execução, ainda resta definir se cada litisconsorte deverá apresentar uma garantia para que a defesa via embargos seja possível e, ainda, o prazo de cada um para a oposição dos embargos à execução fiscal.

O presente estudo objetiva responder a essas perguntas a partir de uma análise atenta da legislação e da jurisprudência, observando também o entendimento doutrinário sobre o tema.

2 FORMAÇÃO DO LITISCONSÓRCIO PASSIVO NA EXECUÇÃO FISCAL: QUEM PODE OPOR EMBARGOS À EXECUÇÃO

A legitimidade para embargar é do executado:

Art. 4º. A execução fiscal poderá ser promovida contra:

I – o devedor;

II – o fiador;

III – o espólio;

IV – a massa;

V – o responsável, nos termos da lei, por dívidas, tributárias ou não, de pessoas físicas ou pessoas jurídicas de direito privado; e

VI – os sucessores a qualquer título.

Assim, em princípio, poderão compor o polo passivo da execução fiscal, formando, muitas vezes, um litisconsórcio passivo, as figuras indicadas no art. 4º da LEF que estiverem mencionadas no título executivo, ou seja, na Certidão de Dívida Ativa.[1]

Na prática, contudo, é comum que a Fazenda Pública requeira a inclusão de outros corresponsáveis pelo débito tributário quando identifica que o devedor principal da obrigação tributária não apresentou bens suficientes para a garantia do juízo e, consequentemente, do crédito tributário. Sem pretensão de aprofundar no tema do redirecionamento da execução fiscal, abordado em capítulo anterior, cumpre verificar, para o presente estudo, quem poderia vir a compor o polo passivo da execução fiscal, formando, com o devedor principal, um litisconsórcio. Para tanto, faz-se necessário analisar, ainda que brevemente, os artigos do Código Tributário Nacional (CTN) que tratam da responsabilidade tributária.[2]

Nos termos do art. 121 do CTN, o sujeito passivo da relação jurídico-tributária é a pessoa obrigada ao pagamento do tributo ou penalidade pecuniária. Tal pessoa

---

[1] Theodoro Junior, Humberto. *Lei de execução fiscal:* comentários e jurisprudência. 13. ed. São Paulo: Saraiva, 2016.

[2] O art. 4º, § 2º, da LEF dispõe que "à Dívida Ativa da Fazenda Pública, de qualquer natureza, aplicam-se as normas relativas à responsabilidade prevista na legislação tributária, civil e comercial".

poderá ser o contribuinte, quando tenha relação pessoal e direta com a situação que constitua o fato gerador ou, ainda, o responsável, quando, sem revestir na condição de contribuinte, sua obrigação decorra de disposição expressa em lei.[3] A responsabilidade tributária comporta duas modalidades: (i) a responsabilidade por substituição; e (ii) a responsabilidade por transferência.[4]

O art. 128 do CTN trata da **responsabilidade por substituição**, permitindo que a lei atribua a um terceiro a responsabilidade pelo crédito tributário, desde que o terceiro esteja, de algum modo, vinculado ao fato gerador do tributo.[5] Em geral, na responsabilidade por substituição não teremos a formação de um litisconsórcio passivo na execução fiscal, uma vez que o contribuinte será substituído pelo responsável tributário na obrigação de pagar o tributo ou a penalidade pecuniária. É o que ocorre, por exemplo, na substituição tributária para frente, prevista no art. 150, § 7º, da Constituição Federal.[6]

A **responsabilidade por transferência** ocorrerá quando um terceiro for obrigado por lei a responder pela dívida originalmente do contribuinte (devedor principal), em razão da ocorrência de um evento sucessório, da impossibilidade de cumprimento da obrigação pelo contribuinte, do descumprimento de um dever legal ou em face do cometimento de uma infração tipificada em lei. O CTN subdividiu a responsabilidade por transferência em três espécies: (i) responsabilidade dos sucessores (art. 129 a 133); (ii) responsabilidade de terceiros (art. 134 e 135); e (iii) responsabilidade por infração (art. 136 e 137).

---

3 "Art. 121. Sujeito passivo da obrigação principal é a pessoa obrigada ao pagamento de tributo ou penalidade pecuniária. Parágrafo único. O sujeito passivo da obrigação principal diz-se: I – contribuinte, quando tenha relação pessoal e direta com a situação que constitua o respectivo fato gerador; II – responsável, quando, sem revestir a condição de contribuinte, sua obrigação decorra de disposição expressa de lei."

4 Sobre responsabilidade tributária: FERRAGUT, Maria Rita. *Responsabilidade tributária e o Código Civil de 2002*. São Paulo: Noeses, 2005.

5 "Art. 128. Sem prejuízo do disposto neste capítulo, a lei pode atribuir de modo expresso a responsabilidade pelo crédito tributário a terceira pessoa, vinculada ao fato gerador da respectiva obrigação, excluindo a responsabilidade do contribuinte ou atribuindo-a a este em caráter supletivo do cumprimento total ou parcial da referida obrigação."

6 "Art. 150 [...] § 7º A lei poderá atribuir a sujeito passivo de obrigação tributária a condição de responsável pelo pagamento de imposto ou contribuição, cujo fato gerador deva ocorrer posteriormente, assegurada a imediata e preferencial restituição da quantia paga, caso não se realize o fato gerador presumido."

Os sucessores, em geral, possuem responsabilidade pessoal pelos débitos tributários relacionados aos fatos geradores ocorridos antes da sucessão (art. 129 do CTN).[7] Isso significa que a Fazenda Pública, uma vez identificada a sucessão, poderá requerer a inclusão do sucessor no polo passivo da execução para a cobrança da totalidade dos débitos tributários (sem que haja, necessariamente, a exclusão do devedor originário do polo passivo da execução fiscal).

Nos termos do art. 134 do CTN, os terceiros listados[8] apenas poderão ser demandados a cumprir com a obrigação tributária no caso da impossibilidade de a exigência ser satisfeita pelo devedor principal. Portanto, a sua responsabilidade é subsidiária. Costumeiramente, a Fazenda Pública exige a inclusão desses terceiros no polo passivo da execução fiscal após verificada eventual insolvência do devedor original, formando-se, assim, um litisconsórcio passivo.

O CTN ainda define que o agente que descumprir com um dever legal (art. 135) ou cometer uma infração tipificada em lei (art. 137) responderá pessoalmente pelo débito tributário. No entanto, ao menos em relação a sócios e administradores, a jurisprudência tem tratado a sua responsabilidade como subsidiária, ocorrendo, muitas vezes, a sua inclusão no polo passivo após identificado que a pessoa jurídica não possui patrimônio suficiente para adimplir a dívida tributária, sendo necessária também a comprovação de que atos foram praticados com excesso de poderes ou infração de lei, contrato social ou estatuto[9] – formando-se, assim, o litisconsórcio passivo.

Conforme se observa, são inúmeras as hipóteses de formação de um litisconsórcio passivo no âmbito da execução fiscal. Seja como for, a doutrina e a jurisprudência convergiram no sentido de que, sendo o terceiro, responsável tributário,

---

7   Exceção à responsabilidade subsidiária prevista no art. 133, inciso II, do CTN, quando o alienante de fundo de comércio ou estabelecimento comercial prosseguir na exploração ou iniciar dentro de seis meses a contar da data da alienação, nova atividade no mesmo ou em outro ramo de comércio, indústria ou profissão.

8   Pais, tutores e curadores, administradores de bens de terceiros, inventariante, síndico e comissário, tabeliães, escrivães e demais serventuários de ofício, e sócios, no caso de liquidação de sociedade de pessoas.

9   Superior Tribunal de Justiça (STJ), Agravo Regimental (AgRg) no Recurso Especial (REsp) n. 1.062.571/RS, Rel. Ministro Herman Benjamin, 2ª Turma, julgado em 24 mar. 2009; STJ, AgRg no Agravo de Instrumento (AgI) n. 490.702/RS, Rel. Ministro José Delgado, 1ª Turma, julgado em 13 out. 2003.

inserido no polo passivo da execução fiscal, podendo sobre ele recair a penhora, a sua defesa poderá[10] ocorrer por meio de embargos à execução fiscal.[11]

3 OFERECIMENTO DA GARANTIA NO CONTEXTO DO LITISCONSÓRCIO PASSIVO

Calcada no art. 16, § 1º, da LEF,[12] a jurisprudência continua a exigir a garantia do juízo como condição para a admissibilidade dos embargos à execução,[13] ainda que a penhora parcial já seja considerada suficiente para a admissão dos embargos.[14] Assim, estando garantido o juízo, inicia-se o prazo de trinta dias para a oposição dos embargos à execução.[15]

Na ausência de previsão expressa na LEF e no Código de Processo Civil (CPC),[16] entendia parte da doutrina que a oposição dos embargos apenas poderia ocorrer por aquele que sofreu a constrição patrimonial, com o oferecimento da garantia e consequente lavratura do termo de penhora.[17] Adotando-se esse posicionamento em um contexto de litisconsórcio passivo na execução, deveria cada litisconsorte ter seu patrimônio constrito para poder opor sua defesa por meio de embargos à execução.

---

10 Outros meios de defesa também poderão ser utilizados, como a exceção de pré-excutividade, caso o direito do terceiro possa ser demonstrado sem a necessidade de dilação probatória. Apenas não parece ser adequado a utilização de embargos de terceiros, uma vez que o terceiro, ao ser inserido no polo passivo da execução, passa a ser parte, deixando a sua condição de terceiro.
11 THEODORO JUNIOR, Humberto. Lei de execução fiscal: comentários e jurisprudência. 13. ed. São Paulo: Saraiva, 2016. São citados diversos julgados, dentre eles: STF, REsp n. 93.028/SP, Rel. Ministro Moreira Alves, julgado em 7 maio 1982.
12 "Art. 16. [...] § 1º – Não são admissíveis embargos do executado antes de garantida a execução."
13 STJ, REsp n. 1.272.827/PE, Rel. Ministro Mauro Campbell Marques, 1ª Seção, julgado em 31 maio 2013.
14 STJ, REsp n. 1.127.815/SP, Rel. Ministro Luiz Fux, 1ª Seção, julgado em 14 dez. 2010.
15 "Art. 16. O executado oferecerá embargos, no prazo de 30 (trinta) dias, contados: I – do depósito; II – da juntada da prova da fiança bancária ou do seguro garantia; III – da intimação da penhora."
16 Aplicado de forma subsidiária à LEF, nos termos do art. 1º da LEF: "Art. 1º. A execução judicial para cobrança da Dívida Ativa da União, dos Estados, do Distrito Federal, dos Municípios e respectivas autarquias será regida por esta Lei e, subsidiariamente, pelo Código de Processo Civil."
17 LUCON, Paulo Henrique dos Santos. Embargos à execução. 2. ed. São Paulo: Saraiva, 2001. ASSIS, Araken de. Manual da execução. 11. ed. São Paulo: Revista dos Tribunais, 2007.

Felizmente, a jurisprudência evoluiu no sentido de permitir a oposição dos embargos à execução pelos demais litisconsortes quando o juízo da execução fiscal já se encontra garantido por um deles.[18] O entendimento jurisprudencial partiu da premissa de que os embargos não se dirigem contra a penhora, mas contra o título executório. Assim, apresentada a garantia e lavrado o termo de penhora, tem-se preservados os interesses do credor e possibilitada a oposição de embargos à execução por todos os litisconsortes – não apenas por aquele que sofreu a constrição de seu patrimônio.

Vale notar que a jurisprudência não fez diferenciação entre devedores solidários e subsidiários.[19] Isso significa que, tendo a empresa (devedora principal) apresentado bens em garantia, a penhora assegura a oposição dos embargos à execução também aos sócios (devedores subsidiários), caso, por exemplo, a execução venha a ser redirecionada.

O entendimento jurisprudencial objetivou garantir o direito constitucional à ampla defesa e ao contraditório,[20] além de preservar o acesso à justiça.[21] Também procurou se observar o princípio da menor onerosidade ao devedor, atualmente expresso no art. 805 do CPC.[22] É o que se verifica do trecho do voto do Ministro Luiz Fux no julgamento do REsp n. 865.336/RS, de 24 de março de 2009: "que o bem penhorado, sendo suficiente à garantia, propicia a execução de forma menos onerosa para os demais".

No mais, não se fez a exigência de que o devedor principal tenha seu patrimônio gravado para que os demais litisconsortes possam apresentar suas defesas. Entendeu-se que, estando o juízo garantido por qualquer um dos litisconsortes, a

---

18 Vale notar importante julgado que tratou do tema e que foi, posteriormente, citado por decisões mais recentes do STJ: REsp n. 97991/MG, Rel. Ministro Sálvio de Figueiredo Teixeira, 4ª Turma, julgado em 1 jun. 1998.

19 Nesse sentido: STJ, REsp n. 1.023.309-RS, Rel. Ministro Luiz Fux, julgado em 4 out. 2010; STJ, REsp n. 865.336/RS, Rel. Ministro Luiz Fux, 1ª Turma, julgado em 27 abr. 2009; TRF3, 6ª Turma, AC n. 201361070020720, Rel. Desembargadora Federal Consuelo Yoshida, julgado em 23 mar. 2015; TRF3, 4ª Turma, AC n. 0001930-55.2014.4.03.6107, Rel. Desembargadora Federal Mônica Nobre, julgado em 13 jun. 2016.

20 "Art. 5º. [...] LV – aos litigantes, em processo judicial ou administrativo, e aos acusados em geral são assegurados o contraditório e ampla defesa, com os meios e recursos a ela inerentes".

21 "Art. 5º. [...] XXXV – a lei não excluirá da apreciação do Poder Judiciário lesão ou ameaça a direito".

22 "Art. 805. Quando por vários meios o exequente puder promover a execução, o juiz mandará que se faça pelo modo menos gravoso para o executado."

garantia aproveitaria aos demais, possibilitando a admissão de novos embargos à execução.[23] A esse respeito, vale lembrar que o art. 16 da LEF não disse que seriam admissíveis os embargos à execução antes de penhorados os bens do devedor principal, mas fixou uma condição genérica, relacionada ao termo inicial para a contagem do prazo para a oposição dos embargos à execução.

O art. 4º, § 3º, da LEF também endossa esse raciocínio ao mencionar que os responsáveis tributários poderão nomear bens à penhora. O dispositivo, contudo, trouxe um benefício de ordem ao responsável tributário, permitindo que seus bens apenas sejam, de fato, executados caso confirmado que os bens do devedor são insuficientes à satisfação da dívida tributária.[24]

4 EFEITOS DO OFERECIMENTO DA GARANTIA AOS DEMAIS LITISCONSORTES

Definido que cada litisconsorte poderá opor embargos à execução, não sendo necessário o oferecimento de garantia por todos eles, resta, ainda, definir o prazo para a oposição dos embargos na existência de um litisconsórcio passivo na execução fiscal.

Com base no art. 241, inciso II, do antigo CPC,[25] aplicado supletivamente às execuções fiscais, muitos juízes em um passado próximo decidiram que, havendo mais de um executado, o prazo para a oposição dos embargos à execução deveria correr de forma uníssona para todos os litisconsortes, iniciando-se no momento em que tenha sido providenciada a última diligência de intimação da penhora. Ocorre que,

---

23 Nesse sentido, confira-se trecho do julgado do TRF da 3ª Região: "Realizada a penhora sobre bem de um dos codevedores, qualquer dos coobrigados pode utilizar-se da vida dos embargos, desde que observado o prazo legal para tanto. A penhora, ainda que insuficiente e incidente sobre bem pertencente a outro coexecutado, não impede a admissão dos embargos à execução fiscal". (TRF3, 4ª Turma, AC n. 0001930-55.2014.4.03.6107, Rel. Desembargadora Federal Mônica Nobre, julgado em 13 jun. 2016).

24 "Art. 4º [...]§ 3º – Os responsáveis, inclusive as pessoas indicadas no § 1º deste artigo (o síndico, o comissário, o liquidante, o inventariante e o administrador, nos casos de falência, concordata, liquidação, inventário, insolvência ou concurso de credores), poderão nomear bens livres e desembaraçados do devedor, tantos quantos bastem para pagar a dívida. Os bens dos responsáveis ficarão, porém, sujeitos à execução, se os do devedor forem insuficientes à satisfação da dívida."

25 "Art. 241. Começa a correr o prazo: II – quando houver vários réus, da juntada aos autos do último mandado de citação, devidamente cumprido".

diversas vezes, o litisconsórcio passivo é formado após o primeiro ato de penhora. Não é raro, por exemplo, a Fazenda Pública requerer a inclusão de um terceiro no polo passivo da execução fiscal com o objetivo de que o reforço da penhora seja efetuado. Nessa situação, qual seria o prazo para a oposição dos embargos à execução desse terceiro, que passa a fazer parte do processo executório?

Analisando um caso como esse, o STJ, no julgamento do REsp n. 97.991/MG (julgado em 29 de abril de 1998), optou por adotar a teoria do isolamento dos atos processuais e concluiu que cada executado deveria ser intimado da penhora (ou de outra forma de garantia) para que fosse iniciado o seu prazo individual e autônomo para a oposição dos embargos à execução. No entender do STJ: "se todos podem embargar, com o objetivo de atacar o título executivo, deve ser noticiado aos litisconsortes o momento de assim proceder". Esse entendimento passou a ser adotado pela jurisprudência, de maneira que, formado o litisconsórcio passivo, o prazo para cada litisconsorte embargar deverá ser contado de forma independente.

O Novo Código de Processo Civil (NCPC) positivou esse entendimento ao prever, no art. 915, § 1º, que, havendo litisconsórcio passivo na execução, o prazo para cada um deles embargar será contado a partir da juntada do respectivo comprovante da citação.[26] O CPC ainda dispõe acerca da inaplicabilidade da contagem do prazo em dobro quando se trata da oposição dos embargos à execução fiscal (art. 915, § 3º, c/c art. 229).[27]

Como a LEF não trata expressamente do litisconsórcio passivo, os dispositivos ora mencionados poderão ser utilizados de forma supletiva às execuções fiscais.

5 CONCLUSÕES

Conforme se observa do exposto, a defesa do litisconsorte passivo na execução fiscal é feita por meio dos embargos à execução.

---

26 "Art. 915. [...] § 1º Quando houver mais de um executado, o prazo para cada um deles embargar conta-se a partir da juntada do respectivo comprovante da citação, salvo no caso de cônjuges ou de companheiros, quando será contado a partir da juntada do último."

27 "Art. 915. [...] § 3º Em relação ao prazo para oferecimento dos embargos à execução, não se aplica o disposto no art. 229."
"Art. 229. Os litisconsortes que tiverem diferentes procuradores, de escritórios de advocacia distintos, terão prazos contados em dobro para todas as suas manifestações, em qualquer juízo ou tribunal, independentemente de requerimento."

A execução fiscal, fundada em um título executivo líquido e certo (Certidão de Dívida Ativa), não permite o contraditório. Assim, o terceiro, responsável tributário, ao ser inserido como parte no processo executório, poderá opor embargos à execução a fim de proteger os seus interesses.

Como a garantia é dirigida ao juízo e, ao final, a atender aos interesses do credor, a jurisprudência pacificou o seu entendimento no sentido de que, estando o juízo garantido por qualquer um dos litisconsortes, a garantia aproveitará aos demais, possibilitando a admissão de novos embargos à execução. Ou seja, não é necessário que todos os litisconsortes apresentem uma garantia para que a defesa via embargos seja possível.

O art. 4º, § 3º, da LEF trouxe um benefício de ordem ao responsável tributário, permitindo que seus bens apenas sejam, de fato, executados caso confirmado que os bens do devedor são insuficientes à satisfação da dívida tributária. No entanto, o dispositivo permitiu ao responsável tributário o oferecimento de bens à penhora a qualquer tempo, o que reforça a ideia de que a garantia não precisa necessariamente ser apresentada pelo devedor principal para que os demais litisconsortes possam se defender por meio dos embargos à execução.

Quanto ao prazo para a oposição dos embargos, a jurisprudência adotou o posicionamento de que cada executado deverá ser intimado da penhora (ou de outra forma de garantia) para que seja iniciado o seu prazo individual e autônomo para a oposição dos embargos à execução. O NCPC positivou esse entendimento ao prever, no art. 915, § 1º, que o prazo para cada litisconsorte embargar deverá ser contado de forma independente.

AVALIAÇÃO DE BENS E DIFICULDADES EM ATINGIR O OBJETIVO DA GARANTIA INTEGRAL AO CRÉDITO TRIBUTÁRIO

Glaucia Lauletta Frascino

1 INTRODUÇÃO

O objeto deste estudo é inaugurar discussão em torno de alternativa de garantia do juízo, no âmbito de execuções fiscais, especialmente no que se refere à real e efetiva avaliação de ativos, sempre com o objetivo de tornar a constrição de bens menos onerosa ao contribuinte e mais eficiente ao Estado.

Essa alternativa encontra suas raízes em procedimento já previsto na lei de recuperação judicial, que expressamente prevê a possibilidade de constituição e alienação de unidade produtiva isolada, de modo que a empresa em recuperação judicial possa identificar ativos, classificá-los como tal, avaliá-los de acordo com os parâmetros de mercado e aliená-los, tudo isso para viabilizar a sua continuidade e a satisfação de eventuais credores.

No âmbito das execuções fiscais e diante da necessidade de garanti-las, os mesmos princípios aplicáveis às recuperações judiciais deveriam orientar as decisões que contemplam a aceitação de bens em garantia e, especialmente, a avaliação conjunta de ativos. Tudo isso para que o contribuinte possa oferecer como garantia do executivo fiscal patrimônio que tenha à suficiência, tendo-lhe assegurada sua justa e fiel avaliação, o qual poderá servir para a garantia e a satisfação dos créditos tributários em aberto.

A relutância do judiciário em aceitar determinados bens, em que pese o seu inequívoco valor real, a negativa de aceitação dos chamados intangíveis e os métodos de avaliação de ativos – que, muitas vezes, consideram exclusivamente o valor das unidades que compõem o todo, e não o todo de forma conjunta – prejudicam e, em alguns casos, inviabilizam a garantia do juízo, mesmo quando o contribuinte possui bens suficientes para fazê-lo. Em consequência, igualmente inviabilizam o acesso do contribuinte ao judiciário, muitas vezes o único juízo imparcial para a análise de exigências tributárias ilegais e abusivas, que, a prevalecerem, podem levar à descontinuidade da empresa, com perdas irreparáveis para todos os envolvidos, inclusive para o Estado e para a própria sociedade.

2 CONTEXTO ATUAL DE CRESCENTE AUMENTO DE AUTOS DE INFRAÇÃO LAVRADOS

A informatização dos sistemas de controle e fiscalização pelo Estado, somada à sanha arrecadatória crescente dos entes públicos, tem ocasionado a elevação das autuações, tanto em relação aos valores autuados como ao número de processos administrativos iniciados nos diferentes níveis: federal, estadual e municipal.

É bem verdade que o sistema tributário brasileiro igualmente colabora com o contínuo aumento desse contencioso, na medida em que, diante da malha de leis e atos infralegais que versam sobre matéria tributária, o contribuinte não raro tem incertezas e dúvidas interpretativas, as quais culminam em condutas muitas vezes desaprovadas pelo fisco. E é a partir desse descompasso que nasce a maioria dos autos de infração lavrados por União, estados e municípios.

Os tribunais administrativos, por sua vez, se mostram cada vez menos imparciais e tendem a sacramentar exigências tributárias questionáveis, obrigando os contribuintes a recorrer ao poder judiciário para afastar pretensões ilegais e inconstitucionais.

Essa é uma realidade cada vez mais comum no Brasil.

A novidade – se é que pode ser classificada como tal – é o fato de os autos de infração lavrados estarem atingindo montantes cada vez mais expressivos, não raro de centenas de milhões ou até de bilhões de reais. É nesse cenário que os contribuintes, inclusive grandes corporações nacionais e internacionais, se veem diante de um grande dilema: como **judicializar** discussão tributária após encerrado o processo na instância administrativa, sabendo-se que é condição para tanto a garantia do juízo em montantes tão expressivos?

É bem verdade que a legislação processual prevê modalidades de suspensão da exigibilidade do crédito tributário – como a liminar ou a tutela – que, uma vez concedidas, podem dispensar o oferecimento de qualquer tipo de garantia pelo contribuinte na hipótese de **judicialização** de discussões tributárias. Todavia, quando se trata de créditos tributários definitivamente lançados, inscritos em dívida ativa e objeto de execução fiscal ajuizada, o contribuinte precisa garantir o juízo como condição a se habilitar à discussão no âmbito judicial. Trata-se de condição inafastável, por força do que determina a Lei n. 6.830/1980 (Lei de Execuções Fiscais – LEF). Isso significa dizer que aqueles que se veem impossibilitados de garantir o juízo no montante total da dívida deparam com a impossibilidade de acesso à justiça, o que poderia ser classificado até mesmo como ofensa a direito e/ou garantia individual (art. 5º, inciso XXXV, da Constituição Federal).

Como agravante, temos casos de valores bastante significativos, o que dificulta a realização de depósitos judiciais em dinheiro ou o oferecimento de garantias por terceiros (bancos ou seguradoras), dado o seu custo elevado ou até mesmo a inviabilidade de sua obtenção. Por outro lado, temos empresas em plena atividade que enfrentam tais obstáculos; empresas que possuem elevadas discussões tributárias, por discordarem da interpretação dada à matéria pelo fisco, mas possuem saúde financeira, operam regularmente no país, geram empregos e pagam tributos. São empresas que, no limite, podem perfeitamente arcar com seus débitos tributários se não lograrem êxito nas discussões judiciais, mas que, nesse momento, só precisam estar aptas a acessar o judiciário.

A questão, então, é como viabilizar a esses contribuintes a garantia do juízo, no âmbito de execuções fiscais que terão de enfrentar, sem comprometer seu fluxo de caixa nem onerá-las em demasia, a ponto de prejudicar a continuidade das suas atividades, o que comprometeria a própria satisfação das dívidas fiscais. E é em relação a esse ponto que acreditamos existir um novo olhar a ser lançado, que encontra inspiração na solução dada pela legislação – e confirmada por doutrina e jurisprudência – no âmbito das chamadas recuperações judiciais.

Trata-se da prerrogativa, garantida por lei, de que as empresas em recuperação judicial possam alienar as chamadas unidades produtivas isoladas como forma de capitalização e recuperação de sua saúde financeira. Surge da ideia de que parcela substancial do patrimônio da pessoa jurídica em recuperação judicial possa ser alienada sem que a responsabilidade sobre débitos anteriores seja transmitida aos sucessores, de modo que a empresa continue existindo, gerando empregos e riquezas, até a final satisfação de credores.

A alienação das unidades produtivas isoladas, em hipótese, necessariamente se dará pelo seu valor de mercado: quanto mais se arrecadar nessa venda, mais útil será a alienação em colaborar com a consecução dos objetivos sociais da companhia que enfrenta período de dificuldades. Isso significa que, na avaliação do bem, consideram-se todos os ativos que o compõem, de forma una e conjunta, inclusive os intangíveis, como marca, ponto comercial etc., os quais dificilmente são contemplados em eventual avaliação de bens para efeito de garantia do juízo em execução fiscal.

Essa mesma metodologia de individualização e avaliação de unidades produtivas isoladas poderia ser uma excelente alternativa se transportada para o contexto das execuções fiscais a serem garantidas por contribuintes, com vantagens para todos os envolvidos: para os contribuintes pois podem estar diante de alternativa viável e eficaz de garantia do juízo, em relação a execuções fiscais de valores expressivos, sem que necessitem se descapitalizar ou arcar com custos onerosos de garantias por terceiros (quando essas lhe são viáveis); para o Estado porque, mediante a penhora do bem consubstanciado na unidade produtiva isolada, terá a sua vinculação ao crédito tributário e à garantia de satisfação da dívida em caso de sucesso na discussão, algo que dificilmente ocorrerá se o contribuinte não tiver outros bens a oferecer ou se vir comprometida a consecução do seu objeto social, a ponto de ameaçar a continuidade da própria empresa.

3 O QUE DIZ EXPRESSAMENTE A LEF SOBRE A NECESSIDADE DE GARANTIA DO JUÍZO

A LEF é a norma especial que rege o processo executivo envolvendo a Fazenda Pública e que traz as diretrizes a serem observadas pelo devedor. No que diz respeito a garantias a serem oferecidas, vejamos os artigos a seguir:

> Art. 9º. Em garantia da execução, pelo valor da dívida, juros e multa de mora e encargos indicados na Certidão de Dívida Ativa, o executado poderá:
>
> I – efetuar depósito em dinheiro, à ordem do Juízo em estabelecimento oficial de crédito, que assegure atualização monetária;
>
> II – oferecer fiança bancária ou seguro garantia;
>
> III – nomear bens à penhora, observada a ordem do artigo 11; ou
>
> IV – indicar à penhora bens oferecidos por terceiros e aceitos pela Fazenda Pública.
>
> § 1º – O executado só poderá indicar e o terceiro oferecer bem imóvel à penhora com o consentimento expresso do respectivo cônjuge.

§ 2º – Juntar-se-á aos autos a prova do depósito, da fiança bancária, do seguro garantia ou da penhora dos bens do executado ou de terceiros.

§ 3º – A garantia da execução, por meio de depósito em dinheiro, fiança bancária ou seguro garantia, produz os mesmos efeitos da penhora.

§ 4º – Somente o depósito em dinheiro, na forma do artigo 32, faz cessar a responsabilidade pela atualização monetária e juros de mora.

§ 5º – A fiança bancária prevista no inciso II obedecerá às condições pré-estabelecidas pelo Conselho Monetário Nacional.

§ 6º – O executado poderá pagar parcela da dívida, que julgar incontroversa, e garantir a execução do saldo devedor. [...]

Art. 11. A penhora ou arresto de bens obedecerá à seguinte ordem:

I – dinheiro;

II – título da dívida pública, bem como título de crédito, que tenham cotação em bolsa;

III – pedras e metais preciosos;

IV – imóveis;

V – navios e aeronaves;

VI – veículos;

VII – móveis ou semoventes; e

VIII – direitos e ações.

Bem se vê que a lei detalha os bens a serem oferecidos como garantia do juízo, bem como estabelece a ordem de prioridade na sua aceitação. Entretanto, embora se refira a cada um deles individualmente, não traz qualquer restrição ao oferecimento deles em conjunto, como parte integrante de um todo. Em outras palavras, podemos afirmar que não existe impedimento para que imóveis, móveis, veículos etc. integrem um todo e que esse todo seja, como bem único, oferecido como garantia do juízo no âmbito da execução fiscal. Nem poderia ser diferente, pois, dependendo do montante da execução fiscal ajuizada e da condição patrimonial da empresa executada, dificilmente alguns bens, considerados individualmente, seriam suficientes à garantia da execução.

Por outro lado, o objetivo final da penhora de bens é propiciar a satisfação do crédito mediante a sua alienação. Dessa forma, sendo possível sua individualização, sua avaliação e sua consequente alienação, torna-se plenamente aceitável a vinculação de determinado bem a garantir o executivo fiscal.

Embora inexistindo esse tipo de restrição, é fato notório que o judiciário reluta em aceitar bens que não os expressamente discriminados no art. 9º e, o que é pior, tem enorme resistência de entendê-los como integrantes de um todo, que pode valer muito mais que a soma de cada um individualmente. Essa resistência vem criando enormes dificuldades a empresas que querem discutir judicialmente créditos tributários, mas enfrentam obstáculos muitas vezes intransponíveis para garantia do juízo, justamente porque não conseguem ver prevalecer a correta e adequada valorização de seus ativos. Em outros contextos, como no âmbito das recuperações judiciais, identificamos uma maior flexibilização na forma como o patrimônio das empresas é entendido e posto a servir a um bem maior, como a própria continuidade dos seus negócios.

4 LÓGICA POR TRÁS DA ALIENAÇÃO DA UNIDADE PRODUTIVA ISOLADA NO ÂMBITO DA RECUPERAÇÃO JUDICIAL

Em 9 de fevereiro de 2005, foi publicada a Lei n. 11.101/2005, que, dentre várias inovações, passou a regular o instituto da recuperação judicial. O art. 47 da referida lei prevê de forma clara o objetivo da recuperação judicial:

> Art. 47. A recuperação judicial tem por objetivo viabilizar a superação da situação de crise econômico-financeira do devedor, a fim de permitir a manutenção da fonte produtora, do emprego dos trabalhadores e dos interesses dos credores, promovendo, assim, a preservação da empresa, sua função social e o estímulo à atividade econômica.

O legislador, por meio do artigo supratranscrito, deixou evidente que o objetivo da recuperação judicial consiste na preservação da empresa, por meio da superação das eventuais crises financeiras por ela enfrentadas, visando à manutenção de empregos, à proteção dos interesses de credores e à preservação da sua função social.

Para alcançar tal objetivo, o legislador previu, no art. 60, a possibilidade de alienação na recuperação judicial de unidades produtivas isoladas sempre que o plano de recuperação assim permitir:

Art. 60. Se o plano de recuperação judicial aprovado envolver alienação judicial de filiais ou de unidades produtivas isoladas do devedor, o juiz ordenará a sua realização, observado o disposto no art. 142 desta lei.

Parágrafo único. O objeto da alienação estará livre de qualquer ônus e não haverá sucessão do arrematante nas obrigações do devedor, inclusive as de natureza tributária, observado o disposto no § 1o do art. 141 desta lei. (grifo nosso)

A propósito, o Supremo Tribunal Federal (STF), por meio da Ação Direta de Inconstitucionalidade (ADI) n. 3.934-2/DF, já se manifestou quanto à constitucionalidade do art. 60 mencionado, no que tange à ausência de sucessão quando da alienação de unidades produtivas isoladas. Vejamos trechos do voto do Ministro Ricardo Lewandowski, que justificam a sua decisão:

Por essas razões, entendo que os arts. 60, parágrafo único, e 141, II, do texto legal em comento mostram-se constitucionalmente hígidos no aspecto em que estabelecem a inocorrência de sucessão dos créditos trabalhistas, particularmente porque o legislador ordinário, ao concebê-los, **optou por dar concreção a determinados valores constitucionais, a saber, a livre iniciativa e a função social da propriedade** – de cujas manifestações a empresa é uma das mais conspícuas – em detrimento de outros, com igual densidade axiológica, eis que os reputou mais adequados ao tratamento da matéria.

Dessa forma, por meio do referido dispositivo legal, fica claro que o legislador procurou criar mais uma forma de as empresas em difícil situação econômico-financeira captarem recursos e, assim, terem fluxo de caixa para desenvolver sua atividade econômica e recuperarem-se nos planos fático e jurídico. Embora a legislação não tenha definido o que vem a ser a **unidade produtiva isolada**, fato é que a doutrina a vem associando ao conceito de **estabelecimento empresarial**, assim entendido o complexo de bens organizado para exercício das atividades sociais da empresa.

Tem-se que as unidades produtivas isoladas, cuja alienação tem por finalidade permitir a recuperação da empresa que enfrenta dificuldades, permitem maior liberdade ao devedor para identificá-las, agregando ou desagregando bens sempre com o objetivo de formar uma unidade isolada dos demais negócios da companhia, a qual servirá para alienação a terceiros e arrecadação de recursos que tenham por objetivo a recuperação da sua saúde financeira. Claramente, aqui tem-se como objetivo a manutenção das atividades da pessoa jurídica, justamente para que esteja apta a saldar suas dívidas perante credores. Flexibiliza-se o instituto – permitindo que ele seja definido de modo menos formal – visando a um bem maior.

Da perspectiva do adquirente, a alienação de uma unidade produtiva isolada interessa, seja porque permite a arrematação livre de qualquer sucessão, seja porque representa complexo de bens organizado para produzir riqueza. Com isso, amplia-se naturalmente o rol de interessados, permite-se que o bem atinja seu valor real quando da arrematação e viabiliza-se, em muitos dos casos, a satisfação das dívidas pendentes. A eficácia de tal mecanismo vem se mostrando cada dia mais evidente. Insista-se: a garantia que traz o dispositivo legal aos adquirentes dos ativos aumenta a procura e o interesse nos bens, o que facilita a venda das unidades produtivas isoladas e a recuperação da empresa em crise.

Assim, indiscutível é a relevância da possibilidade de alienação de unidades produtivas isoladas por empresas em recuperação judicial, principalmente no atual momento de crise econômica pelo qual passa o país, concretizando-se, dessa forma, como importante instrumento para viabilizar a recuperação de empresas.

5 DIFICULDADES ENFRENTADAS PELO CONTRIBUINTE NO OFERECIMENTO E NA AVALIAÇÃO DE CONJUNTOS DE BENS QUE FORMAM UM TODO

Voltemos ao contexto das execuções fiscais e à necessidade de os contribuintes oferecerem garantia para viabilizar a discussão judicial de créditos tributários.

Considerando os vultosos montantes de muitas das execuções fiscais atualmente ajuizadas, em comparação ao patrimônio das empresas executadas, temos que, em várias situações, é muito difícil ao contribuinte garantir o juízo por meio da constrição de um único bem, ainda que imóvel. Igualmente difícil, para não dizer impossível, é o depósito judicial em dinheiro de valores expressivos. No que se refere à carta de fiança bancária e ao seguro garantia, facilmente aceitos como garantia do juízo, o problema não é menor: eles simplesmente não são acessíveis aos contribuintes nos montantes exigidos ou, quando viáveis, são extremamente custosos, a onerar de forma absolutamente desproporcional aqueles que deles necessitam.

A solução em muitos casos é o oferecimento de um **conjunto de bens** que, considerados de forma una, alcançarão valor muito maior que se considerados de maneira isolada. É o caso de estabelecimentos empresariais independentes, de plantas industriais, de filiais, ou de qualquer outro **complexo de bens**

organizado, o qual, considerados igualmente os bens intangíveis, pode alcançar valores bastante significativos, inclusive se levado à hasta pública (diante da eminente necessidade de expropriação para satisfação do crédito tributário objeto do executivo).

Aqui, valeria a orientação dada por doutrina e jurisprudência ao conceito de unidade produtiva isolada: o conjunto de bens que, somados, constituem um único ativo e que podem ser isolados (em caso de futura e eventual alienação) do restante do patrimônio da pessoa jurídica. Ocorre, entretanto, que os juízos manifestam enorme relutância em aceitá-los de forma una e consolidada, como há enorme dificuldade em aceitarem o intangível que certamente os compõe, entendimento completamente oposto ao que se verifica na avaliação das unidades produtivas isoladas no âmbito das recuperações judiciais, em que tais bens são avaliados em parâmetros de mercado quando são considerados de forma integrada, e não isoladamente, inclusive com a consideração dos intangíveis, dentre os quais especialmente as marcas.

Como ocorre nas recuperações judiciais, o bem avaliado de forma una no âmbito da execução fiscal poderá ser alienado como unidade autônoma e, nessa hipótese, é muito provável que alcance o valor que efetivamente possui, muito superior àquele que alcançaria se, em vez de ser considerado conjuntamente, o fosse isoladamente, somente a partir do valor individual de cada um dos itens que o compõe.

Vejamos um exemplo. Determinada empresa tem contra si uma execução fiscal que alcança alguns milhões de reais e se vê obrigada a garantir o juízo para opor embargos. Para tanto, pretende oferecer um de seus estabelecimentos industriais, unidade autônoma que está em franca produção e na qual industrializa um de seus produtos, amplamente comercializado.

Se estivéssemos no âmbito de uma recuperação judicial, a empresa certamente não teria dificuldade para caracterizar o estabelecimento como **unidade produtiva autônoma**, a qual poderia ser alienada considerando-se seu valor como um todo uno e independente. O potencial adquirente, por sua vez, teria a enorme vantagem de adquiri-lo e pagaria pelo estabelecimento seu valor, considerando que, a partir de então, seria o titular daquela unidade produtiva apta a industrializar e comercializar aquele produto. Nesse contexto, os bens materiais que compõem a unidade são avaliados como integrantes do todo, mas a aquisição da marca (intangível) igualmente reverterá frutos ao alienante.

Todavia, se essa mesma situação se desse no âmbito de uma execução fiscal, as dificuldades do alienante/executado provavelmente seriam enormes. Primeiro, porque dificilmente teria o estabelecimento empresarial aceito como garantia seja pelo juízo, seja pela Fazenda Pública. Segundo, pois, sendo aceito, os critérios para a avaliação do ativo não contemplariam o valor do bem como um todo e tenderiam a culminar numa avaliação individualizada dos itens que o compõem, de modo que certamente o resultado da avaliação seria muito inferior. Por fim, haveria enorme dificuldade para que o valor do intangível fosse refletido na avaliação do bem como um todo (embora esse intangível seja tão ou mais valioso para aquele que venha a adquirir o estabelecimento).

Em resumo, se a unidade produtiva isolada vem servindo muito bem à recuperação de empresas em crise – que, no contexto da recuperação judicial, optam pela sua alienação e viabilizam seu reerguimento –, igualmente deveria servir às empresas como garantia de executivos fiscais, pois a lógica que permeia uma e outra circunstância é a mesma. O mesmo esforço do juízo da recuperação para aceitar a individualização, a avaliação e a alienação da unidade produtiva isolada deveria ser empreendido pelo juízo da execução fiscal, pois tanto num caso como no outro temos a empresa servindo-se do seu patrimônio para a satisfação de dívidas com terceiros, sejam credores ou o fisco.

6 CONCLUSÕES

É fato que, diante da atual realidade do país, mesmo grandes e sólidas empresas enfrentam dificuldades, dentre as quais a administração de grandes passivos tributários que as obrigam a **judicializar** questões que dependem da garantia do juízo em montante equivalente àquele em discussão.

A lei de recuperação judicial, por seu turno, tratou de contemplar instrumento a viabilizar a alienação parcial de ativos das empresas e contribuir com sua recuperação e a continuidade das suas atividades: permite que **unidades produtivas isoladas** sejam alienadas.

Se assim é, há fortes razões a justificar que, no âmbito das execuções fiscais, a mesma lógica orientasse as decisões no sentido de permitir que todo e qualquer **complexo de bens organizado** – ou **unidades produtivas isoladas** – sirva como garantia do juízo e que a avaliação de tais bens se dê de forma una e conjunta (e não isoladamente), de modo a refletir efetivamente o que valem.

Essa é a interpretação que, em muitos casos, pode significar a única alternativa a permitir à empresa o acesso ao judiciário e que **não excluirá da apreciação do poder judiciário lesão ou ameaça a direito.**

PENHORA DE FATURAMENTO: COMO INCORPORAR A NOVA SISTEMÁTICA DO CPC ÀS EXECUÇÕES FISCAIS E O DESAFIO DA REGULARIDADE FISCAL

Mariana Neves de Vito

1 A PENHORA SOBRE FATURAMENTO NO ANTIGO CPC

A penhora sobre faturamento não é uma novidade do Novo Código de Processo Civil (NCPC). Ainda que em poucos detalhes, ela já era prevista pelos art. 655 e 655-A do Código de Processo Civil (CPC) de 1973 como a sétima possibilidade de gravame, atrás de dinheiro, veículos, bens móveis e imóveis, navios e aeronaves e ações e quotas da sociedade empresária.[1] O antigo CPC previa ainda que, na penhora de percentual do faturamento da empresa executada, deveria ser nomeado depositário, com a atribuição de submeter à aprovação judicial a forma de efetivação da constrição, bem como de prestar contas mensalmente, entregando ao exequente as quantias recebidas, a fim de serem imputadas no pagamento da dívida.

Em virtude da falta de detalhamentos importantes na instituição da penhora sobre faturamento, desde que começou a ser aplicada, foi bastante criticada e contestada judicialmente, pois, em diversos casos, acabava por prejudicar profundamente os negócios das empresas, muitas vezes inviabilizando-os.

---

1   "Art. 655. A penhora observará, preferencialmente, a seguinte ordem:
    I – dinheiro, em espécie ou em depósito ou aplicação em instituição financeira;
    II – veículos de via terrestre;
    III – bens móveis em geral; IV – bens imóveis;
    V – navios e aeronaves;
    VI – ações e quotas de sociedades empresárias;
    VII – percentual do faturamento de empresa devedora". (grifos nossos)

Para a proteção do executado, o art. 620 do CPC de 1973 já determinava que, na hipótese de duas ou mais alternativas disponíveis, todas com idêntico resultado útil ao credor, a penhora deveria recair sobre a opção menos gravosa ao devedor. Com base nisso, construiu-se vasta jurisprudência para determinar que a penhora sobre o faturamento só ocorresse em casos excepcionais de não encontro de outros bens e de forma que não prejudicasse os negócios da empresa executada.

O Superior Tribunal de Justiça (STJ), por meio de diversos julgados, pacificou entendimento sobre a possibilidade de penhora sobre o faturamento como forma de garantir as execuções, conforme julgado a seguir:

"TRIBUTÁRIO. AGRAVO REGIMENTAL EM AGRAVO INSTRUMENTO. EXECUÇÃO FISCAL. PENHORA SOBRE O FATURAMENTO DA EMPRESA. COMPROVAÇÃO QUE NÃO EXISTEM OUTROS BENS PASSÍVEIS [DE] GARANTIR A SATISFAÇÃO DO CRÉDITO. PRECEDENTES. FALTA PREQUESTIONAMENTO APESAR DA OPOSIÇÃO EMBARGOS DECLARAÇÃO. SÚMULAS N.º 282/STF e N.º 211/STJ. ARGÜIÇÃO INATIVIDADE MERCANTIL. SÚMULA 7/STJ. 1. A simples oposição de embargos declaração, sem o efetivo debate, no tribunal origem, acerca da matéria versada pelos dispositivos apontados pelo recorrente como malferidos, não supre a falta do requisito do prequestionamento, viabilizador da abertura da instância especial. 2. Aplicação, in casu, dos enunciados sumulares n.º 282/STF e n.º 211/STJ, que assim dispõem: "Súmula 282/STF – É inadmissível o recurso extraordinário, quando não ventilada na decisão recorrida, a questão federal suscitada" e "Súmula 211/STJ – Inadmissível recurso especial quanto à questão que, a despeito da oposição embargos declaração, não foi apreciada pelo tribunal a quo." 3. A penhora sobre o faturamento da empresa não é sinônimo faturamento sobre dinheiro, razão porque esta Corte tem entendido que a constrição sobre o faturamento exige sejam tomadas cautelas específicas discriminadas em lei. Isto porque o art. 620 do CPC consagra favor debitoris e tem aplicação quando, dentre dois ou mais atos executivos a serem praticados em desfavor do executado, o juiz deve sempre optar pelo ato menos gravoso ao devedor. 4. **Admite-se como sendo possível proceder-se a penhora sobre faturamento da empresa, desde que não sejam apresentados outros bens passíveis garantir a execução, ou, caso os indicados, sejam difícil alienação. Por conseguinte, deixando o exequente comprovar que não lhe resta outra opção para satisfazer seu crédito,** resta descaracterizada a situação excepcionalíssima que legitima a penhora sobre o faturamento da empresa. 5. Não obstante, ressalvo o entendimento que o patrimônio de uma sociedade é servil a suas obrigações, notadamente a tributária, que é ex lege, e destinada a receita pública, cuja função é satisfazer as necessidades coletivas, por isso que a penhora sobre o faturamento é uma modalidade útil ao processo execução. 6. Ademais, concluindo o Tribunal a quo ser improcedente a alegação que a empresa encontra-se com suas atividades suspensas, infirmar tal decisão demandaria o reexame do conjunto fático-probatório dos autos, insindicável por força da Súmula 7/STJ. 7. Agravo Regimental desprovido. (STJ, Agravo Regimental (AgRg) no Agravo de Instrumento (AI) n. 723.787/PR, Rel. Ministro Luiz Fux, 1ª Turma, julgado em 27 mar. 2006, grifo nosso)

Vale mencionar que, apesar de aprovar a penhora sobre o faturamento, o tribunal deixou claro que tal tipo de gravame somente seria possível se preenchidas as seguintes condições: (i) não localização de bens passíveis de penhora e suficientes à garantia da execução ou, se localizados, de difícil alienação; (ii) nomeação de administrador; e (iii) não comprometimento da atividade empresarial.

A seguir, destacam-se, ainda, diversos julgados que ressaltam que o pedido de penhora sobre o faturamento só deveria ser acatado nos casos de efetiva comprovação do esgotamento de diligências para a busca de outros bens, bem como do não exaurimento/comprometimento da atividade empresarial.

TRIBUTÁRIO. EXECUÇÃO FISCAL. PENHORA SOBRE O FATURAMENTO DA EMPRESA. MEDIDA EXCEPCIONAL. NÃO INCIDÊNCIA DA SÚMULA 7/STJ 1. **Nos termos da jurisprudência pacífica do Superior Tribunal de Justiça, a penhora sobre o faturamento da empresa, em execução fiscal, é medida excepcional e só pode ser admitida quando presentes os seguintes requisitos: a) não localização de bens passíveis de penhora e suficientes à garantia da execução ou, se localizados, de difícil alienação; b) nomeação de administrador (art. 677 e seguintes do CPC); e, c) não comprometimento da atividade empresarial. 2. Existentes bens a garantir a satisfação do crédito, incabível a medida excepcional pleiteada, porquanto a penhora sobre o faturamento da empresa não equivale à penhora sobre dinheiro.** Precedentes. (AgRg no REsp n. 919.833/RJ, Rel. Ministro Humberto Martins, 2ª Turma, julgado em 15 abr. 2011, grifo nosso)

PROCESSUAL CIVIL. AGRAVO LEGAL. CPC, ART. 557, § 1º. EXECUÇÃO FISCAL. PENHORA SOBRE FATURAMENTO. ADMISSIBILIDADE. 1. A utilização do agravo previsto no art. 557, § 1º, do CPC, deve enfrentar a fundamentação da decisão agravada, ou seja, deve demonstrar que não é caso de recurso manifestamente inadmissível, improcedente, prejudicado ou em confronto com súmula ou com jurisprudência dominante do respectivo tribunal, do Supremo Tribunal Federal, ou Tribunal Superior. Por isso que é inviável, quando o agravante deixa atacar especificamente os fundamentos da decisão agravada. Precedentes do STJ. 2. A jurisprudência do Superior Tribunal Justiça admite a penhora sobre o faturamento da empresa devedora, atendidas as seguintes condições: a) não haver bens idôneos a serem penhorados; b) nomeação de administrador, que deve apresentar plano administração e esquema pagamento; c) fixação que não inviabilize o funcionamento da . **3. O art. 620 do Código Processo Civil determina que, na hipótese duas ou mais alternativas disponíveis, todas com idêntico resultado útil ao credor, deve recair a opção sobre a menos gravosa ao devedor.** Do referido dispositivo não se extrai uma regra que imponha ao credor maiores dificuldades para a satisfação seu direito, o que comprometeria a teleologia do processo execução, predestinado a fazer com que o devedor satisfaça a obrigação (CPC, art. 794, I). 4. Agravo legal não provido. (TRF3, AI n. 200903000095073, Relator Juiz André Nekatschalow, 5ª Turma, julgado em 11 nov. 2009)

Em alguns julgados, como os que seguem, os tribunais passaram a limitar até mesmo o percentual que poderia ser gravado do faturamento da empresa, como forma de manter a viabilidade do negócio do executado e a sobrevivência da empresa:

AGRAVO DE INSTRUMENTO. EXECUÇÃO FISCAL. PENHORA DO FATURAMENTO À BASE DE 5% SOBRE O FATURAMENTO BRUTO. **SE A PRÓPRIA EXECUTADA, NO MOMENTO OPORTUNO, NÃO OFERECEU ALTERNATIVA NO SENTIDO DA PENHORA DE BENS, SÓ RESTA A DO FATURAMENTO, PORÉM, NO MÓDICO ÍNDICE DE 2%,** A FIM DE NÃO COLOCAR EM RISCO A CONTINUAÇÃO DA ATIVIDADE. ADEMAIS, INADMISSÍVEL TARDIO OFERECIMENTO DE MÁQUINAS, INCLUSIVE PORQUE NECESSÁRIAS AO EXERCÍCIO DA ATIVIDADE ECONÔMICA.

RECURSO PROVIDO EM PARTE. (TJ/RS, AI n. 70046681920, 1ª Câmara Cível, Rel. Irineu Mariani, julgado em 8 ago. 2012, grifo nosso)

PROCESSUAL CIVIL. TRIBUTÁRIO. DECISÃO MONOCRÁTICA TERMINATIVA. ART. 557, CAPUT, DO CPC FUNGIBILIDADE RECURSAL. EMBARGOS DE DECLARAÇÃO RECEBIDOS COMO SENDO AGRAVO LEGAL. PENHORA SOBRE O FATURAMENTO. POSSIBILIDADE. REJEIÇÃO DOS BENS NOMEADOS. DIFÍCIL ALIENAÇÃO. AUSÊNCIA DE BENS PENHORÁVEIS. AGRAVO LEGAL A QUE SE NEGA PROVIMENTO. O recurso ora em análise pretende rediscutir a causa decidida monocraticamente, assumindo, destarte, caráter infringente. Assim, consoante iterativa jurisprudência, deve ser recebido como sendo agravo legal, em homenagem ao princípio da fungibilidade recursal. Cabível no caso a aplicação do disposto pelo artigo 557 do Código de Processo Civil. **A jurisprudência do C. Superior Tribunal de Justiça firmou entendimento no sentido de que, para o deferimento da penhora sobre faturamento, devem ser observados especificamente três requisitos: que o devedor não possua bens ou, se os tiver, sejam de difícil execução ou insuficientes a saldar o crédito demandado, seja promovida a nomeação de administrador que apresente plano de pagamento e o percentual fixado sobre o faturamento não torne inviável o exercício** da atividade empresarial. **Para que não seja inviabilizado o exercício da atividade empresarial, tem-se adotado nesta Corte e em outros Tribunais os patamares mínimo e máximo de 5% e 10% no que se refere ao das sociedades empresárias.** No caso em comento, os bens oferecidos pela agravante para garantir a execução são de difícil alienação (fls. 344/375). Ademais, a avaliação do valor dos itens encontra-se desacompanhada de laudo de especialista, pelo que é de rigor a penhora sobre o faturamento. Consigno também que a exequente recusou os bens oferecidos pela agravante por se tratarem de bens com mais de dez anos de uso e já gravados com alienação fiduciária, o que dificulta a alienação. No que tange ao percentual fixado, a agravante não logrou demonstrar que seja excessivo. Não há nos autos elementos que confirmem que tal constrição inviabilizará a atividade da sociedade. No que diz respeito à opção pela penhora sobre o foram preenchidos os requisitos autorizadores da medida. Além disso, se a agravante possui outros bens que possam ser penhorados, deve oferecê-los, nos termos dos artigos 9º e 10 da Lei n. 6830/80. As razões recursais não contrapõem os fundamentos do r. decisum a ponto de demonstrar qualquer desacerto, limitando-se a reproduzir argumentos os quais visam à rediscussão da matéria nele contida. Agravo legal improvido. (TRF3, AI n. 00140898120154030000, Rel. Desembargadora Federal Mônica Nobre, 4ª Turma, julgado em 7 dez. 2015, grifo nosso)

Não obstante, nunca existiu um consenso para a limitação do percentual, sendo certo que, nos julgados existentes, cada juiz analisava e limitava os percentuais de acordo com seu senso pessoal de razoabilidade.

Pelos referidos julgados, podem-se observar alguns pontos unânimes, como: (i) a penhora sobre faturamento só deveria ocorrer em casos excepcionais de falta de bens passíveis de serem dados como garantia; (ii) a penhora sobre faturamento não poderia inviabilizar as atividades da empresa. Do mesmo modo, observam-se alguns pontos controversos ou que geravam dúvidas e que não foram definidos pela jurisprudência, como: (i) qual seriam os valores de penhora de faturamento que não inviabilizariam as atividades da empresa; ou ainda (ii) qual seria a forma menos gravosa para a garantia da execução.

2 A PENHORA SOBRE O FATURAMENTO NO NCPC

A construção jurisprudencial sobre o tema contribuiu muito para os novos artigos do CPC de 2015 que tratam da matéria. Segundo o **art. 864 do NCPC**, a admissão da penhora do faturamento de empresa está condicionada à inexistência de bens penhoráveis, à sua difícil alienação ou à insuficiência para saldar o crédito executado. A subsidiariedade dessa espécie de penhora também vem consagrada no **art. 835 do NCPC**, que, ao tratar da ordem de penhora, coloca o percentual do faturamento de empresa devedora em **décimo** lugar. Há ainda, a partir do art. 866, uma seção completa para tratar da penhora sobre o faturamento de forma a se evitarem os erros da legislação e da aplicação do instituto no passado. Vide a seguir:

> Art. 835. A penhora observará, preferencialmente, a seguinte ordem:
>
> I – dinheiro, em espécie ou em depósito ou aplicação em instituição financeira;
>
> II – títulos da dívida pública da União, dos Estados e do Distrito Federal com cotação em mercado;
>
> III – títulos e valores mobiliários com cação em mercado;
>
> IV – veículos de via terrestre;

V – bens imóveis;

VI – bens móveis em geral;

VII – semoventes;

VIII – navios e aeronaves;

IX – ações e quotas de sociedades simples e empresárias;

X – percentual do faturamento de empresa devedora;

XI – pedras e metais preciosos;

XII – direitos aquisitivos derivados de promessa de compra e venda e de alienação fiduciária em garantia;

XIII – outros direitos [...]

Art. 866. Se o executado não tiver outros bens penhoráveis ou se, tendo-os, esses forem de difícil alienação ou insuficientes para saldar o crédito executado, **o juiz poderá ordenar a penhora de percentual de faturamento de empresa**.

§ 1º O juiz fixará percentual que propicie a satisfação do crédito exequendo em tempo razoável, mas que **não torne inviável o exercício da atividade empresarial**.

§ 2º O juiz nomeará administrador-depositário, o qual submeterá à aprovação judicial a forma de sua atuação e prestará contas mensalmente, entregando em juízo as quantias recebidas, com os respectivos balancetes mensais, a fim de serem imputadas no pagamento da dívida

§ 3º Na penhora de percentual de faturamento de empresa, observar-se-á, no que couber, o disposto quanto ao regime de penhora de frutos e rendimentos de coisa móvel e imóvel. [...]

Art. 867. O juiz pode ordenar a penhora de frutos e rendimentos de coisa móvel ou imóvel **quando considerar mais eficiente para o recebimento do crédito e menos gravosa ao executado**. (grifos nossos)

Merece destaque ainda que o NCPC repete os importantíssimos ditames do art. 620 do antigo código no art. 805, determinando que "quando por vários meios o exequente puder promover a execução, o juiz mandará que se faça pelo modo menos gravoso para o executado".

O NCPC tenta corrigir os erros da legislação anterior ao criar uma subseção própria – "Da penhora de percentual de faturamento de empresa" –, a qual detalha tal hipótese, deixando mais claros os passos a serem tomados para viabilização da penhora sobre o faturamento. Como se vê, a nova legislação sobre a matéria é baseada de forma bastante clara na jurisprudência formada ao longo dos anos.

O NCPC não esclarece, nem poderia fazê-lo, quais parâmetros de valores seriam apropriados a cumprir o espírito da lei (qual seja: ser eficiente, não onerar exageradamente o executado e não inviabilizar os negócios do executado). Ou seja, a nova lei, propositalmente, deixa de tratar do *quantum* de faturamento de penhora que não acarretaria danos à continuidade dos negócios da empresa. Isso porque, obviamente, tal cálculo se mostra muito particular e deve ser feito de forma específica em cada caso. Cada empresa é de um ramo de negócios, tendo suas particularidades e especificidades, e tais particularidades devem ser respeitadas.

Vê-se na nova legislação a observância ao limite do razoável, respeitando-se assim o **princípio da preservação da empresa**, protegendo-se, por consequência, a atividade econômica que engloba não só a empresa, como os sócios e toda uma comunidade de colaboradores e, em última instância, de consumidores. Como bem destaca Fábio Ulhoa Coelho em sua obra:

> Quando se assenta, juridicamente, o princípio da preservação da empresa, o que se tem em mira é a proteção da atividade econômica, como objetivo de direito cuja existência e desenvolvimento interessam não somente ao empresário, ou aos sócios da sociedade empresária, mas a um conjunto bem maior de sujeitos. [...] O que se busca preservar, na aplicação do princípio da preservação da empresa, é, portanto, a atividade, o empreendimento. O **princípio da preservação da empresa** reconhece que, em torno do funcionamento regular e desenvolvimento de cada empresa, não gravitam apenas os interesses individuais dos empresários e empreendedores, mas também os metaindividuais de trabalhadores, consumidores e outras pessoas; são estes últimos interesses que devem ser considerados e protegidos, na aplicação de qualquer norma de direito comercial. [...] O princípio da preservação da empresa é legal, geral e implícito. (grifo nosso)[2]

O novo sistema de penhora sobre faturamento visa, portanto, impedir a ruína total e a paralisação da empresa, evitando prejuízos desnecessários e resguardando o interesse coletivo de preservar quanto possível as fontes de produção

---

2 COELHO, Fábio Ulhoa. *Curso de direito comercial*: direito de empresa (Vol. 1). São Paulo: Saraiva, 2012. p. 79-80.

e comércio e de manter a regularidade do abastecimento, pelo bem de todos, inclusive da sociedade.

3 PENHORA SOBRE O FATURAMENTO POR OPÇÃO DO EXECUTADO

Por fim, vale destacar que a penhora sobre o faturamento, embora possa ser interpretada como uma medida extrema, pode vir a ser útil para as empresas como forma alternativa de garantia nas execuções. Há julgados aceitando a penhora sobre faturamento ofertada pela própria empresa, que se vale de uma boa e apropriada análise técnica contábil e verifica um percentual de faturamento que, no caso específico, seja eficiente para garantir a execução e não inviabilize suas atividades empresariais.

Ofertas desse tipo já eram feitas, inclusive, sob a égide do antigo CPC, a exemplo do julgado destacado a seguir, no qual, embora haja a oferta de 5% do faturamento, esta não foi aceita pela parte contrária:

> TRIBUTÁRIO. EXECUÇÃO FISCAL. EMPRESA ATIVA. **OFERECIMENTO PELO EXECUTADO DE PENHORA SOBRE FATURAMENTO. NEGADO O PEDIDO FACE À RECUSA PELO EXEQUENTE QUE OPTOU PELO PENHORA SOBRE OS BENS IMÓVEIS DOS SÓCIOS-GERENTES.** DE SE MANTER AMBAS AS CONSTRIÇÕES ANTE A POSSIBILIDADE DE DISCUSSÃO NOS EMBARGOS DO DEVEDOR QUANTO À RESPONSABILIZAÇÃO DOS SÓCIOS. I – A Fazenda Pública goza da prerrogativa da substituir os bens penhorados por outros, nos termos do artigo 15, inciso II, da LEF, independentemente da ordem enumerada no Art. 11, bem como o reforço da penhora insuficiente, podendo, inclusive, rejeitar os bens ofertados pela executada. II – A exeqüente recusou a penhora de 5% sobre o faturamento da empresa e, teve deferido o pedido de penhora sobre os imóveis dos sócios. III – Ante a insuficiência do valor dos bens para fins de suspensão da execução e, possibilidade de discussão nos embargos do devedor quanto à responsabilização dos sócios, de se manter as duas constrições. III – Agravo de instrumento parcialmente provido. (TRF-3, AI n. 2005.03.00.075646-1, Rel. Desembargadora Federal Alda Basto, julgado em 5 fev. 2009, grifo nosso)

Como se vê, há de se tomar o cuidado de ofertar não só um percentual de faturamento que mantenha intacta a atividade empresarial, mas que também seja efetivo como bem garantidor no processo executório, e toda essa matemática deve ser cuidadosamente feita por peritos técnicos competentes para tanto, de forma que reste no processo a melhor e mais eficiente solução para ambas as partes, numa análise feita de forma conjunta.

Destaque-se que a penhora sobre o faturamento pode acarretar um obstáculo de falta de suspensão de exigibilidade e, portanto, de impossibilidade de emissão de Certidão Negativa de Débitos (CND) fiscais uma vez que a penhora se dá de forma parcelada, mês a mês, de acordo com a receita auferida pelo executado. Nesse caso, a solução seria a obtenção de tutela judicial reconhecendo o instituto da penhora sobre faturamento como uma forma de garantia que permita a renovação da CND nos termos do art. 206 do Código Tributário Nacional (CTN).

O Parecer Conjunto da Procuradoria-Geral da Fazenda Nacional (PGFN), da Coordenação-Geral da Representação Judicial da Fazenda Nacional (CRJ) e da Controladoria-Geral da União (CGU) n. 5/2017 já atesta a possibilidade de penhora sobre faturamento, mesmo que a totalidade da garantia só se atinja no futuro.

Assim, com base na jurisprudência e na nova legislação, há de se interpretar a penhora sobre faturamento não mais como um gravame exagerado, mas como uma possibilidade para empresas ativas de apresentar cálculos que mostrem a viabilidade da continuação da empresa, bem como a efetividade da garantia para o exequente. Além disso, há de se tomar as devidas providências judiciais para que a penhora sobre faturamento seja interpretada como garantia total e completa, de modo que se viabilize a emissão de CND.

EXECUÇÃO PROVISÓRIA DE GARANTIAS: EMBARGOS À EXECUÇÃO FISCAL SEM EFEITO SUSPENSIVO

Sérgio Farina Filho
Luiz Roberto Peroba
Andréa Mascitto

Neste artigo, trataremos de tema que também gera muito desconforto aos contribuintes: o risco de execução de garantia ofertada em processo tributário antes de seu término.

Como é de conhecimento do público-alvo deste trabalho, a oposição de embargos à execução fiscal depende da apresentação de garantia apta a assegurar o cumprimento da obrigação tributária exequenda. De acordo com o art. 9º da Lei n. 6.830 (Lei de Execuções Fiscais – LEF),[1] de 22 de setembro de 1980, a garantia da execução poderá ocorrer mediante depósito em dinheiro, fiança bancária, seguro garantia, nomeação de bens à penhora ou indicação de bens oferecidos por terceiros e aceitos pela Fazenda Pública.

Apresentada a garantia e opostos os embargos à execução fiscal, resta refletir sobre os efeitos dessa ação autônoma em relação à ação executiva. Atualmente, a concessão de efeito suspensivo aos embargos à execução fiscal ou ao recurso interposto contra sentença que julgou improcedentes embargos à execução é tratada, ao menos sob a ótica legal, como medida excepcional. Para compreensão

---

1 "Art. 9º. Em garantia da execução, pelo valor da dívida, juros e multa de mora e encargos indicados na Certidão de Dívida Ativa, o executado poderá: I – efetuar depósito em dinheiro, à ordem do Juízo em estabelecimento oficial de crédito, que assegure atualização monetária; II – oferecer fiança bancária ou seguro garantia; III – nomear bens à penhora, observada a ordem do artigo 11; ou IV – indicar à penhora bens oferecidos por terceiros e aceitos pela Fazenda Pública."

do motivo que justifica o atual caráter de excepcionalidade do efeito suspensivo, faz-se necessário recapitular o histórico da legislação que rege a matéria.

1 CONTEXTO LEGISLATIVO E SUA EVOLUÇÃO

A LEF é silente no tocante aos efeitos dos embargos à execução fiscal. Contudo, de acordo com o seu art. 1º,[2] o Código de Processo Civil (CPC) deverá ser aplicado subsidiariamente ao diploma que trata da cobrança de créditos pela Fazenda Pública. Nesse sentido, com a publicação da Lei n. 9.863, de 13 de dezembro de 1994, incluiu-se ao CPC vigente à época (Lei n. 5.869, de 11 de janeiro de 1973) a previsão de que os embargos do devedor "serão sempre recebidos com efeito suspensivo" (art. 739, § 1º, do CPC/73).

Entretanto, com a publicação da Lei n. 11.382, em 2006, acrescentou-se ao CPC/73 o art. 739-A, para positivar que, como regra, "os embargos do executado não terão efeito suspensivo". Desde então, a concessão de efeito suspensivo aos embargos do devedor decorre apenas de requerimento expresso do interessado e se, sendo relevantes seus fundamentos, o prosseguimento da execução possa manifestamente causar ao executado grave dano de difícil ou incerta reparação. Cumulativamente, exige-se que a execução já esteja garantida por penhora, depósito ou caução suficientes.

Essa previsão foi mantida pelo art. 919 da Lei n. 13.105,[3] de 16 de março de 2015 (Novo Código de Processo Civil – NCPC). Como a LEF permanece silente em relação ao tema, a concessão de efeito suspensivo aos embargos à execução

---

[2] "Art. 1º. A execução judicial para cobrança da Dívida Ativa da União, dos Estados, do Distrito Federal, dos Municípios e respectivas autarquias será regida por esta Lei e, subsidiariamente, pelo Código de Processo Civil."

[3] "Art. 919. Os embargos à execução não terão efeito suspensivo. § 1º O juiz poderá, a requerimento do embargante, atribuir efeito suspensivo aos embargos quando verificados os requisitos para a concessão da tutela provisória e desde que a execução já esteja garantida por penhora, depósito ou caução suficientes. § 2º Cessando as circunstâncias que a motivaram, a decisão relativa aos efeitos dos embargos poderá, a requerimento da parte, ser modificada ou revogada a qualquer tempo, em decisão fundamentada. § 3º Quando o efeito suspensivo atribuído aos embargos disser respeito apenas a parte do objeto da execução, esta prosseguirá quanto à parte restante. § 4º A concessão de efeito suspensivo aos embargos oferecidos por um dos executados não suspenderá a execução contra os que não embargaram quando o respectivo fundamento disser respeito exclusivamente ao embargante. § 5º A concessão de efeito suspensivo não impedirá a efetivação dos atos de substituição, de reforço ou de redução da penhora e de avaliação dos bens."

fiscal respeita, atualmente, o disposto no art. 919 do NCPC, devendo ser requerida ao magistrado mediante demonstração de cumprimento dos seguintes requisitos legais (cumulativos): (i) relevância dos fundamentos; (ii) grave dano de difícil ou incerta reparação; e (iii) garantia suficiente do crédito tributário.

Ou seja, a análise dos efeitos dos embargos à execução decorre de juízo preliminar, isto é, faz-se necessária a comprovação da **relevância** dos fundamentos, e não da procedência do pedido. Se concedido efeito suspensivo, a execução fiscal permanecerá suspensa até a prolação de sentença. Com a sentença, a decisão que eventualmente tenha concedido efeito suspensivo aos embargos à execução restará prejudicada, seja (i) pelo reconhecimento de que o título extrajudicial exequendo não é líquido, certo ou exigível, seja (ii) pela análise exauriente dos fundamentos apresentados na inicial dos embargos à execução e da conclusão de que não são suficientemente relevantes para afastar a pretensão fazendária.

No segundo cenário, se interposto recurso de apelação contra a sentença que julgou improcedentes os embargos à execução, este não terá efeito suspensivo, por força do art. 1.012, § 1º, do NCPC.[4] Portanto, o contribuinte que tenha interesse em continuar discutindo a procedência da cobrança fiscal sem que o feito executivo tenha andamento deverá requerer – ao tribunal responsável pela análise do caso em segunda instância – a imposição de efeito suspensivo ao recurso, com fundamento no art. 1.012, §§ 3º e 4º do NCPC.[5] A eficácia da sentença apenas será suspensa se o apelante demonstrar alternativamente a probabilidade de provimento do recurso ou se, sendo relevante a fundamentação, houver risco de dano grave ou de difícil reparação.

Percebe-se, portanto, a existência de dois "momentos-chave" que ditam a exigibilidade do crédito tributário executado: a oposição de embargos à execução que não tenham sido recebidos com efeito suspensivo e a interposição de recurso de apelação sem a concessão de efeito suspensivo. Em quaisquer das

---

[4] "§ 1º Além de outras hipóteses previstas em lei, começa a produzir efeitos imediatamente após a sua publicação a sentença que: [...] III – extingue sem resolução do mérito ou julga improcedentes os embargos do executado".

[5] "§ 3º O pedido de concessão de efeito suspensivo nas hipóteses do § 1º poderá ser formulado por requerimento dirigido ao: I – tribunal, no período compreendido entre a interposição da apelação e sua distribuição, ficando o relator designado para seu exame prevento para julgá-la; II – relator, se já distribuída a apelação. § 4º Nas hipóteses do § 1º, a eficácia da sentença poderá ser suspensa pelo relator se o apelante demonstrar a probabilidade de provimento do recurso ou se, sendo relevante a fundamentação, houver risco de dano grave ou de difícil reparação."

situações, a Fazenda Pública poderá requerer (e de fato requer) o prosseguimento da ação executiva.

Não se desconhece a existência de debate doutrinário em relação à natureza da execução que ocorre na pendência do julgamento dos embargos à execução ou de recursos desprovidos de efeito suspensivo: se definitiva (nos termos do art. 19 da LEF e art. 784, inciso IX, e 786 do NCPC) ou provisória (à vista do que dispõe o art. 32, § 2º, da LEF e o art. 520 do NCPC).

Apesar da "teoria do diálogo das fontes", geralmente utilizada para solucionar a aparente tensão entre esses dispositivos, o presente artigo será conduzido de forma pragmática, com respeito àquele debate doutrinário, mas sem o intuito de fomentá-lo: será considerada provisória a execução de garantia prestada em execução fiscal, quando pendente o julgamento de embargos à execução fiscal ou de recurso desprovido de efeito suspensivo. Isso pois, nesses cenários, ainda é possível a prolação de decisão que reconheça a improcedência da exigência fiscal (isto é, reversibilidade da medida) e, além disso, não se pode ignorar o princípio da especialidade, somado ao que dispõe o art. 32, § 2º, da LEF.[6]

Vale registrar que a execução provisória é regida pelo art. 520 do NCPC, que determina que o cumprimento provisório da sentença impugnada por recurso desprovido de efeito suspensivo será realizada da mesma forma que o cumprimento definitivo, sujeitando-se ainda ao seguinte regime: (i) corre por iniciativa e responsabilidade do exequente, que se obriga, se a sentença for reformada, a reparar os danos que o executado haja sofrido; (ii) fica sem efeito, sobrevindo decisão que modifique ou anule a sentença objeto da execução; (iii) depende de caução suficiente e idônea. Em relação ao terceiro requisito, de acordo com construção jurisprudencial – com destaque para o Agravo Regimental (AgRg) no Recurso Especial (REsp) n. 277.852 do Superior Tribunal de Justiça (STJ), dentre outros –, a Fazenda Pública está dispensada da prestação de caução.

2 CENÁRIO ATUAL

Desde a alteração do CPC/73, que positivou que os embargos à execução não têm efeito suspensivo (alteração mantida no NCPC), nota-se crescente

---

6 Note-se que a 1ª Seção do Superior Tribunal de Justiça (STJ) já determinou que o art. 32, § 2º, da LEF é norma especial, que deve prevalecer sobre o disposto no CPC (Embargos de Divergência no REsp n. 734.831-MG).

pretensão por parte da Fazenda Pública de execução de garantias no cenário em que os embargos à execução ou respectivos recursos não sejam recebidos com efeito suspensivo.

Ou seja, embora o art. 9º da LEF autorize, expressamente, a apresentação de outras garantias pelo executado além de depósito em dinheiro, como fiança bancária, seguro garantia ou bens próprios ou de terceiros (autorização que encontra respaldo no princípio da menor onerosidade do devedor, vale dizer), a Fazenda Pública parece querer, a qualquer custo, transformar essas garantias em depósito em dinheiro, em detrimento do rol previsto pelo art. 9º da LEF, com base no argumento de que as execuções devem ser conduzidas com base no interesse do credor e que o dinheiro em espécie se caracterizaria por garantia de maior e mais evidente liquidez.

E isso não representa qualquer surpresa, na medida em que otimizar a celeridade e a eficiência da cobrança de créditos exequendos foi exatamente o objetivo da alteração legislativa que fez com que o efeito suspensivo aos embargos do devedor não fosse a regra e concedeu ao magistrado a tarefa de decidir quanto à conveniência da exceção (vide Exposição de Motivos n. 120, de 26 de agosto de 2004). Ou seja, o intuito do legislador foi exatamente permitir que a ação executiva prosseguisse de forma mais agressiva.

Contudo, essa alteração legislativa ocorreu no âmbito de reformas pontuais do CPC e não teve como foco, portanto, os créditos executados com base na LEF. O resultado disso é que a agressividade que se pretendia viabilizar retirando o efeito suspensivo dos embargos do devedor encontrou óbice no art. 32, § 2º, da LEF, que determina: "Após o trânsito em julgado da decisão, o depósito, monetariamente atualizado, será devolvido ao depositante ou entregue à Fazenda Pública, mediante ordem do Juízo competente".

O que se pretende demonstrar é que, nos processos tributários, negar o efeito suspensivo aos embargos à execução e permitir a execução provisória do título extrajudicial exequendo (Certidão de Dívida Ativa) não é tão eficaz quanto em ações executivas que não são regidas por essa lei especial, na medida em que a LEF condiciona a entrega do montante depositado em juízo ao exequente (ou a devolução ao executado) ao trânsito em julgado da decisão de mérito.

Portanto, se respeitado o art. 32, § 2º, da LEF, no cenário em que os embargos à execução/recursos sejam desprovidos de efeito suspensivo, o principal efeito à Fazenda Pública decorrente da execução de garantia para transformá-la em dinheiro (via venda de imóveis em leilão, liquidação de fiança bancária ou de seguro garantia etc.) seria satisfazer a vontade do fisco de ter à sua disposição a mais líquida das garantias, já que o montante depositado não poderá, ao menos em tese, ser levantado antes do trânsito em julgado.

Além disso, é importante mencionar que, com a publicação da Lei n. 9.703, de 17 de novembro de 1998, da Lei n. 12.099, de 27 de novembro de 2009,[7] e da Lei Complementar (LC) n. 151, de 5 de agosto de 2015,[8] os depósitos judiciais podem ser (total ou parcialmente) transferidos para conta única do Tesouro da União Federal, do estado,[9] do Distrito Federal ou do município (a depender da natureza do tributo), que poderão utilizar essa quantia para a consecução normal de suas atividades.[10] Ou seja, atualmente, os depósitos efetuados como garantia a créditos tributários[11] (por iniciativa do contribuinte ou decorrentes de execução de outra garantia que tenha sido prestada nos autos da execução fiscal) provocam disponibilidade de recursos aos entes da federação, o que representa outro incentivo à execução de garantias e sua transformação em depósito em dinheiro.

Nesse sentido, vale destacar que a transformação de garantias em depósito e a utilização temporária do montante respectivo podem ser até prejudiciais aos entes da federação (embora não pareça), na medida em que esses recursos são ilusórios ao poder público, eis que de terceiros, e, além disso, o poder público deve devolvê-los no momento oportuno (o que pode gerar sérias dificuldades de ordem prática).[12]

---

7   Dispõe sobre a transferência de depósitos judiciais e extrajudiciais de tributos e contribuições federais para a Caixa Econômica Federal.
8   Dispõe sobre a transferência parcial de depósitos judiciais e administrativos em dinheiro referentes a processos judiciais ou administrativos, tributários ou não tributários, nos quais o estado, o Distrito Federal ou os municípios sejam parte.
9   Veja que esse exemplo federal é seguido pela legislação de muitos estados, que autorizam a transferência de recursos depositados em juízo ao poder executivo mesmo em processos não tributários, nos quais o governo não é nem mesmo parte, o que tem gerado questionamentos via ADI, a exemplo das ADI n. 2.855 (Mato Grosso), n. 5.072 (Rio de Janeiro), n. 5.099 (Paraná), n. 5.409 (Bahia), dentre outras.
10 Cumpre observar que o STF já decidiu pela constitucionalidade do sistema de transferência de recursos oriundos de depósitos ao poder executivo na ADI n. 1.933/DF.
11 E também não tributários.
12 A exemplo do apontado como *periculum in mora* na ADI n. 5.0099/PR (de relatoria da Ministra Cármen Lúcia), ajuizada visando declarar a inconstitucionalidade da LC paranaense n. 159/2013, que prevê a utilização de parcela dos depósitos judiciais para aplicação nas áreas de financiamento de competência do estado (como saúde, educação, segurança pública e infraestrutura urbana, dentre outros). Argumenta-se ali que "o periculum in mora decorre de que, enquanto não for suspensa a eficácia da Lei Complementar 159/2013, poderá haver, a qualquer momento, a

O tema já foi inclusive objeto de debate em audiência pública realizada perante o Supremo Tribunal Federal (STF), ocasião em que o Procurador da Fazenda Nacional registrou seu entendimento de que é preocupante a utilização pelo poder público de depósitos judiciais feitos em disputas alheias, na medida em que se trata de "fazer cortesia com o chapéu alheio". O representante do Tribunal de Contas da União, por sua vez, caracterizou a operação como de "endividamento público".[13]

Na Ação Direta de Inconstitucionalidade (ADI) n. 5.0099/PR, por seu turno, deixa-se cristalino que o uso de recursos depositados em juízo pelo poder executivo pode gerar "consequências potencialmente irreversíveis para a liquidez imediata que devem ter esses recursos, sobretudo em fave da situação financeira do Estado". Ou seja, a possibilidade de fruição desses recursos pode parecer, num primeiro momento, uma excelente saída financeira, porém pode colocar em risco a devolução.

De qualquer forma, seja qual for a motivação da Fazenda Pública para transformar garantias em dinheiro (mera predileção decorrente da liquidez ou para disponibilização temporária de recursos ao poder público), de acordo com decisão já proferida pelo STF, satisfazer o afã de liquidez da Fazenda Pública não deveria ser justificativa plausível para fins de execução de garantia regularmente ofertada em execução fiscal. Confira-se trecho do voto do Rel. Ministro Dias Toffoli:[14]

> De mais a mais, o julgamento do agravo de instrumento servirá como elemento definidor da perdurabilidade dessa cautela, porquanto seu insucesso reverterá as expectativas de êxito da pretensão do requerente e poderá, agora com absoluta segurança, ocorrer a liquidação da fiança bancária, convertida em pecúnia. **A ausência de risco para a Fazenda Pública e a irreversibilidade dessa conversão no momento atual são fatores persuasivos a oferecer, de modo provisório e precário, o tipo de proteção judicial almejada pela requerente. Ante o exposto, defiro a liminar para suspender a conversão da fiança bancária em pecúnia** até o julgamento do

---

transferência de bilionário montante de depósitos judiciais sob a responsabilidade do Tribunal de Justiça do Estado do Paraná para o Executivo do mesmo Estado, com consequências potencialmente irreversíveis para a liquidez imediata que devem ter esses recursos, sobretudo em fave da situação financeira do Estado".

13 Disponível em: <http://www.stf.jus.br/portal/cms/verNoticiaDetalhe.asp?idConteudo=300260>.
14 STF, AC2.598-MC/MG, Rel. Ministro Dias Toffoli, julgado em 5 maio 2010.

agravo de instrumento e, eventualmente, do recurso extraordinário que lhe é vinculado. Comunique-se ao juízo competente, com a máxima urgência. (grifo nosso)

O STJ também já entendeu que, considerando o art. 32, § 2º, da LEF, a conversão em renda do depósito em dinheiro efetuado para fins de garantia da execução fiscal somente é viável após o trânsito em julgado da decisão que reconheceu a legitimidade da exação. A questão específica da conversão em renda do depósito (ou devolução ao depositante) foi objeto de julgamento pela 1ª Seção (Embargos de Divergência em REsp n. 734.831/MG), mas há discussão a respeito da possibilidade de transformação de outras garantias (como fiança, por exemplo) em depósitos judiciais antes de transitado em julgado o mérito.

É bem verdade que o **STJ já proferiu decisões** no sentido de que "o levantamento da fiança bancária, de igual forma, está condicionado ao trânsito em julgado da sentença", como ocorreu nos autos do REsp n. 1.254.985/SC.[15] Confira-se outra decisão daquela corte que adotou o mesmo raciocínio:[16]

> TRIBUTÁRIO. AGRAVO REGIMENTAL NO AGRAVO DE INSTRUMENTO. EXECUÇÃO FISCAL. EMBARGOS DO DEVEDOR NÃO RECEBIDOS NO EFEITO SUSPENSIVO. **CONVERSÃO OU LEVANTAMENTO DA GARANTIA. NECESSIDADE DE TRÂNSITO EM JULGADO**. SÚMULA 83 DO STJ. AGRAVO DO ESTADO DE PERNAMBUCO DESPROVIDO. 1. Nos termos do art. 32, § 2o. da Lei 6.830/80, somente após o trânsito em julgado é possível a conversão do depósito em renda ou o levantamento da garantia. 2. Agravo Regimental do ESTADO DE PERNAMBUCO desprovido. [...] Cinge-se a controvérsia sobre a possibilidade do levantamento da fiança bancária oferecida em garantia em execução fiscal, cujos embargos do devedor não foram recebidos no efeito suspensivo, antes do trânsito em julgado da sentença. [...] Em outras palavras, a ausência de efeito suspensivo nos embargos presta-se tão

---

15 STJ, AgRg no REsp n. 1254985/SC, Rel. Ministro Benedito Gonçalves, 1ª Turma, julgado em 6 mar. 2012.
16 STJ, AgRg no Ag n. 1317089/PE, Rel. Ministro Napoleão Nunes Maia Filho, 1ª Turma, julgado em 26 maio 2014. É possível ainda localizar decisões nesse sentido no TRF da 3ª Região, por exemplo. A título exemplificativo, confira decisão proferida pela 3ª Turma nos autos do AI n. 0003503-19.2014.4.03.0000, de relatoria do Desembargador Federal Nelton dos Santos, julgado em 20 abr. 2017.

somente a agilizar o rito da execução fiscal, permitindo a imediata penhora e venda de bens, entrementes, o levantamento do depósito ou a adjudicação do bem pela Fazenda Pública exequente depende do trânsito em julgado da decisão dos embargos, consoante o disposto nos arts. 19 e 32, §2º da LEF. Este entendimento advém da constatação de que uma eventual restituição em favor do contribuinte, acaso procedentes os embargos, seria deveras dispendiosa, haja vista a sistemática dos precatórios e as garantias do Poder Público. (grifo nosso)

Ou seja, apesar desses precedentes, embora a impossibilidade de levantamento do depósito em momento anterior ao trânsito em julgado da decisão de mérito pareça-nos solucionada (eis que decorre inclusive de imposição legal), não nos parece pacificada a possibilidade de transformação de outras garantias (como seguro garantia, fiança bancária etc.) em depósito em dinheiro. Nesse sentido, ainda é possível localizar diversas decisões em que o judiciário tem protegido a predileção fazendária por depósito em dinheiro, o que ocorre por meio do indeferimento contínuo dos pedidos de concessão de efeito suspensivo a embargos à execução ou recursos decorrentes dessa ação autônoma e acolhimento dos pedidos de execução de garantias.

Explica-se: embora os contribuintes entendam que a execução da garantia prestada nos autos da execução fiscal representa para si grave dano de difícil ou incerta reparação (e, em última análise, até uma falaciosa ideia de pluralidade de formas de garantia do juízo dada a incompatibilidade entre a regra legal do art. 9º da LEF e as decisões que vêm sendo proferidas), o judiciário em grande parte das vezes não tem demonstrado a mesma visão em relação à execução da garantia, na medida em que diversas decisões afirmam que a transformação da garantia em dinheiro não ensejaria qualquer prejuízo ao contribuinte, pois o depósito permaneceria em juízo até o trânsito em julgado da decisão de mérito.

A seguir, transcrevemos decisões que ilustram esse posicionamento que vem se mostrando recorrente:

MEDIDA CAUTELAR. AGRAVO REGIMENTAL. RECURSO ESPECIAL PENDENTE DE ADMISSIBILIDADE NA ORIGEM. SÚMULA 634/STF. SITUAÇÃO EXCEPCIONAL NÃO CARACTERIZADA. ACÓRDÃO RECORRIDO EM CONSONÂNCIA COM A JURISPRUDÊNCIA DO STJ. APELAÇÃO DE SENTENÇA DE IMPROCEDÊNCIA DOS EMBARGOS À EXECUÇÃO FISCAL. EFEITO

DEVOLUTIVO. [...] 2. O acórdão recorrido encontra-se alinhado à orientação deste Tribunal Superior, no sentido de que a apelação interposta contra sentença de improcedência dos Embargos à Execução Fiscal deve ser recebida, em regra, apenas no efeito devolutivo (MC 18.044/SP, Rel. Ministro Humberto Martins, Segunda Turma, DJe 14/6/2012; AgRg no Ag 1345765/SP, Rel. Ministro Cesar Asfor Rocha, Segunda Turma, DJe 17/3/2011; AgRg no AREsp 111.329/SP, Rel. Ministro Benedito Gonçalves, Primeira Turma, DJe 12/6/2012). 3. **O STJ considera possível a liquidação da carta de fiança, porém ressalva que o levantamento do depósito realizado pelo garantidor fica condicionado ao trânsito em julgado, nos termos do art. 32, § 2°, da LEF** (AgRg na MC 18.155/RJ, Rel. Ministro Castro Meira, Segunda Turma, DJe 16/8/2011; RCDESP na MC 15.208/RS, Rel. Ministro Mauro Campbell Marques, Segunda Turma, DJe 16/4/2009). **Como o Tribunal a quo não autorizou o levantamento do depósito, mas apenas admitiu o prosseguimento dos atos executórios para liquidação da carta de fiança, não há falar em divergência ao entendimento do STJ e, consequentemente, em decisão teratológica.** (STJ, AgRg na MC n. 19.565/RJ, Rel. Ministro Herman Benjamin, 2ª Turma, julgado em 11 set. 2012, grifos nossos)

4. **Acrescente-se que também não há falar em risco de dano irreparável ou de difícil reparação, uma vez que, nos termos do artigo 587, do Código de Processo Civil de 1973, a execução haverá de prosseguir em caráter provisório, o que não impede a liquidação da carta de fiança, haja vista que o alegado risco de dano fica afastado pela inviabilidade de proceder-se o levantamento do depósito antes do trânsito em julgado.** 5. No caso em tela, não restou evidenciada a presença dos requisitos autorizadores da excepcional concessão do efeito suspensivo à apelação, nos termos do art. 558, parágrafo único, do Código de Processo Civil, não sendo suficiente a alegação de que o prosseguimento do executivo fiscal causará a liquidação da carta de fiança bancária a qualquer momento. (TRF3, AI n. 545498-0029585-87.2014.4.03.0000, Rel. Juíza Convocada Leila Paiva, 6ª Turma, julgado em 16 ago. 2016, grifo nosso)

TRIBUTÁRIO E PROCESSUAL CIVIL. EXECUÇÃO FISCAL EM VARA FEDERAL. EMBARGOS DO DEVEDOR IMPROCEDENTES. APELAÇÃO. EFEITO DEVOLUTIVO APENAS (CPC, ART, 520, V).

EXISTÊNCIA DE GARANTIA (CARTA DE FIANÇA): DESINFLU-
ÊNCIA – SUSPENSÃO DOS EFEITOS DA SENTENÇA QUE NÃO SE
CONFUNDEM COM A SUSPENSÃO DA EF. AGRAVO DE INSTRU-
MENTO NÃO PROVIDO. 1 – Consoante jurisprudência do STJ e deste
TRF1, fundada no art. 520, V, do Código de Processo Civil, não é possível a
atribuição de efeito suspensivo à apelação de sentença que rejeita Embargos à
Execução Fiscal. 2 – **Em face do conteúdo negativo da decisão apelada
(pois julga improcedentes os embargos), o efeito "suspensivo" não
tem nenhuma eficácia, pois não há o que se suspender. Em verdade, o
que agravante não pretende a suspensão da sentença, mas da própria
EF. Não há como se possa, em sede de decisão de recebimento de
apelação, alcançar esse efeito, pois a suspensão dos efeitos da sentença
(de conteúdo positivo naturalmente) não se confunde com suspensão
da execução**: 3 – Agravo de instrumento não provido. 4 – Peças liberadas
pelo Relator, em Brasília, 22 de janeiro de 2013, para publicação do acórdão.
(TRF1, AG n. 0042161-40.2012.4.01.0000/AM, Rel. Desembargador Federal
Luciano Tolentino Amaral, 7ª Turma, julgado em 1 fev. 2013, grifo nosso)

De qualquer forma, com todo o respeito sempre demonstrado em relação ao entendimento que permite a transformação de garantias em depósito em dinheiro (como o exposto nas decisões transcritas e que vem sendo repetidas pelo poder judiciário), vale destacar que, se por um lado viabilizar a execução provisória de garantia prestada em execução fiscal não deveria trazer significativos ganhos à Fazenda Pública (que a rigor não poderá levantar o depósito antes do trânsito em julgado) – embora traga, já que, como visto, os depósitos judicias representam disponibilidade provisória de recursos ao poder público –, por outro a execução de garantia resulta em nefastos efeitos ao contribuinte, que frequentemente é desconsiderado pelos magistrados. Esses efeitos são palpáveis quando se pensa em imóveis, por exemplo: a alienação em leilão resulta em transferência da propriedade, e o contribuinte perderá seu bem de forma irreversível (em última instância, uma empresa pode perder a sua sede nesse tipo de situação e o grave dano disso decorrente não pode ser negado).

Contudo, na hipótese de liquidação de fiança bancária e seguro garantia, embora os efeitos sejam menos nítidos, não deixam de existir. Isso porque há índices que controlam a relação entre o capital das instituições financeiras e os recursos emprestados (como o Índice de Basileia), e o fornecimento de crédito – por instituições financeiras e seguradoras, por exemplo – aos contribuintes que pretendam oferecer garantias em execuções fiscais não é inesgotável. No cenário brasileiro atual, instituições financeiras e seguradoras não podem assegurar tantas dívidas tributárias quanto o mercado exige, o que gera restrições aos contribuintes que pretendem obter esse tipo de garantia. Além disso, a ocorrência de sinistro e a consequente liquidação da carta de fiança ou seguro garantia reduz a linha de crédito da empresa executada em relação à instituição financeira/seguradora, tornando ainda mais restritas as hipóteses de celebração desse tipo de contrato.

Nesse sentido, considerando todas essas restrições relacionadas ao fornecimento de crédito para assegurar o cumprimento de obrigações, as empresas muitas vezes precisam necessariamente socorrer-se ao rol do art. 9º da LEF para apresentar outras garantias em execuções fiscais. Contudo, qualquer dos cenários (seguro garantia, fiança bancária, imóveis etc.) encontra óbice na atual posição da Fazenda Pública (predileção por dinheiro) e do judiciário (que muitas vezes viabiliza a execução provisória de garantia para transformá-la em depósito em dinheiro, sem perceber que, em muitos casos, a garantia do contribuinte é regular e encontra respaldo legal, e a sua execução teria como função a disponibilização de recursos ao poder público, ainda que provisoriamente). Os resultados práticos imediatos são: contribuinte sem liberdade de escolha e rol do art. 9º da LEF sem eficácia, tornando-se na prática quase que "letra morta".

3 CONCLUSÕES

Diante do exposto, pode-se chegar às seguintes conclusões:

i. em razão de alterações legislativas que visam conferir celeridade ao processo executivo, os embargos do devedor não têm, desde 2006, efeito suspensivo;

ii. como o CPC é aplicado subsidiariamente à LEF, os embargos à execução, como regra, não são dotados de efeito suspensivo, razão pela qual há diversos "momentos-chave" no curso do feito executivo fiscal que potencializam a exigibilidade do crédito tributário e viabilizam a execução provisória da garantia ofertada na execução fiscal;

iii. no âmbito da LEF, a execução provisória de garantia faz pouco sentido, na medida em que o art. 32, § 2º, determina que o depósito apenas seja entregue ao vencedor após trânsito em julgado de decisão que reconheça a procedência ou improcedência da exigência fiscal;

iv. mesmo que a execução provisória faça pouco sentido prático no âmbito das execuções fiscais, percebe-se na prática um afã fazendário para se utilizar desse instituto no intuito de sempre obter a mais líquida das garantias: depósito em dinheiro;

v. esse afã está evidentemente pautado no intuito de garantir o recebimento futuro, mas também no de compor superávit primário, dado que, de acordo com as Leis n. 9.703/1998, n. 12.099/2009 e LC n. 151/2015, os valores depositados são transferidos à conta do tesouro; mas deve ser lembrado que essa "vantagem" apresenta um outro lado perverso que é a devolução em caso de perda e, com o caixa defasado, ela muitas vezes se torna um problema criado pela própria insistência fazendária em liquidar prematuramente a garantia. Esse aspecto deve ser ponderado pelo judiciário;

vi. o judiciário tem protegido, em regra, a predileção por dinheiro demonstrada pela Fazenda Pública, o que traz diversos problemas ao contribuinte (que é oprimido e iludido pela pluralidade de formas legais de garantia do crédito tributário a ser discutido, tem cada vez menos crédito perante seguradoras e instituições financeiras para obter seguros garantias ou cartas de fiança bancária etc.); às próprias seguradoras e instituições financeiras, que não podem fornecer esse tipo de instrumento de forma inesgotável; e, apesar de não parecer, ao próprio erário, que utiliza os recursos que lhe foram disponibilizados temporariamente em razão da realização de depósitos judiciais e, a qualquer momento, pode ser forçado a devolver esses recursos à quem eles de fato pertencem, surpresa que pode prejudicar as contas e planos públicos; e

vii. não bastasse, a posição fazendária e judicial ora descrita retira a eficácia do art. 9º da LEF, tornando-o na prática "letra morta", o que prejudica não apenas o contribuinte, mas o ordenamento jurídico.

Percebe-se, portanto, que é recomendável o diálogo entre fisco e contribuinte para conscientização da Procuradoria da Fazenda Pública em relação aos efeitos que a execução provisória de garantias pode causar a ambas as partes.

Vislumbramos ainda ser imperiosa a cautela do judiciário na análise do pedido de concessão de efeito suspensivo aos embargos à execução e recursos decorrentes dessa ação autônoma, na medida em que a execução provisória de garantias no âmbito das execuções fiscais, além de ser pouco eficaz à Fazenda Pública, gera diversas complicações aos contribuintes, que, mesmo de boa-fé, têm dificuldades para apresentar e manter garantias em processos tributários.

Por fim, é importante sempre ter em mente os ensinamentos de Humberto Theodoro Júnior no sentido de que "toda execução deve ser econômica, isto é, deve realizar-se da forma que, satisfazendo o direito do credor, seja o menos prejudicial possível ao devedor".[17] Nesse sentido, a garantia prestada em execução fiscal não deve figurar como inesgotável fonte de ônus ao contribuinte, mas como instrumento que visa beneficiar o interesse de ambas as partes até que seja proferida decisão definitiva quanto à procedência ou improcedência da cobrança. Até porque a diretriz de que a execução deve ser processada no interesse do credor[18] deve ser compatibilizada com o princípio da menor onerosidade ao devedor.[19] Esse equilíbrio é absolutamente essencial para que o processo de execução fiscal não acabe desestimulando os contribuintes a defender seus direitos e levar demandas legítimas ao judiciário.

---

17 THEODORO JÚNIOR, Humberto. *Processo cautelar*. 17. ed. rev. e atual. São Paulo: Livraria e Editora Universitária de Direito, 1998. p. 156.
18 Art. 797 do NCPC: "Ressalvado o caso de insolvência do devedor, em que tem lugar o concurso universal, realiza-se a execução no interesse do exequente que adquire, pela penhora, o direito de preferência sobre os bens penhorados".
19 Art. 805 do NCPC: "Quando por vários meios o exequente puder promover a execução, o juiz mandará que se faça pelo modo menos gravoso para o executado".

PENHORA ONLINE E OS DESAFIOS DAS GARANTIAS NA ERA DIGITAL DO PROCESSO

Paulo Camargo Tedesco

1 INTRODUÇÃO

Dado o seu propósito de buscar a satisfação de dívidas, o processo de execução fiscal naturalmente pode trazer consequências patrimoniais relevantes ao executado. Se o processo se destina a concretizar o adimplemento do valor executado, é intuitivo que, no curso do feito, possa haver a prática de atos judiciais tendentes à expropriação do devedor.

Esse contexto exige do executado especial cautela no trato do caso judicial. Ao contrário do que sucede em processos de conhecimento, eventual passo em falso no âmbito executivo pode redundar em medidas agressivas, que causem repercussão imediata e de grandes proporções em detrimento do contribuinte executado.

No movimento dialético do processo de execução, a garantia do juízo pelo contribuinte executado reveste-se de especial relevo. Segundo dispõe o art. 8º da Lei n. 6.830/1980: "O executado será citado para, no prazo de 5 (cinco) dias, pagar a dívida com os juros e multa de mora e encargos indicados na Certidão de Dívida Ativa, ou garantir a execução".

Alternativamente ao pagamento, o art. 9º da mesma lei autoriza o contribuinte a garantir o juízo e, com isso, inaugurar seu prazo para oposição à cobrança pela via dos embargos, conforme se infere de sua redação:

Art. 9º; Em garantia da execução, pelo valor da dívida, juros e multa de mora e encargos indicados na Certidão de Dívida Ativa, o executado poderá:

I – efetuar depósito em dinheiro, à ordem do Juízo em estabelecimento oficial de crédito, que assegure atualização monetária;

II – oferecer fiança bancária ou seguro garantia;

III – nomear bens à penhora, observada a ordem do artigo 11; ou

IV – indicar à penhora bens oferecidos por terceiros e aceitos pela Fazenda Pública.

Os bens passíveis de penhora, por sua vez, estão listados pelo art. 11 da mesma lei nos seguintes termos:

Art. 11. A penhora ou arresto de bens obedecerá à seguinte ordem:
I – dinheiro;
II – título da dívida pública, bem como título de crédito, que tenham cotação em bolsa;
III – pedras e metais preciosos;
IV – imóveis;
V – navios e aeronaves;
VI – veículos;
VII – móveis ou semoventes; e
VIII – direitos e ações.

§ 1º Excepcionalmente, a penhora poderá recair sobre estabelecimento comercial, industrial ou agrícola, bem como em plantações ou edifícios em construção.

§ 2º A penhora efetuada em dinheiro será convertida no depósito de que trata o inciso I do artigo 9º.

§ 3º O Juiz ordenará a remoção do bem penhorado para depósito judicial, particular ou da Fazenda Pública exeqüente, sempre que esta o requerer, em qualquer fase do processo.

Nesses cinco dias, portanto, o contribuinte tem a prerrogativa de indicar a forma de garantia do juízo que se mostre mais oportuna. Isso não lhe outorga, no entanto, o direito protestativo de definir que garantia será essa. No contexto da formação da garantia do juízo, a Fazenda Pública será chamada a se manifestar sobre a oferta externada pelo contribuinte devedor e, na hipótese de o bem ou garantia não parecer idôneo ou mesmo líquido o bastante, poderá postular garantia do juízo diversa. E, de fato, a jurisprudência tem prestigiado o interesse da Fazenda Pública, reputando motivada a recusa quanto a bens e direitos que não se mostrem oportunos ao credor.

O resultado dessa equação é que, para contribuintes executados em boa saúde financeira, dificilmente o magistrado aceita algo diverso de depósito judicial em dinheiro do montante integral executado, fiança bancária ou seguro garantia. Na hipótese de não se mostrar confortável com a garantia, o movimento usual da Fazenda Pública, quase intuitivo, tem sido pedir a penhora de ativos financeiros do contribuinte, vulgarmente conhecida como penhora **online** por se dar mediante ordem eletrônica expedida pelo magistrado.

A penhora de ativos financeiros tem funcionado de forma eficiente atualmente, mostrando-se ferramenta hábil a obter o bloqueio de recursos de forma praticamente imediata. Esse contexto, portanto, permite que o contribuinte executado que não pretenda garantir o juízo com o sacrifício de seus recursos financeiros faça bom uso desse prazo de cinco dias para ofertar fiança bancária ou seguro garantia. Uma vez apresentada uma dessas garantias e observadas as cláusulas exigidas pela Fazenda Pública para a aceitação desses instrumentos, as chances de penhora de ativos financeiros restam praticamente eliminadas.

2 FORMA DE APRESENTAÇÃO DA FIANÇA BANCÁRIA E PROCESSO ELETRÔNICO

Os atores que atuam com frequência no âmbito de execuções fiscais bem conhecem esse instrumento. Trata-se sempre de documento unilateral expedido pela instituição financeira, com clausulado quase imutável e resumido, que atesta o dever de honrar o débito executado, especificando seu valor, o credor, o juízo e o número do processo, dentre outras regras.

No âmbito dos tradicionais processos em papel, essa carta expedida pela instituição financeira, possivelmente por sua estrutura resumida e sua corporificação em papel, passou a ser reconhecida como a própria fiança. Em outras palavras: assumiu-se que o instrumento seria a garantia; a carta passou a ser considerada a fiança. Na prática, o papel passou a resumir e significar tudo. Se a carta fosse apresentada, a fiança era válida; se fosse desentranhada, deixava de irradiar os devidos reflexos processuais.

Não se está, aqui, advogando a ideia da irrelevância ou da dispensa da carta em si. A carta tem relevante função, mas definitivamente não é a fiança. A fiança é a obrigação jurídica. Expressa-se pela carta. A obrigação é imaterial; a carta a corporifica, torna-a visível, palpável.

É necessário, para os fins do presente estudo, distinguir essas figuras que praticamente se fundiram na praxe forense: uma coisa é a garantia (fiança), outra, o documento que a formaliza (carta). Tal se dá porque, como se verá, definitivamente não se pode confundir ambos.

3 REGULAMENTAÇÃO LEGAL DA FIANÇA BANCÁRIA

A fiança bancária é garantia prestada por terceiro com vistas a assegurar o pagamento do débito na eventualidade de a dívida ser integral ou parcialmente confirmada pelo poder judiciário.

Ao contrário do que se pode supor, a fiança bancária tem disciplina rasa pelo Banco Central do Brasil (Bacen), que traz apenas regras gerais sobre o tema na Resolução n. 2.325/1996. Na parte que importa para a presente frente do trabalho, dispõe o *caput* do art. 1º de dita resolução que o Bacen resolveu

> Facultar a prestação de garantias por parte dos bancos múltiplos, bancos comerciais, bancos de investimento, bancos de desenvolvimento, caixas econômicas, sociedades de crédito, financiamento e investimento, sociedades de crédito imobiliário, companhias hipotecárias e cooperativas de crédito.

O mesmo documento dispõe em seu art. 2º que "Aplicam-se à prestação de garantias as mesmas vedações legais e regulamentares impostas às instituições referidas no artigo anterior para a concessão de empréstimos, adiantamentos e financiamentos".

Nada foi disposto pela autarquia reguladora quanto à parametrização legal do instrumento. Dito de outro modo, a fiança pode ser outorgada por qualquer meio juridicamente idôneo, aqui consideradas as regras de Direito Civil e as imposições legais e regulamentares aplicáveis às instituições financeiras.

Não há um modelo de documento nem uma redação-padrão, cláusulas obrigatórias ou outras formalidades. A instituição financeira se obriga como se obrigaria em qualquer outra operação de natureza bancária. Nessa linha, aliás, é emblemática a remissão legislativa às vedações jurídicas impostas a empréstimos, adiantamentos e financiamentos: o Bacen ocupou-se em disciplinar as obrigações das instituições financeiras, nada dispondo a respeito de formas cartulares.

4 CARTA DE FIANÇA NÃO É TÍTULO DE CRÉDITO

Procedendo assim, a autarquia atuou em absoluto alinhamento à legislação comercial. Ao praticamente confundir a carta com a fiança, tomando o documento como a garantia em si, a praxe forense via esse papel como se título de crédito fosse.

É da essência dos títulos de crédito a sujeição desse documento a três princípios básicos: o da cartularidade, o da literalidade e o da autonomia. Interessa ao presente estudo a característica da cartularidade.

Vivante trouxe uma das mais tradicionais conceituações jurídicas, vastamente adotada pelo operador do direito, ao definir que "Título de crédito é o documento necessário para o exercício do direito, literal e autônomo, nele mencionado".[1] Dessa conceituação deriva a característica da cartularidade, como bem pontuado por Fábio Ulhôa Coelho:

> Título de crédito é o documento necessário para o exercício do direito, literal e autônomo, nele mencionado. Desse adjetivo do conceito se pode extrair a referência ao princípio da cartularidade, segundo o qual o exercício dos direitos representados por um título de crédito pressupõe a sua posse. Somente quem exibe a cártula (isto é, o papel em que se lançaram os atos cambiários constitutivos de crédito) pode pretender a satisfação de uma pretensão relativamente ao direito documentado pelo título. Quem não se encontra com o título em sua posse, não se presume credor. Um exemplo concreto de observância desse princípio é a exigência de exibição do original do título de crédito na instrução da petição inicial da execução.

De fato, o título de crédito é documento autônomo e unilateral, suficiente a obrigar aquele que o expede. Por não demandar qualquer relação jurídica subjacente, no título de crédito a função do papel é vital: é ele que, efetivamente, obriga

---

1 Apud COELHO, Fábio Ulhoa. *Curso de direito comercial*: direito de empresa. 20. ed. rev., ampl. e atual. São Paulo: Revista dos Tribunais, 2016. p. 377.

o devedor. Na prática, portanto, o papel e a obrigação jurídica se fundem e se tornam uma realidade incindível.

Não é difícil compreender essa dinâmica: um cheque inutilizado elimina a viabilidade da exigência do valor pelo credor. Se o cheque foi expedido em função de determinada obrigação jurídica, materializada de outra maneira, a dívida poderá ser cobrada pelas vias convencionais. Por outro lado, se não houver a formalização adjacente da obrigação, a inutilização do cheque esvazia qualquer expectativa de recebimento por quem detinha o título.

Nessa linha, a lição de Sílvio de Salvo Venosa e Cláudia Rodrigues:

> Nesse diapasão, deflui que o título de crédito é, antes de qualquer definição, um documento. **Indispensável que para sua existência haja um documento, uma cártula, sem a qual o conceito e a existência do título de crédito são impensáveis.** O título depende, pois, da escrita sob uma forma cujos requisitos na maioria das vezes são minudenciados em lei. Nesse sentido coloca-se o art. 887 do Código, sintetizando a doutrina tradicional: "O título de crédito, documento necessário ao exercício do direito literal e autônomo nele contido, somente produz efeito quando preencha os requisitos da lei" (grifo nosso).[2]

5 FIANÇA BANCÁRIA COMO OBRIGAÇÃO ACESSÓRIA

A fim de afastar eventuais dúvidas remanescentes, é necessário identificar a natureza jurídica da fiança. Segundo Washington de Barros Monteiro,

> Fiança é assim, antes de mais nada, obrigação acessória, que pressupõe necessariamente, existência de outra obrigação principal, de que é garantia. Por exemplo, num contrato de locação com fiança, está é acessório daquele. Sem prova de existência do contrato principal. Não se pode acionar o devedor para cumprimento da obrigação.[3]

---

2 VENOSA, Sílvio de Salvo; RODRIGUES, Cláudia. *Direito empresarial*. 7. ed. São Paulo: Atlas, 2017. p. 249.
3 MONTEIRO, Washington de Barros. *Curso de direito civil*: direito das obrigações, parte 2. 16. ed. rev. e atual. São Paulo: Saraiva, 1981. p. 358.

Justamente por isso, Diego Zenatti Massucatto, ao dispor a respeito da mencionada resolução do Bacen que disciplina a fiança, classifica-a como tal:

> Dentre as atividades hoje autorizadas às Instituições financeiras, conforme disposto pela Res. Bacen 2.325, de 30.10.1996, está a prestação de garantias, sendo uma delas a prestação de Fianças. Quando esta garantia é prestada por um Banco, espécie dentro do gênero de Instituições financeiras, dizemos ser uma fiança bancária. Esta consiste em modalidade de garantia fidejussória, de natureza obrigacional, que advém de um Contrato de Fiança firmado entre fiador e afiançado de forma a atender plenamente os interesses de um terceiro, o Beneficiário da Fiança.[4]

6 A JURISPRUDÊNCIA IGUALMENTE NÃO REPUTA A CARTA DE FIANÇA COMO TÍTULO DE CRÉDITO

Tais reflexões estão alinhadas ao entendimento da jurisprudência. Em passado recente, o Tribunal de Justiça do Estado de São Paulo (TJ/SP) já teve oportunidade de afirmar que

> Nada indica [que] seja necessária a juntada do original da carta de fiança. Descabe, diante da disposição legal, supor tal exigência. Cópia acostada aos autos comprava a sua exigência (fls. 110/112 e 152) e permite averiguar os pressupostos para o fim de servir como garantia do Juízo. (Agravo de Instrumento n. 2010309-61.2014.8.26.0000, Rel. Desembargador Evaristo dos Santos, 6ª Câmara de Direito Público, Foro das Execuções Fiscais Estaduais – Vara das Execuções Fiscais Estaduais, julgado em 24 mar. 2014)

Como se vê, portanto, a jurisprudência reputa dispensável a juntada do original da carta de fiança para fins de garantia do juízo. Nada mais razoável, na medida em que, por não se tratar de título de crédito, mostra-se ausente a característica da cartularidade.

---

4 MASSUCATTO, Diego Zenatti. Fiança bancária: aspectos jurídicos e utilização em garantia no processo de execução. *Revista de Direito Bancário e do Mercado de Capitais*, São Paulo, abr./jun. 2012.

7 CONCLUSÕES

Por todo o exposto, infere-se que a carta de fiança não é título de crédito e, por isso, não está sujeita ao princípio da cartularidade. Em consequência, é dispensável sua expedição em papel, bem como a apresentação desse documento físico no âmbito das execuções fiscais.

Em resumo, portanto, a fiança se expressa pela obrigação de pagar, identificados dívida, credor, devedor e demais circunstâncias pertinentes. Esse dever jurídico se prova como qualquer outra obrigação de natureza legal. A carta o expressa, mas não há qualquer obrigação legal ou mesmo regulamentar de apresentação da via original, tampouco em papel.

Da mesma forma, o cancelamento da garantia não deve estar atrelado a seu desentranhamento. A obrigação é assumida pela instituição financeira e pode ser exonerada por ordem legal expedida pelo magistrado. Uma vez dispensada a fiança pelo juiz da causa, o documento perde sua validade e, por isso, não pode ser invocado por eventual credor, ainda que de posse da via original da carta.

CONCOMITÂNCIA DE AÇÕES JUDICIAIS E HONORÁRIOS ADVOCATÍCIOS

Guilherme Manier Carneiro Monteiro

1 INTRODUÇÃO

O presente artigo visa, sem qualquer pretensão de esgotar o tema, retratar aspectos que já se encontram consolidados na jurisprudência relativamente à concomitância de demandas judiciais e seus reflexos para os contribuintes e para a Fazenda, em contraste à tentativa das Fazendas Nacional, estaduais e municipais de inovar na interpretação já sedimentada.

Diante das constantes oscilações da jurisprudência e da legislação processuais tributárias, traz-se à atenção a necessidade da avaliação cuidadosa da estratégia processual a ser adotada para questionamento da exigência fiscal, em vista do risco de fixação cumulada de honorários advocatícios nos autos das execuções fiscais e correlatas ações de procedimento comum e embargos à execução.

2 APRESENTAÇÃO DO PROBLEMA

Dentre as questões que se destacam no âmbito do contencioso judicial tributário e que ganham novo relevo após o advento da Lei n. 13.105 (Novo Código de Processo Civil – NCPC), de 16 de março de 2015, encontra-se a possibilidade de cumulação de honorários advocatícios em distintas medidas judiciais que questionam o mesmo crédito tributário.

Em vista da impossibilidade de condenação à verba honorária em Mandado de Segurança (art. 25 da Lei n. 12.016, de 7 de agosto de 2009), comenta-se neste artigo:

i. a cumulação de honorários contra a Fazenda Pública na concomitância de embargos à execução e a correlata execução fiscal;

ii. a cumulação de honorários na concomitância de embargos à execução e as ações de procedimento comum questionando o mesmo crédito tributário (Ação Declaratória de Inexistência de Relação Jurídico-Tributária ou Anulatória de Débito Fiscal); e

iii. a necessidade de suspender o curso da execução fiscal quando movida a ação de procedimento comum correlata e preenchidos os requisitos para o sobrestamento do executivo fiscal.

3 CUMULAÇÃO DE HONORÁRIOS CONTRA A FAZENDA PÚBLICA NA CONCOMITÂNCIA DE EMBARGOS À EXECUÇÃO E EXECUÇÃO FISCAL

Sobre a concomitância de embargos à execução com a correlata execução fiscal, torna-se relevante a compreensão do alcance do posicionamento firmado pela jurisprudência, porquanto vem sendo alvo de severas críticas pela advocacia pública a condenação da Fazenda ao pagamento de honorários advocatícios cumulados nas referidas medidas judiciais.

Na linha do posicionamento amplamente dominante no Superior Tribunal de Justiça (STJ), constituindo-se os embargos à execução em verdadeira ação de conhecimento que não se confunde com a execução fiscal, os honorários advocatícios devem ser "fixados de forma autônoma e independente em cada uma das referidas ações, desde que a cumulação da verba honorária não exceda o limite máximo previsto no § 3º do art. 20 do CPC",[1] segundo julgado da 2ª Turma do STJ no Agravo Interno (AgInt) no Recurso Especial (REsp) n. 1603817/SP, do Rel. Ministro Herman Benjamin, publicado em 2 de maio de 2017.

---

1 Previsão da revogada Lei n. 5.869, de 11 de janeiro de 1973 (CPC/73). Atual previsão constante do art. 85, § 3º, do NCPC.

Em âmbito federal, o STJ já se posicionou, em sede de recursos representativos de controvérsia, firmando a aplicação do Verbete n. 168 da Súmula do extinto Tribunal Federal de Recursos, segundo o qual "O encargo de 20%, do Decreto-Lei 1.025, de 1969, é sempre devido nas execuções fiscais da União e substitui, nos embargos, a condenação do devedor em honorários advocatícios".[2]

Não se discute que a fixação cumulada de honorários na execução fiscal e nos embargos à execução se faz consistente com o posicionamento do STJ nas situações em que há o empenho de labor pelo advogado do caso em ambas as ações judiciais, a exemplo da oposição de exceção de pré-executividade para alegação de pagamento parcial do crédito consubstanciado no título exequendo, seguida da oposição de embargos à execução questionando o mérito do valor remanescente cobrado.

O questionamento da advocacia pública reside nas situações em que o mérito do crédito tributário é combatido somente nos autos dos embargos à execução, porquanto inexistiria, nesses casos, efetiva contrapartida por um serviço desempenhado pelo patrono. Pautam-se as procuradorias no argumento de que os paradigmas formadores da consolidada orientação da corte superior não teriam partido da análise de casos em que julgada procedente a pretensão do contribuinte em sede de embargos à execução, mas, ao contrário, baseados em casos nos quais fixada a condenação do contribuinte em vista da improcedência da pretensão de desconstituição da Certidão de Dívida Ativa.

Ocorre que se olvida do fato de que há muito o STJ firmou orientação, pautada no princípio da causalidade, segundo a qual a verba de sucumbência deverá ser custeada pela parte que deu causa à demanda judicial, seja esta representada em ação autônoma de conhecimento (embargos à execução), seja diretamente nos autos da execução fiscal, afastando-se a aplicabilidade do art. 1º-D da Lei n. 9.494, de 10 de setembro de 1997.[3]

É digno de nota que, no que respeita ao art. 1º-D da Lei n. 9.494/1997, na redação que lhe foi dada pela Medida Provisória (MP) n. 2.180-35/2001, o Plenário do Supremo Tribunal Federal (STF), em sessão de 29 de setembro de 2004, julgando o Recurso Extraordinário (RE) n. 420.816/PR (julgado em 6 out. 2004), declarou a sua constitucionalidade, com interpretação conforme, de

---

2 STJ, 1ª Seção, REsp n. 1353826/SP, Rel. Ministro Herman Benjamin, julgado em 17 out. 2013.

3 "Art. 1º-D. Não serão devidos honorários advocatícios pela Fazenda Pública nas execuções não embargadas" (incluído pela MP n. 2.180-35, de 2001).

modo a reduzir-lhe a aplicação somente à hipótese de execução por quantia certa contra a Fazenda Pública.

Nessa toada, em recurso representativo de controvérsia (art. 543-C do CPC/73), concluiu o STJ que, nos casos de extinção de execução fiscal "em virtude de cancelamento de débito pela exequente, define a necessidade de se perquirir quem deu causa à demanda a fim de imputar-lhe o ônus pelo pagamento dos honorários advocatícios".[4]

Ao fato de se tratar de orientação há tempos consolidada no âmbito do STJ, cabe o reforço de que é cabível a fixação de honorários nas execuções fiscais e nos embargos à execução, já que são ações autônomas.[5] A estipulação de honorários nesses casos deve obedecer aos seguintes critérios:

i. a fixação de honorários no início da execução fiscal embargada é provisória, pois a sucumbência final será determinada, definitivamente, apenas no momento do julgamento dos embargos à execução;

ii. é possível a fixação única dos honorários no julgamento dos embargos à execução, desde que se estipule que o valor fixado deve atender a ambas as ações;

iii. a soma dos percentuais de honorários de ambas as condenações não deve ultrapassar 20% (critério baseado no antigo CPC/73 e, em âmbito federal, no art. 1º do Decreto-Lei nº 1.025, de 21 de outubro de 1969).

Assim, não há de se falar na inaplicabilidade de fixação de honorários cumulada nos casos em que não houver defesa oposta diretamente nos autos da execução fiscal, mas somente nos autos dos embargos à execução, conforme pretende sustentar a Fazenda Pública em tentativa de utilização da técnica do *distinguishing*, constante no art. 489, § 1º, inciso VI, do NCPC. Contudo, inexiste distinção a ser promovida, quiçá superação (*overruling*) da jurisprudência consolidada no âmbito do STJ e reforçada pelas instâncias ordinárias em todo o país.

De forma diversa do que afirmam as Fazendas Públicas, a condenação cumulada se impõe justamente por se tratar do reflexo do zelo do profissional, este diretamente impactado pela estrutura do lugar da prestação do serviço e cuja

---

4 STJ, 1ª Seção, REsp n. 1111002/SP, Rel. Ministro Mauro Campbell Marques, julgado em 1 out. 2009 – Recurso Representativo de Controvérsia.

5 STJ, 2ª Turma, EDcl no AgRg nos EDcl no REsp n. 1278430/MG, Rel. Ministro Humberto Martins, julgado em 19 abr. 2012.

responsabilidade com o contribuinte é diretamente proporcional à natureza e à importância da causa, aspectos que servem de medida para o volume de trabalho e o tempo empenhado, tudo conforme prevê o art. 85, § 2º, do NCPC.

Insta salientar que não há opção pelo patrono da causa por apresentar sua oposição ao mérito da cobrança fiscal por outra via, senão pelos embargos à execução (ou ações de procedimento comum, como se verá adiante),[6] por força da expressa disposição do art. 16, *caput* e § 2º, da Lei n. 6.830, de 22 de setembro de 1980.

Justamente para reafirmar a orientação remansosa do STJ, o NCPC trouxe, em seu art. 85, *caput* e § 1º, a confirmação de que serão devidos honorários ao advogado do vencedor em sede de execução, cumulativamente, ainda que esta não seja resistida.[7] Ora, se devidos são os honorários advocatícios mesmo quando não resistida a execução fiscal, o que se dirá quando resistida formalmente somente nos autos dos embargos à execução? Por óbvio, a conclusão deverá ser a mesma, pela fixação da verba honorária de forma cumulativa na esteira da já consolidada jurisprudência da corte superior.

Repise-se que o dispositivo do NCPC é cristalino ao afirmar devidos os honorários advocatícios em execução, ainda que não resistida, o que significa dizer que será fixada a verba honorária não apenas nas situações em que não forem opostos embargos à execução, mas igualmente naquelas em que sequer for apresentada oposição (exceção de pré-executividade) nos autos da própria execução fiscal, com o subsequente cancelamento da cobrança fiscal.

A título exemplificativo, tal evento poderá ocorrer a partir de verificação de erro pela própria Fazenda Pública, como nos casos de identificação posterior de entrega tempestiva pelo contribuinte de declaração retificadora (muito comum nos casos de entrega de Declaração de Débitos e Créditos Tributários Federais – DCTF), ou mesmo pelo reconhecimento de ofício pelo juízo de matérias de ordem pública (a exemplo da prescrição do crédito exequendo).

Em vista dessas considerações, é de se concluir que a Fazenda Pública não poderá se furtar ao pagamento de honorários advocatícios quando sua pretensão veiculada em sede de execução fiscal for afastada, devendo sua fixação ser

---

6 Excetuada a oposição de pré-executividade somente destinada a matérias de ordem pública que podem ser conhecidas de ofício e que não demandam dilação probatória.

7 "Art. 85. A sentença condenará o vencido a pagar honorários ao advogado do vencedor. § 1º São devidos honorários advocatícios na reconvenção, no cumprimento de sentença, provisório ou definitivo, na execução, resistida ou não, e nos recursos interpostos, cumulativamente."

cumulada considerando-se tanto o executivo fiscal em curso quanto os embargos à execução correlatos, observados os limitadores previstos na novel legislação processual.

4 CUMULAÇÃO DE HONORÁRIOS NA CONCOMITÂNCIA DE EMBARGOS À EXECUÇÃO E AÇÕES DE PROCEDIMENTO COMUM

O raciocínio exposto deve ser igualmente aplicado para as ações de procedimento comum (Ações Anulatórias de Débito Fiscal ou Declaratórias de Inexistência de Relação Jurídico-Tributária) que tenham por objeto o questionamento do mesmo crédito tributário da execução fiscal posteriormente movida.

Também por se tratarem de ações autônomas de conhecimento, deverão ensejar a condenação pela Fazenda Pública dos honorários advocatícios cumulados, ainda que não haja oposição de defesa formal nos próprios autos da execução fiscal.

5 NECESSIDADE DE SUSPENDER A EXECUÇÃO FISCAL QUANDO MOVIDA A AÇÃO DE PROCEDIMENTO COMUM CORRELATA

Nesse prisma, é fundamental o reconhecimento pelos juízos de execução fiscal da necessidade de suspensão do curso do executivo fiscal, evitando-se a necessidade da concomitância entre os embargos à execução e a ação de procedimento comum anteriormente movida questionando o mesmo crédito tributário.

Revela-se recorrente na prática do contencioso tributário judicial o manejo de Ação Anulatória de Débito Fiscal questionando créditos tributários em matérias de alta complexidade que, em muitos casos, não viabilizam ao juízo a formação de seu convencimento em caráter liminar. Nessas situações, considerando-se também a impossibilidade financeira do contribuinte de efetuar o depósito do montante integral visando à suspensão da exigibilidade do crédito tributário, opta-se pela apresentação de garantia nos autos da Ação Anulatória de Débito Fiscal, tão somente para antecipação de garantia com vistas à emissão/renovação de sua Certidão de Regularidade Fiscal.

Com o posterior ajuizamento pela Fazenda Pública da execução fiscal com vistas à cobrança do mesmo crédito tributário, é fundamental o traslado da garantia ofertada nos autos da Ação Anulatória de Débito Fiscal para o executivo fiscal, que deverá ter seu curso sobrestado, até o trânsito em julgado da referida ação de procedimento comum. Isso porque, no caso de o curso da execução fiscal não ser suspenso após o traslado da garantia, o contribuinte poderá, a depender do caso concreto e da manifestação do juízo da execução fiscal nesse ponto, ser obrigado a opor embargos à execução, que terão manifesta relação de litispendência com a Ação Anulatória de Débito Fiscal, tendo em vista a tríplice identidade: partes, causa de pedir e pedido idênticos.

Não difere desse entendimento a jurisprudência do TRF da 3ª Região, segundo a qual "deve dar-se à ação anulatória anterior o tratamento que seria dado à ação de embargos com idêntica causa de pedir e pedido, inclusive, se garantido o juízo, com a suspensão da execução".[8] Do mesmo modo, é pacífico nas Turmas que integram a 1ª Seção do STJ[9] o entendimento no sentido de que deve ser reconhecida a litispendência entre os embargos à execução e a Ação Anulatória ou Declaratória de Inexistência do Débito proposta anteriormente ao ajuizamento da execução fiscal se identificados partes, causa de pedir e pedido idênticos, ou seja, a tríplice identidade a que se refere o art. 301, § 2º, do CPC/73 (atual art. 337, § 2º, do NCPC).

Caso opostos os embargos à execução pelo contribuinte, caberá ao juízo da execução avaliar, a depender do caso concreto, a possibilidade de fixação de honorários advocatícios em razão da sucumbência naqueles embargos. Na hipótese de o contribuinte mover Ação Anulatória de Débito Fiscal com sua pretensão julgada procedente, o posterior ajuizamento de embargos à execução poderá dar ensejo à extinção dessa segunda ação, sem resolução do mérito, em razão de litispendência, conforme visto.

Com isso, restaria avaliar se seria o caso de (i) fixar honorários ajustados (de valor de menor relevância) por conta de o crédito tributário ter sido, por fim, extinto na Ação Anulatória de Débito Fiscal correlata, à luz dos princípios da razoabilidade e da causalidade, ou (ii) exonerar o contribuinte do pagamento de honorários advocatícios, em razão de não poder este ser penalizado por exercer seu direito de defesa pelos competentes embargos à execução.

---

8   TRF3, Agravo Legal em Apelação Cível n. 0000873-20.2004.4.03.618, Rel. Desembargador Federal José Lunardelli, julgado em 4 maio 2016.
9   STJ, 2ª Turma, AgRg no AREsp n. 824843/SP, Rel. Ministra Diva Malerbi, julgado em 19 abr. 2016.

Na linha da fixação de honorários advocatícios em menor monta, reduzindo-se a verba fixada nas instâncias ordinárias, já decidiu a 2ª Turma do STJ,[10] sob o fundamento de que, "embora tenha havido a extinção destes embargos à execução fiscal sem resolução do mérito, a dívida neles impugnada foi cancelada por ter sido reconhecida, nos autos da ação anulatória de débito fiscal". No caso, entendeu-se que não caberia a condenação em honorários advocatícios elevados em razão da tão só extinção dos embargos à execução sem resolução do mérito (em razão de litispendência), quando já considerado inexistente o crédito tributário vindicado pela Fazenda Pública em Ação Anulatória de Débito Fiscal. Tal posicionamento é alinhado com a jurisprudência pacífica do STJ no sentido de que cabe à corte revisitar honorários fixados, quando estes o são em valores irrisórios ou exorbitantes.

No precedente mais recente da corte superior sobre a matéria,[11] o contribuinte teve sua pretensão julgada procedente em sede de Ação Anulatória de Débito Fiscal ajuizada antes da execução fiscal, para cancelar integralmente a cobrança fiscal. Em paralelo, os embargos à execução opostos foram extintos, sem resolução de mérito, por litispendência.

No caso em comento, as instâncias ordinárias reconheceram a sucumbência do contribuinte nos embargos à execução fiscal, determinando a extinção do processo sem resolução do mérito, porém afastando a condenação em honorários. Em seu REsp, o contribuinte pleiteou, sem sucesso, a condenação da Fazenda Pública aos honorários sucumbenciais, sob o fundamento de que se tratam de ações autônomas, tendo em vista que o manejo dos embargos à execução decorreu de cobrança indevida do fisco.

A corte superior afastou a pretensão da empresa, concluindo que "é insuficiente afirmar, de modo genérico, que a autonomia das demandas justifica o arbitramento de honorários em ambos os feitos", pautada no critério de que se identifica, de um lado, uma decisão judicial que julgou o mérito em favor do contribuinte (Ação Anulatória de Débito Fiscal) e, de outro, uma desfavorável proferida em outra demanda (embargos à execução), não havendo como sustentar que nos dois casos os honorários seriam igualmente devidos pela Fazenda Nacional.

Como se demonstra, é de absoluta relevância a imediata apreciação pelo juízo da execução fiscal do pleito do contribuinte para que seja determinado o sobrestamento

---

10 STJ, 2ª Turma, AgRg no REsp n. 1373296/PR, Rel. Ministro Mauro Campbell Marques, julgado em 17 mar. 2014.
11 STJ, 2ª Turma, REsp n. 1666563/RJ, Rel. Ministro Herman Benjamin, julgado em 16 jun. 2017.

do curso do executivo fiscal, quando garantido o juízo, de modo a evitar-se a concomitância de demandas que poderão ensejar discussões alongadas quanto à condenação cumulativa de honorários advocatícios contra os contribuintes.

6 CONCLUSÕES

Diante dos apontamentos traçados, denota-se que é pacífica na jurisprudência pátria a possibilidade de cumulação de honorários advocatícios, ainda que não seja protocolada defesa formal nos autos da própria execução fiscal, mas apenas manejada por meio dos competentes embargos à execução.

Cabe relembrar, ainda, que o NCPC reforça o assente entendimento do STJ na linha de que deve haver condenação cumulativa, cabendo, inclusive, condenação em honorários nos autos do processo de execução, ainda que este não seja formalmente resistido. Adicionalmente a essa premissa, é fundamental a acurada e prévia avaliação da estratégia que será adotada na condução das demandas judiciais que questionem a cobrança fiscal promovida pelas Fazendas Nacional, estaduais e municipais.

O manejo de medidas que possam provocar a concomitância de ações de procedimento comum combatendo o mesmo crédito tributário imporá ao contribuinte e a seu patrono o exercício da análise, caso a caso, da possibilidade de cobrança cumulada de honorários advocatícios, além dos diversos impactos sobre custos, garantias e demais aspectos legais e práticos englobados no universo do contencioso judicial tributário.

CELEBRAÇÃO DE NEGÓCIO JURÍDICO PROCESSUAL PARA FINS DE GARANTIA TRIBUTÁRIA

Priscila Faricelli de Mendonça

1 CONTEXTUALIZANDO

Esta autora é notoriamente adepta da possibilidade de utilização de métodos alternativos ao jurisdicional estatal na solução de controvérsias tributárias. Já no ano de 2010, dedicava-se ao estudo das possibilidades viáveis de aplicação de métodos alternativos (ADR, do inglês *alternative dispute resolution*) para solução de conflitos entre fisco e contribuinte, tendo publicado, em 2014, livro comercial resultante de dissertação de mestrado que trata de arbitragem e transação tributárias.

O interesse pelos métodos de ADR surgiu por influência dos professores Kazuo Watanabe e Carlos Alberto de Salles, bem como da já saudosa e professora de todos nós Ada Pellegrini Grinover, sabidos defensores da adoção de soluções autocompositivas aos conflitos.

A atual tendência de busca por meios alternativos à solução de conflitos tributários teve nascedouro na atemporal obra de Mauro Cappelletti e Bryant Garth, *Access to justice*,[1] que apresentou as **ondas renovatórias**. Entre nós, Kazuo Watanabe foi o responsável pelo escrito *Cultura da sentença e cultura da pacificação*,[2]

---

1 CAPPELLETTI, Mauro; GARTH, Bryant. *Access to Justice*, vol. I, Book I. Milano: Giuffrè, 1978.
2 WATANABE, Kazuo. Cultura da sentença e cultura da pacificação. In: YARSHELL, Flávio Luiz; MORAES, Maurício Zanoide de (coord.). *Estudos em homenagem à professora Ada Pellegrini Grinover*. São Paulo: DPJ, 2005.

aclamado estudo que, já em 2005, bem demonstrou que nem sempre a sentença judicial posta será capaz de solucionar o conflito. Ou seja, nem sempre a sentença trará a pacificação: "em certas áreas ou espécies de litígios, a solução normal – o tradicional processo litigioso em juízo – pode não ser o melhor caminho para ensejar a vindicação efetiva de direitos".[3]

Partindo da premissa de que "a transformação social, com a mudança de mentalidade, propiciaria uma solução mais adequada aos conflitos, com a consideração das peculiaridades e especificidades dos conflitos e das pessoas neles envolvidas",[4] o Conselho Nacional de Justiça (CNJ) editou, em 2010, a Resolução n. 125, que ineditamente introduziu em nosso país uma política judiciária nacional de tratamento de conflitos de interesse.

Por certo, a Resolução CNJ n. 125 fez repercutir importantes mudanças legislativas inseridas na política de adequado tratamento aos conflitos. A Lei n. 13.140/2015 (Lei de Mediação) trouxe importantes avanços, prevendo inclusive formas de soluções alternativas de conflitos em que se envolve o poder público, inclusive tributárias (para estados, municípios e Distrito Federal). Também o Novo Código de Processo Civil (NCPC) de 2015 trouxe previsão expressa sobre a viabilidade da arbitragem e lançou o dever de juízes, advogados, defensores públicos e membros do Ministério Público **estimularem** métodos de solução consensual de conflitos, inclusive no curso do processo judicial.

É justamente nesse contexto de implementação de política judiciária que incentive a **desjudicialização de conflitos** que se insere a importância do tema aqui tratado. Sabidamente, os executivos fiscais representam parcela significativa das demandas judiciais em andamento: estudos invariavelmente apontam a execução fiscal como um dos mais expressivos gargalos do judiciário.[5]

A experiência de mais de uma década atuando em executivos fiscais mostra que questões processuais são comumente ensejadoras de recursos e debates prolongados – quando não intermináveis. Dentre os assuntos frequentes, destacam-se

---

3 O autor trata, especificamente, do terceiro obstáculo ao adequado "acesso à Justiça", a saber, o *processual*, que se soma aos entraves econômico e organizacional. ("Os métodos alternativos de solução de conflitos no quadro do movimento universal de acesso à justiça", p. 124).

4 Vale também destacar: GRINOVER, Ada Pellegrini; WATANABE, Kazuo. *Política pública do poder judiciário nacional para tratamento adequado dos conflitos de interesses*. Disponível em:<http://www.tjsp.jus.br/Download/Conciliacao/Nucleo/ParecerDesKazuoWatanabe.pdf>. Acesso em: 21 jun. 2012.

5 Dentre outros estudos, vale destacar o relatório publicado pelo Instituto de Pesquisa Econômica Aplicada (IPEA) e pelo CNJ em Brasília, DF, 2011.

disputas sobre garantias ao crédito fiscal, questões probatórias, efeitos dos embargos à execução e aspectos relacionados à emissão de Certidão Negativa de Débitos.

Dadas as diretrizes da política judiciária do CNJ mencionada e tendo por foco a problemática central da presente obra, é inevitável debater a possibilidade de fisco e contribuinte, então, celebrarem negócio jurídico processual para fins de definição das garantias ao crédito tributário. Questões formais, integralidade da garantia, formas de garantia ou até mesmo efeitos para fins de emissão de Certidão de Regularidade Fiscal seriam, assim, objeto de negociação entre fisco e contribuinte?

Foi nesse contexto que recebemos com muita satisfação o Parecer Conjunto da Procuradoria-Geral da Fazenda Nacional (PGFN), da Coordenação-Geral da Representação Judicial da Fazenda Nacional (CRJ) e da Controladoria-Geral da União (CGU) n. 5/2017, em que se trata exatamente da necessidade e da possibilidade de o fisco e os contribuintes firmarem negócio jurídico processual no tocante a garantias em sede de executivo fiscal.

É oportuna, assim, a análise dos impactos da possibilidade de celebração de convenções processuais, introduzida pelo NCPC, aplicável supletiva e subsidiariamente às execuções fiscais (conforme art. 13 do CPC e 1º da Lei n. 6.830/1980) na temática central desta obra, a saber, garantias ao crédito tributário.

2 NEGÓCIO JURÍDICO PROCESSUAL

O NCPC traz em seus art. 190 e 191 a possibilidade de as partes, em litígios que envolvam direitos passíveis de autocomposição, firmarem negócio jurídico processual. Por certo, o negócio estaria sujeito à fiscalização pelo juiz em situações de hipossuficiência de uma das partes, ou mesmo e a qualquer momento como forma de manter a legalidade e a higidez do nosso sistema, nos exatos moldes do CPC.

Dois aspectos do instituto chamam a atenção no que tange à problemática aqui enfrentada, sendo o primeiro deles o critério eleito pelo legislador acerca da possibilidade de as partes firmarem o negócio jurídico: o direito em disputa deve ser passível de **autocomposição**. O legislador, assim, não fez referência à disponibilidade ou não do direito; o critério eleito foi a possibilidade de haver qualquer espécie de negociação entre as partes acerca do objeto litigioso.

Sem maiores delongas, no tocante a crédito tributário, o próprio Código Tributário Nacional (CTN) traz a possibilidade de disposição do crédito fiscal pela Fazenda Pública, como no caso de remissão da dívida (art. 156, inciso IV, do CTN) e transação (art. 156, inciso III, e 171 do CTN).

A possibilidade de transigir ou mesmo remir o crédito tributário implica na sua inequívoca disponibilidade. Por certo, essa disponibilidade dependerá de disposição legal, até mesmo por força da vinculação dos atos administrativos constitucionalmente delineada, bem como pela estrita legalidade tributária. No entanto, a possibilidade de que haja acordo/transação quanto ao crédito tributário fica plasmada. Trata-se, inequivocamente, de direito passível de autocomposição.

Vale trazer um parêntese acerca da eminente necessidade de revisitar o dogma da "indisponibilidade do crédito tributário", ainda sustentado por muitos, mas que, no entender desta autora, há muito restou superado. Nossa Constituição Federal não traz em qualquer dispositivo restrição à disposição, pelo poder público, do crédito tributário. A rigor, pela Constituição Federal, o Estado não pode renunciar à competência tributária, inexistindo, no entanto, óbice à renúncia do crédito fiscal constituído. Ora, eventual restrição à disposição do crédito fiscal no texto constitucional tornaria inconstitucionais diversos dispositivos do CTN, como os mencionados art. 156, inciso III, e 171 do CTN, bem como todas as legislações que anistiam de qualquer forma parcela dos créditos tributários constituídos (programas de parcelamento e regularização de dívidas fiscais com descontos, frequentemente lançados pelos entes federativos brasileiros).

Não se pode, no entanto, validar renúncia ao crédito tributário que não esteja de acordo com a moralidade, a eficiência e também com os critérios do art. 14 da Lei Complementar (LC) n. 101/2000 (Lei de Responsabilidade Fiscal). A disposição ou renúncia ao crédito tributário deve estar sempre acompanhada de justificativa. Mas o negócio jurídico processual aqui tratado não implica em renúncia ao crédito tributário, apenas trata de negociação processual no que tange aos parâmetros que cercearão a disputa judicial sobre o crédito tributário.

Em parecer que trata justamente da possibilidade de convenção processual em sede de executivo fiscal, que será referido em detalhes adiante, a própria PGFN cuidou mencionar que "a vigência do novo Código de Processo Civil, como já dito, mostrou-se terreno fértil à releitura de dogmas, revisitação de temas e o questionamento de posturas que, antes tidas por irremediáveis, passaram a não se sustentar".

Em adição à análise do tema feita em oportunidades anteriores,[6] vale destacar que o interesse público nem sempre prevalecerá com a manutenção da exigência do crédito fiscal. Créditos manifestamente inexigíveis ou mesmo cujo valor

---

6   Nesse sentido, MENDONÇA, Priscila Faricelli. *Arbitragem e transação tributárias*. Brasília, DF: Gazeta Jurídica, 2014.

inexpressivo não justifique manutenção de medidas de cobrança frente às dificuldades encontradas devem ser renunciados pelo fisco, em homenagem ao interesse público, sob pena de os dispêndios para manutenção da exigência serem inferiores ao montante a ser recuperado.

Nesse sentido, foi louvável a iniciativa da PGFN de afastar do judiciário, ainda que provisoriamente, executivos fiscais inferiores a R$ 1 milhão, em que o devedor não tenha sido localizado, em atuação perpetrada pela Portaria PGFN n. 396/2016, que introduziu o Regime Diferenciado de Cobrança de Créditos (RDCC). Pela norma, as providências necessárias à busca de responsáveis ou mesmo informações sobre o contribuinte serão realizadas administrativamente, poupando esforços da estrutura judiciária e aproveitando os recursos compartilhados com os demais entes fiscais federais no tocante a informações dos contribuintes ativos e inativos.

Não parece, assim, haver dúvidas sobre a **elegibilidade das disputas tributárias** no rol de medidas em que se poderá celebrar negócio jurídico processual por se tratar o direito em disputa (crédito tributário) passível de autocomposição.

A outra importante nuance do negócio jurídico processual reside na sua natureza, ou seja, no fato de se tratar de **convenção meramente processual**, que não engloba, portanto, disposição do direito material em disputa. Dito de outro modo, ao celebrar negócio jurídico processual, as partes litigantes não renunciarão a qualquer parcela de seu direito em disputa, mas apenas delinearão regras **procedimentais** que serão observadas no curso da demanda judicial. É inaplicável, assim, o disposto no art. 171 do CTN, no sentido de que a transação tributária deverá ser delineada em lei.

Então, torna-se desnecessária qualquer autorização legal específica acerca dos termos e dos critérios do negócio jurídico processual, na medida em que não haverá em qualquer parcela transação sobre o crédito tributário, mas apenas convenção sobre particularidades processuais das disputas travadas com contribuintes. E, para tanto, o CPC serve de fundamento legal absolutamente legítimo.

Desse modo, a partir dos critérios do CPC, é plenamente possível a celebração de convenção processual em ações fiscais na medida em que (i) o crédito tributário é passível de autocomposição e (ii) a celebração não implicará renúncia ou transação quanto ao crédito fiscal, o que demandaria lei específica delineando seus limites e suas aplicações, mas apenas cuidará de fixar critérios processuais a delinear as disputas fiscais em juízo.

3 GARANTIAS E CONVENÇÕES PROCESSUAIS

Diante da premissa de que é viável celebrar convenção processual em ações tributárias, resta examinar quais poderão ser os aspectos aplicáveis especificamente às garantias ao crédito fiscal, bem como questões relativas à emissão de certidões abrangidas e à prova de regularidade fiscal.

Pelo art. 16 da Lei n. 6.830/1980, a apresentação de garantia é condição de admissibilidade para oposição de embargos à execução fiscal. A lei não faz menção à necessária integralidade da garantia para fins de oposição dos embargos, e a jurisprudência vem aceitando que a garantia parcial seria suficiente para inaugurar o prazo de oposição dos embargos.

A integralidade da garantia, em contrapartida, é essencial à suspensão do curso do processo executivo, ou então ao recebimento dos embargos com efeito suspensivo, conforme art. 919 do CPC (art. 739-A do CPC/73), bem como frente ao entendimento consolidado pelo Superior Tribunal de Justiça (STJ) quando do julgamento do Recurso Especial (REsp) n. 1.272.287.

A realidade tem mostrado, no entanto, que a demora no desfecho das ações judiciais em que se disputa o crédito tributário (quer em sede de ações anulatórias, quer em sede de ação executiva), aliada ao elevado custo das garantias, tem gerado prejuízos aos contribuintes diante dos custos envolvidos na manutenção da garantia integral *vis a vis* o tempo necessário para manutenção dessas garantias (remete-se aos demais escritos que exaurem essa problemática nesta obra).

Em adição à necessidade de garantia integral para fins de suspensão da ação executiva, a problemática da Certidão de Regularidade Fiscal, essencial ao desenvolvimento das atividades dos contribuintes brasileiros, igualmente aterroriza aqueles que não possuem meios ou mesmo não pretendem custear garantias a valores expressivos por anos a fio. Nos termos dos art. 205 e 206 do CTN, a garantia regularmente prestada em executivo fiscal equipara-se à suspensão da exigibilidade do crédito tributário para fins de emissão de Certidão de Regularidade Fiscal.

Ou seja, o cenário atual mostra que:

i. a garantia parcial é suficiente para fins de inaugurar prazo para oposição de embargos à execução fiscal;

ii. a garantia integral em sede de executivo fiscal é requerida para fins de:

    a. recebimento dos embargos à execução com efeito suspensivo do processo executivo; e

    b. emissão de Certidão de Regularidade Fiscal (art. 205 e 206 do CTN).

De outra monta, com vistas ao melhor resguardo do interesse público, a apresentação de garantia idônea e o abreviamento da discussão judicial acerca da exigibilidade do crédito fiscal, se aliadas, justificariam certas concessões.

Paremos por aqui um instante. De que adianta ao poder público manter elevado montante em estoque de dívida ativa se não há perspectiva de recebimento de significativa parcela dos valores? Os estoques das dívidas fiscais são deveras elevados, e a satisfatoriedade de tais créditos é pífia se comparada ao montante total pendente (conforme dados divulgados pela própria PGFN, em 2012 o valor arrecadado alcançou 0,43% do estoque inscrito em dívida ativa; em 2010, esse percentual era de 0,21%).[7] Seria, assim, preferível ao poder público que, mesmo sem garantia integral ao crédito fiscal, se desenrolasse a discussão judicial da dívida ativa, na medida em que um desfecho mais breve da discussão poderia implicar o recebimento dos valores (totais ou parciais) eventualmente mantidos pelo judiciário.

Em contrapartida, é sabido que empresas que não logram comprovar sua regularidade fiscal são impedidas de manter regularmente suas atividades, pois, para exemplificar, não poderão obter créditos financeiros, contratar empresas públicas, participar de certames licitatórios ou mesmo manter certos regimes diferenciados de tributação. Parece oportuno ao poder público que, enquanto na expectativa de receber crédito fiscal em disputa judicial, haja regular manutenção das atividades do contribuinte, até mesmo para que na confirmação do crédito tributário em disputa haja recursos hábeis à liquidação dos valores.

Afinal, de que serviria impedir o contribuinte de exercer suas atividades negociais e angariar recursos que, na confirmação da exigência, precisarão ser utilizados para quitação do débito fiscal? Permitir que o contribuinte comprove sua regularidade fiscal, ainda que não haja garantia integral ao valor do crédito tributário, portanto, vai ao encontro do interesse arrecadatório do fisco (sobre as garantias parciais, veja texto específico desta obra) e também auxilia os contribuintes a manterem suas atividades negociais normalmente.

Eis um campo fértil à celebração do negócio jurídico processual: a garantia, ainda que parcial, poderá ser suficiente ao curso do processo executivo, bem como garantir a emissão de Certidão de Regularidade Fiscal.

---

7 Disponível em: <http://www.pgfn.fazenda.gov.br/divida-ativa-da-uniao/ementario-da-dau/Evolucao%20no%20relacionamento%20com%20os%20orgaos%20de%20origem%20-%20Revisado.pdf>. Acesso em: 29 set. 2017.

O Parecer Conjunto PGFN/CRJ/CGU n. 5/2017 vai justamente nesse sentido. Louvável a iniciativa normativa da PGFN ao afirmar ser "conveniente ao interesse público a aceitação de bens e frutos futuros, em alguma escala conjugada com garantias outras, se existentes, e, nesse contexto, reputar suficientemente garantido o executivo fiscal, com as consequências decorrentes desse ato".

Outro aspecto que parece viável ser objeto de negócio jurídico processual reside na qualidade e na espécie da garantia. Uma vez havendo diálogo entre procuradorias públicas e contribuintes, será mais ágil a definição quanto às garantias a serem formalizadas ao crédito tributário, e por certo muitos recursos e desdobramentos processuais serão evitados na medida em que haja anuência entre as partes.

Há prolongadas discussões judiciais ou mesmo movimentações processuais destinadas a definir os critérios formais de garantias como fianças bancárias ou seguro garantia judicial que poderiam ser abreviadas mediante diálogo entre as partes envolvidas para se formalizar a garantia. Assim, os contribuintes poderiam abertamente levar ao fisco suas necessidades e possibilidades, de forma que uma solução pactuada fosse alcançada como forma de garantia ao fisco de regular disputa judicial com manutenção das atividades (e, portanto, da prática de fatos geradores de tributos e contribuições, mantendo-se o fluxo arrecadatório) e, ao contribuinte, de manutenção do giro comercial. Sempre com a tranquilidade de que o juiz estará fiscalizando ilegalidades ou distorções.

4 PENHORA DE FATURAMENTO

Interessante forma de garantia que poderá se aproveitar da possível celebração de negócio jurídico processual entre fisco e contribuinte é a penhora de faturamento, atualmente regulamentada no art. 866 do CPC.

É presumível que a penhora do faturamento levará tempo até atingir a integral garantia ao crédito fiscal. De outro giro, é desejável que, com a penhora de faturamento, haja regular manutenção das atividades do contribuinte (pois, do contrário, não haveria mais faturamento passível de penhora). Até mesmo por isso o CPC previu um procedimento próprio para fins de definição do percentual do faturamento que poderá ser oferecido em penhora sem prejudicar a continuidade das atividades do contribuinte (art. 866).

Aqui também é fértil a possibilidade de celebração de negócio jurídico processual de forma que, após penhora de percentual do faturamento, sejam sobrestados os atos executórios e viabilizada a comprovação de regularidade fiscal do contribuinte. O Parecer Conjunto PGFN/CRJ/CGU n. 5/2017 vai justamente nesse sentido, pela possibilidade de penhora de faturamento de forma que no futuro se alcance a integralidade do crédito tributário.

Vale destacar que as possibilidades de negócio jurídico processual não devem estar restritas às ações de execução fiscal, podendo ser estendidas às Ações Anulatórias de Débito Fiscal, já que há situações em que a aceitação da garantia na ação anulatória, mediante concessão de tutela, poderá obstar o executivo fiscal na medida em que já haverá regular discussão sobre o crédito tributário.

Como se vê, são inúmeras as possibilidades de fisco e contribuinte celebrarem convenção processual sobre garantias. O contribuinte que se sujeita à celebração do negócio jurídico por certo tem interesse na regular disputa sobre o crédito tributário, o que já se mostra louvável sob a perspectiva do interesse público na medida em que esse contribuinte, se mantiver parte ou mesmo a integralidade do seu crédito fiscal após percorrer as instâncias judiciais, terá maior probabilidade de honrar o crédito se comparado àquele que sequer compareceu ao executivo fiscal.

Além disso, a celebração da convenção se dará num ambiente de cooperação e boa-fé, em linha com a diretriz do art. 190 do CPC, e como forma de melhorar o relacionamento das partes, tudo num ambiente de diálogo e pacificação – isso sem falar nos inúmeros recursos que serão poupados dos tribunais.

5 CONCLUSÕES

É inevitável vislumbrar a onda de desjudicialização de disputas, com relevante pontapé inicial na política judiciária introduzida pela Resolução n. 125 do CNJ, incentivada por atos normativos posteriores, dentre os quais se destaca o NCPC. Uma das possibilidades introduzidas pelo NCPC é a celebração de convenções processuais entre as partes, desde que a disputa se refira a direito passível de autocomposição, nos termos do art. 190.

Na medida em que há, no próprio CTN, dispositivos que permitem ao poder público dispor do crédito tributário (como transações, anistias ou remissões), é indiscutível que, nas ações judiciais em que se disputa o crédito tributário, há margem para a celebração das convenções processuais, que, vale destacar, não cuidarão de representar transição quanto ao direito em disputa, mas de delinear aspectos procedimentais da disputa judicial em curso.

Um dos aspectos que por certo poderá ser objeto de negócio jurídico processual reside nas garantias aos créditos tributários: a forma da garantia, sua integralidade ou não e, até mesmo, os efeitos para fins de emissão de Certidão de Regularidade Fiscal são campos férteis a permitir celebração de negócios entre fisco e contribuinte para fins de definição e delineamento da disputa judicial sobre o crédito tributário. O próprio CPC, lei ordinária, representa autorizativo legal para a celebração do negócio jurídico.

Sob a perspectiva federal, o Parecer Conjunto PGFN/CRJ/CGU n. 5/2017 já cuidou de tratar da celebração de negócios processuais no que tange a garantias ao crédito tributário em juízo. O que se espera é ver sua aplicabilidade prática, bem como a adoção do instituto pelas procuradorias estaduais, municipais e distrital.

PARTE III
CONTRAPARTIDA

RESSARCIMENTO DOS CUSTOS INCORRIDOS PELO CONTRIBUINTE COM A GARANTIA

Daniel Monteiro Peixoto
Daniella Zagari
Maria Eugênia Doin Vieira

1 INTRODUÇÃO

Os artigos anteriores abordaram os diversos aspectos relativos às garantias passíveis de serem oferecidas no âmbito do contencioso judicial tributário: modalidades, oportunidades e custos correlatos.

O presente artigo, por sua vez, procura investigar a possibilidade de o contribuinte obter o ressarcimento dos custos incorridos com a contratação de determinada garantia, oferecida em âmbito de embargos à execuçao fiscal como pressuposto necessário para o exercício do seu direito de defesa.

A abordagem, por recorte metodológico, direciona-se a duas modalidades especiais de garantia: a fiança bancaria e o seguro garantia, sendo certo que o emprego dessa última tem sido cada vez mais frequente por parte dos contribuintes em comparação com a primeira, considerando-se a vantagem comparativa no que respeita aos custos envolvidos.

Dados do Conselho Nacional de Justiça (CNJ) revelam que os litígios envolvendo matéria tributária correspondem ao segundo tema mais recorrente perante os tribunais federais, perdendo apenas para os processos relativos a benefícios previdenciários.[1] As causas para esse cenário são difíceis de serem diagnosticadas

---

[1] Conforme o relatório da CNJ *Justiça em números*, divulgado em 2016, relativamente aos dados coletados em 2015. Disponível em: <http://www.cnj.jus.br/files/conteudo/arquivo/2017/05/4c12ea9e44c05e1f766230c0115d3e14.pdf>. Acesso em: 1 out. 2017.

com precisão, mas não se pode deixar de trazer para reflexão o quanto alguns fatores conhecidos podem colaborar para esse cenário, nem sempre ligados à postura evasiva de determinados contribuintes. São eles:

i. elevadíssima complexidade de nossa legislação tributária;
ii. alto grau de insegurança jurídica, decorrente de constante mudança de posicionamento por parte das autoridades fiscais, administrativas e do próprio judiciário;
iii. ausência de efetiva implementação de métodos alternativos de solução de conflitos em matéria tributária, como arbitragem, mediação ou transação;
iv. **paradigma da dúvida** como mecanismo propulsor da constituição e da cobrança do crédito tributário (em decorrência dos fatores acima, combinados com a vinculação da atividade de lançamento e com um cenário institucional e normativo de ausência de responsabilização da Fazenda Pública em razão de litígio indevido).

Esse último fator merece especial explicação no presente contexto. Segundo o preceito normativo do art. 142, parágrafo único, do Código Tributário Nacional (CTN), balizador primário da conduta de todo e qualquer agente fiscal, a atividade do lançamento é vinculada e obrigatória, sob pena de responsabilidade pessoal. Vale dizer, estando a autoridade diante de determinada situação em que verifique a ocorrência do fato jurídico tributário, lhe cabe efetuar a constituição do crédito tributário mediante lavratura do lançamento tributário.[2]

Ocorre que também os agentes fiscais se encontram inseridos nesse cenário de hipercomplexidade da legislação, de insegurança jurídica e de dúvidas. Assim, a atividade de lançamento acaba ocorrendo não apenas nas situações em que se consegue diagnosticar com convicção a ocorrência do fato jurídico tributário, mas também, dramaticamente, nas situações em que há dúvida.

No âmbito do contencioso administrativo, notadamente no federal, por sua vez, constata-se um número cada vez maior de situações em que a confirmação do lançamento tributário se dá por voto de qualidade do presidente do colegiado

---

2 Expressão aqui empregada em sentido amplo, abrangendo a lavratura de simples lançamento em sentido estrito (sem constituição de penalidades, como ocorre no lançamento para se prevenir decadência, quando pendente causa suspensiva da exigibilidade) ou de auto de infração, quando, além do tributo propriamente dito, são efetuadas cobranças a título de multas por infrações.

(representante do fisco), vale dizer, circunstâncias em que há dúvidas do órgão colegiado (dúvida institucional, materializada no empate dos votos) quanto à correção ou não do critério consubstanciado no lançamento tributário.

Observa-se, portanto, que não apenas em cenário de certeza (como deveria ocorrer), mas também quando há dúvidas, se constitui e se confirma o crédito tributário, determinando-se a sua inscrição em dívida ativa e a sua cobrança mediante ajuizamento de execução fiscal.

Um dos fatores que mais contribui para essa circunstância é, justamente, a completa falta ou inoperância dos mecanismos de responsabilização, seja do agente público, seja da administração fiscal, por cobranças tributárias insubsistentes. Basta ver que, até o advento do atual Código de Processo Civil (CPC), instituído pela Lei n. 13.105/2015, a Fazenda Pública sequer estava sujeita à condenação em honorários proporcionais ao valor da causa, *ex.vi.* do art. 20, § 4º, do CPC/73. O art. 85, § 3º, do atual CPC inova em relação a esse ponto, embora já se perceba, ao menos por enquanto, uma postura refratária por parte do judiciário em dar plena aplicação aos patamares escalonados a que se refere o preceito em questão.

Uma mudança de cultura quanto a esse aspecto, com efetivo prestígio ao critério do novo CPC, de certo, contribuiria para uma revisão de postura por parte da administração fiscal, que passaria a ter uma atitude mais responsável no tocante à cobrança de créditos tributários frágeis do ponto de vista substancial. Também, com esse mesmo intuito de responsabilizar a administração pela consciente exigência do crédito tributário, se torna imperiosa uma mudança de postura por parte dos próprios contribuintes, no sentido de postular e diligenciar para que as despesas processuais sejam efetivamente ressarcidas, na eventualidade em que a Fazenda Pública tiver dado causa ao ajuizamento indevido de execução fiscal. Nesse contexto, resta saber se os custos com a contratação de garantia podem ser abrangidos nessa prerrogativa de ressarcimento.

2 CONCEITOS FUNDAMENTAIS: CUSTOS DO PROCESSO, DESPESAS PROCESSUAIS, REGRAS DE ANTECIPAÇÃO E DE RESSARCIMENTO E SEUS VETORES (SUCUMBÊNCIA E CAUSALIDADE)

Os dispositivos gerais sobre o tema encontram-se na Seção III ("Das despesas, dos honorários advocatícios e das multas") do Capítulo II ("Dos deveres das partes e de seus procuradores") do Título I do Livro III do CPC.

Do ponto de vista semântico, poderia ser dito que as despesas processuais compreendem o gênero, no qual se situam como espécies tudo aquilo que se desembolsou para que o processo se desenvolvesse regularmente: custas processuais, remuneração do perito e do assistente pericial, despesas com diligências, e, ainda, os próprios honorários advocatícios.[3] Ocorre que, do ponto de vista normativo, o CPC disciplinou os honorários como categoria apartada. Assim, seria mais adequado tratar das despesas processuais e dos honorários advocatícios como espécies apartadas dentro da categoria geral custos do processo.

Portanto, custos do processo são todos os elementos entre os quais se distribuem os recursos financeiros a serem despendidos no processo, englobando as despesas processuais e os honorários advocatícios. O desembolso relativo às despesas processuais é tratado por nosso ordenamento sob duas perspectivas distintas, do ponto de vista cronológico: antecipação (*a priori*, para que o ato possa ser praticado) e ressarcimento (*a posteriori*, após o desfecho do processo, segundo a lógica da sucumbência e da causalidade).

2.1 Regras sobre antecipação

Como regra geral, devem as partes antecipar o pagamento das despesas relativas aos atos que realizam ou requerem no processo.[4] Assim, o autor que ajuíza dada ação de cobrança e, nesse contexto, requer a produção de prova pericial deverá realizar o depósito dos honorários do perito. Caso a realização dessa mesma prova tenha como ponto de partida o requerimento do réu, caberá a este a antecipação dos referidos honorários.

---

3   Nesse sentido, o magistério de Pontes de Miranda, para quem as despesas processuais consistiriam no gênero dentro do qual, como espécie, estariam os honorários dos advogados. As despesas processuais, em suas palavras, "compreendem as custas, honorários dos advogados, as multas às partes, o que se desembolsou para que se verificassem as perícias, as custas da perícia, a condução e indenização às testemunhas, os pareceres de jurisconsultos de que lançou mão a parte para seu esclarecimento ou efeito de melhor tratamento em público da matéria etc.". (PONTES DE MIRANDA, Francisco Cavalcante. *Comentários ao Código de Processo Civil*. 5. ed. Rio de Janeiro: Forense, 1997).

4   "Art. 82. Salvo as disposições concernentes à gratuidade da justiça, incumbe às partes prover as despesas dos atos que realizarem ou requererem no processo, antecipando-lhes o pagamento, desde o início até a sentença final ou, na execução, até a plena satisfação do direito reconhecido no título. § 1º Incumbe ao autor adiantar as despesas relativas a ato cuja realização o juiz determinar de ofício ou a requerimento do Ministério Público, quando sua intervenção ocorrer como fiscal da ordem jurídica".

Há regra especial, contudo, relativamente às despesas decorrentes de atos determinados pelo juiz, de ofício ou a requerimento do Ministério Público (quando intervém na condição de *custos legis*). Nessas hipóteses, caberá ao autor antecipar tais despesas processuais, mesmo que não decorra de ato que tenha requerido ou realizado. Assim, no mesmo exemplo, pode ocorrer de o autor ser chamado a antecipar os honorários periciais relativos a dada perícia requerida pelo Ministério Público enquanto fiscal da lei.[5]

Outra situação específica refere-se às despesas dos atos praticados a requerimento da Fazenda Pública, do Ministério Público (aqui como parte, diferentemente da situação anterior) ou da Defensoria Pública. Aqui, o CPC, via de regra, dispensa a antecipação das despesas, de forma que o seu pagamento somente ocorrerá ao final do processo, pela parte vencida.[6]

2.2 Regras sobre ressarcimento

Os princípios que regem o ressarcimento das despesas processuais, ao menos no que se refere aos parâmetros gerais, são comuns aos que regem o pagamento dos honorários sucumbenciais, sem prejuízo das particularidades presentes nos regramentos específicos de cada um desses custos do processo.[7] Sendo o enfoque do presente trabalho o ressarcimento de despesas processuais, não abordaremos as particularidades relativas aos honorários sucumbenciais, de modo que tal assunto só será abordado na parte em que trouxer diretivas comuns à compreensão do tratamento normativo das despesas processuais.

---

5 Especificamente em relação à despesa processual consistente em honorários periciais, há regra particular relativa à antecipação quando este ato ocorrer por **determinação de ofício pelo juiz**. Nessa hipótese, o adiantamento será rateado entre as partes, conforme dicção do art. 85, *caput*, do CPC.

6 "Art. 91. As despesas dos atos processuais praticados a requerimento da Fazenda Pública, do Ministério Público ou da Defensoria Pública serão pagas ao final pelo vencido. § 1º As perícias requeridas pela Fazenda Pública, pelo Ministério Público ou pela Defensoria Pública poderão ser realizadas por entidade pública ou, havendo previsão orçamentária, ter os valores adiantados por aquele que requerer a prova. § 2º Não havendo previsão orçamentária no exercício financeiro para adiantamento dos honorários periciais, eles serão pagos no exercício seguinte ou ao final, pelo vencido, caso o processo se encerre antes do adiantamento a ser feito pelo ente público."

7 A principal das diferenciações refere-se ao fato de que as despesas processuais são ressarcidas à parte que as antecipou (art. 82, § 2º, do CPC), ao passo que os honorários de sucumbência serão devidos ao advogado da parte vencedora, não à parte propriamente dita (art. 85, *caput* e § 14, do CPC).

Como balizadores para o ressarcimento das despesas processuais, identificam-se dois princípios: o da sucumbência e o da causalidade. Do ponto de vista normativo, vemos o CPC abordar mais explicitamente o referencial da sucumbência, segundo o qual a parte vencida deve ressarcir ao vencedor as despesas processuais por este antecipadas (art. 82, § 2º).[8] Segundo esse mesmo princípio, caso ocorra sucumbência recíproca (sendo cada litigante, em parte, vencedor e vencido), as despesas processuais serão proporcionalmente repartidas (art. 86).[9] É interessante observar que, em caso de sucumbência mínima de uma das partes, o CPC, por imperativo pragmático, equiparou tal circunstância ao êxito total, fazendo com que a outra parte seja integralmente responsável pelo ressarcimento das despesas processuais (art. 86, parágrafo único).

Também na Lei n. 6.830/1980, sob o influxo do princípio da sucumbência, se podem encontrar diretrizes relativas à responsabilidade da Fazenda Pública pelo ressarcimento das despesas processuais, caso vencida ao final. Segundo a regra do art. 39 da referida lei, a Fazenda não está sujeita ao adiantamento de custas e emolumentos, por gozar de isenção expressa. Contudo, não está desonerada do dever de ressarcimento à parte contrária relativamente às despesas processuais, caso a execução seja julgada improcedente.

> Art. 39. A Fazenda Pública não está sujeita ao pagamento de custas e emolumentos. A prática dos atos judiciais de seu interesse independerá de preparo ou de prévio depósito.
>
> Parágrafo Único – Se vencida, a Fazenda Pública ressarcirá o valor das despesas feitas pela parte contrária.

Outro princípio é o da causalidade. Embora haja importante zona de confluência entre os princípios da sucumbência e da causalidade (em muitos dos casos, a parte sucumbente é também a parte que deu causa à demanda e aos custos decorrentes), estes não se confundem.

O racional da causalidade ajuda a explicar o dever de ressarcimento das despesas processuais (ou de pagamento dos honorários) por parte daquele que, embora

---

[8] "Art. 82. [...] § 2º A sentença condenará o vencido a pagar ao vencedor as despesas que antecipou."

[9] "Art. 86. Se cada litigante for, em parte, vencedor e vencido, serão proporcionalmente distribuídas entre eles as despesas. Parágrafo único. Se um litigante sucumbir em parte mínima do pedido, o outro responderá, por inteiro, pelas despesas e pelos honorários."

não tenha propriamente sucumbido do ponto de vista da relação de direito material, tenha dado causa à relação jurídica processual e aos custos decorrentes. Assim, na eventualidade do seu encerramento, é chamado ao ressarcimento das despesas processuais e ao pagamento de honorários ao advogado da parte contrária.

Situação paradigmática em matéria tributária, que ajuda a perceber a distinção, refere-se ao ajuizamento de execução fiscal para cobrança de débito cuja existência baseia-se em erro no preenchimento da Declaração de Débitos e Créditos Tributários Federais (DCTF) por parte do próprio contribuinte. Uma vez constatado o erro, a execução fiscal haverá de ser extinta, com o reconhecimento do caráter indevido da cobrança; vale dizer, com "sucumbência" da Fazenda Pública.

Contudo, a jurisprudência do Superior Tribunal de Justiça (STJ), inclusive em âmbito de Recurso Especial (REsp) Representativo da Controvérsia, consagrou o entendimento de que, nesses casos, para se determinar a responsabilidade pelos custos do processo, é importante investigar quem deu causa à cobrança indevida. Caso o contribuinte tenha apresentado a retificação da DCTF antes do ajuizamento da execução fiscal, mas o fisco, por omissão ou ineficiência, tenha deixado de processar a referida retificação, imputa-se a este o ajuizamento indevido; caso os elementos demonstradores do erro no preenchimento da DCTF só sejam apresentados pelo contribuinte posteriormente ao ajuizamento da execução fiscal, a este será atribuída a causa pelo ajuizamento indevido e, portanto, a responsabilidade pelos custos do processo.[10]

---

10 "PROCESSUAL CIVIL. RECURSO ESPECIAL REPRESENTATIVO DE CONTROVÉRSIA. ART. 543-C, DO CPC. EXECUÇÃO FISCAL. EXTINÇÃO. CANCELAMENTO DO DÉBITO PELA EXEQUENTE. ERRO DO CONTRIBUINTE NO PREENCHIMENTO DA DECLARAÇÃO DE DÉBITOS E CRÉDITOS TRIBUTÁRIOS FEDERAIS – DCTF. HONORÁRIOS ADVOCATÍCIOS. APLICAÇÃO DO PRINCÍPIO DA CAUSALIDADE. IMPRESCINDIBILIDADE DA VERIFICAÇÃO DA DATA DE APRESENTAÇÃO DA DECLARAÇÃO RETIFICADORA, SE HOUVER, EM COTEJO COM A DATA DO AJUIZAMENTO DA EXECUÇÃO FISCAL. [...] 3. É jurisprudência pacífica no STJ aquela que, em casos de extinção de execução fiscal em virtude de cancelamento de débito pela exequente, define a necessidade de se perquirir quem deu causa à demanda a fim de imputar-lhe o ônus pelo pagamento dos honorários advocatícios. Precedentes: AgRg no REsp. N° 969.358 – SP, Segunda Turma, Rel. Min. Mauro Campbell Marques, julgado em 6.11.2008; EDcl no AgRg no AG N° 1.112.581 – SP, Segunda Turma, Rel. Min. Mauro Campbell Marques, julgado em 23.7.2009; REsp N° 991.458 – SP, Segunda Turma, Rel. Min. Mauro Campbell Marques, julgado em 2.4.2009; REsp. N° 626.084 – SC, Primeira Turma, Rel. Min. Denise Arruda, julgado em 7.8.2007; AgRg no REsp 818.522/MG, 1ª Turma, Rel. Min. José Delgado, DJ de 21.8.2006; AgRg no REsp 635.971/RS, 1ª Turma, Rel. Min. Luiz Fux, DJ de 16.11.2004. 4. Tendo havido erro do contribuinte no preenchimento da Declaração de Débitos e Créditos Tributários Federais – DCTF, é imprescindível verificar a data da apresentação do documento retificador, se houver, em cotejo com a data do ajuizamento da execução fiscal a fim

Também no âmbito civil pode ser encontrado interessante exemplo para ilustrar a diferença entre o princípio da sucumbência e o princípio da causalidade. Trata-se de circunstância, igualmente analisada pelo STJ sob o rito de REsp Representativo da Controvérsia, em que dado adquirente de um bem imóvel deixa de tomar as cautelas relativas à formalização do ato perante o Cartório de Registro de Imóveis. Por ocasião da penhora do seu bem por dívida do antigo proprietário, esse adquirente, demonstrando que o imóvel lhe pertence, apresenta embargos de terceiro e sagra-se vencedor quanto à tese de que a penhora seria indevida. Contudo, sendo a penhora equivocada decorrente de omissão sua, a este caberá a responsabilidade pelos custos do processo, justamente pela aplicação do princípio da causalidade.[11]

---

de, em razão do princípio da causalidade, se houver citação, condenar a parte culpada ao pagamento dos honorários advocatícios. 5. O contribuinte que erra no preenchimento da Declaração de Débitos e Créditos Tributários Federais – DCTF deve ser responsabilizado pelo pagamento dos honorários advocatícios, por outro lado, o contribuinte que a tempo de evitar a execução fiscal protocola documento retificador não pode ser penalizado com o pagamento de honorários em execução fiscal pela demora da administração em analisar seu pedido. 6. Hipótese em que o contribuinte protocolou documento retificador antes do ajuizamento da execução fiscal e foi citado para resposta com a consequente subsistência da condenação da Fazenda Nacional em honorários. 7. Recurso especial parcialmente conhecido e, nessa parte, não provido. Acórdão submetido ao regime do art. 543-C do CPC e da Resolução STJ 08/2008." (REsp n. 1111002/SP, Rel. Ministro Mauro Campbell Marques, 1ª Seção, julgado em 1 out. 2009)

11 "PROCESSUAL CIVIL. RECURSO REPRESENTATIVO DE CONTROVÉRSIA. EXECUÇÃO FISCAL. EMBARGOS DE TERCEIRO. DESCONSTITUIÇÃO DE PENHORA. OFENSA AO ART. 535 DO CPC/1973 NÃO CONFIGURADA. DISTRIBUIÇÃO DOS HONORÁRIOS ADVOCATÍCIOS. PRINCÍPIO DA CAUSALIDADE. [...] 3. A sucumbência, para fins de arbitramento dos honorários advocatícios, tem por norte a aplicação do princípio da causalidade. Nesse sentido, a Súmula 303/STJ dispôs especificamente: 'Em embargos de terceiro, quem deu causa à constrição indevida deve arcar com os honorários advocatícios'. 4. O adquirente do imóvel, ao não providenciar a transcrição do título na repartição competente, expõe o bem à indevida constrição judicial em demandas ajuizadas contra o antigo proprietário. As diligências realizadas pelo oficial de Justiça ou pela parte credora, destinadas à localização de bens, no caso específico daqueles sujeitos a registro (imóveis, veículos), são feitas mediante consulta aos Cartórios de Imóveis (Detran, no caso de veículos), razão pela qual a desatualização dos dados cadastrais fatalmente acarretará a efetivação da indevida penhora sobre o bem. 5. Nessas condições, não é lícito que a omissão no cumprimento de um dever legal implique, em favor da parte negligente, que esta deve ser considerada vencedora na demanda, para efeito de atribuição dos encargos de sucumbência. (...) 7. Para os fins do art. 1040 do CPC/2015 (antigo art. 543-C, § 7º, do CPC/1973), consolida-se a seguinte tese: 'Nos Embargos de Terceiro cujo pedido foi acolhido para desconstituir a constrição judicial, os honorários advocatícios serão arbitrados com base no princípio da causalidade, responsabilizando-se o atual proprietário (embargante), se este não atualizou os dados cadastrais. Os encargos de sucumbência serão suportados pela parte

A noção de causalidade é fruto de construção jurisprudencial, que acaba temperando o princípio da sucumbência diante de particularidades do caso concreto. Sem prejuízo, o CPC atual traz inovação sobre o tema, ao referenciar, de forma tímida, porém expressa, esse princípio nas hipóteses de extinção da ação por perda superveniente do objeto (art. 85, § 10, do CPC).[12]

Nessa circunstância, responderá pelos custos do processo[13] aquele que deu causa ao ajuizamento da ação, independentemente de tratar-se de autor ou réu, vencedor ou vencido, do ponto de vista da relação de direito material subjacente (destacando-se que, nos casos de perda de objeto, sequer se define no âmbito processual o sujeito vencedor ou vencido, sendo causa de extinção sem julgamento do mérito, nos termos do art. 485, inciso VI, do CPC).

3 ALCANCE SEMÂNTICO DO VOCÁBULO DESPESAS PROCESSUAIS: PODERIAM OS CUSTOS COM A GARANTIA, EM EMBARGOS À EXECUÇÃO FISCAL, SER ASSIM QUALIFICADOS?

O CPC traz, em seu art. 84, disposição que enumera um conjunto de "despesas processuais": "As despesas abrangem as custas dos atos do processo, a indenização de viagem, a remuneração do assistente técnico e a diária de testemunha".

---

embargada, porém, na hipótese em que esta, depois de tomar ciência da transmissão do bem, apresentar ou insistir na impugnação ou recurso para manter a penhora sobre o bem cujo domínio foi transferido para terceiro'. 8. Precedentes: AgRg no REsp 1.282.370/PE, Rel. Ministro Benetido Gonçalves, Primeira Turma, DJe 06/03/2012; EDcl nos EDcl no REsp 375.026/PR, Rel. Ministro Carlos Fernando Mathias (Juiz Federal convocado do TRF 1ª Região), Segunda Turma, DJe 15/04/2008; REsp 724.341/MG, Rel. Ministra Denise Arruda, Primeira Turma, DJ 12/11/2007, p. 158; AgRg no REsp 462.647/SC, Rel. Ministro Castro Meira, SEGUNDA TURMA, DJ 30/08/2004, p. 244. 9. Na hipótese dos autos, o Tribunal de origem concluiu que 'a Fazenda Nacional, ao se opor à pretensão do terceiro embargante, mesmo quando cristalinas as provas de sua posse sobre o imóvel constrito, atraiu para si a aplicação do princípio da sucumbência'. 10. Recurso Especial desprovido. Acórdão submetido ao julgamento no rito do art. 1036 do CPC/2015 (antigo art. 543-C do CPC/1973)." (REsp n. 1452840/SP, Rel. Ministro Herman Benjamin, 1ª Seção, julgado em 5 out. 2016)

12 "Art. 85. [...] § 10 Nos casos de perda do objeto, os honorários serão devidos por quem deu causa ao processo."

13 É bem verdade que o dispositivo trata especificamente dos honorários do advogado, embora nos pareça que o vetor principiológico ali definido permita a aplicação consistente desse mesmo racional para as despesas processuais.

O dispositivo assemelha-se ao constante do art. 20, § 2º, do antigo CPC: "As despesas abrangem não só as custas dos atos do processo, como também a indenização de viagem, diária de testemunha e remuneração do assistente técnico".

A técnica empregada na redação do preceito, seja na vigência do CPC anterior, seja na do atual, não é das melhores, pois suscita, ao menos em um primeiro contato com a matéria, dúvidas sobre o caráter exemplificativo ou exaustivo da enumeração.

Nelson Nery defende que "a enumeração é exemplificativa, pois por despesas processuais devem ser entendidos todos os gastos empreendidos para que o processo pudesse cumprir sua função social".[14]

Pensamos que a sistematicidade do CPC não permite que se chegue a conclusão diversa. Basta observar que a Seção III do Capítulo II, Título I, do Livro III é designada "Das despesas, dos honorários advocatícios e das multas" e traz, em seu art. 95, detalhadas disposições sobre os honorários periciais, que não se encontram enumerados no rol de despesas do referido art. 84. O título da seção indica textualmente as modalidades ali versadas: "despesas processuais", "honorários advocatícios" e "multas", não sendo necessárias maiores explicações para se perceber que a remuneração do perito, dentre tais categorias, melhor se insere na modalidade "despesas processuais".

O art. 98 do CPC, que trata da gratuidade da justiça, também traz elementos indicativos de que o rol do art. 84 é meramente exemplificativo. Isso porque, segundo o referido art. 98, a gratuidade da justiça destina-se àquele com "insuficiência de recursos para pagar as custas, **as despesas processuais** e os honorários advocatícios", sendo que o seu § 1º traz justamente uma lista de custos do processo sujeitos à gratuidade, abordando, ao lado dos honorários, um novo elenco de despesas processuais que abrange itens não contemplados no art. 84, como os selos postais, as despesas com publicação na imprensa oficial, as despesas com exame de DNA, a remuneração do intérprete ou tradutor nomeado, os depósitos previstos em lei para interposição de recurso ou para propositura de ação, dentre outros.[15]

---

14 NERY JR., Nelson; NERY, Rosa Maria de Andrade. *Código de processo civil comentado*. 16. edição. São Paulo: Revista dos Tribunais, 2016. p. 467-468.
15 "Art. 98. A pessoa natural ou jurídica, brasileira ou estrangeira, com insuficiência de recursos para pagar as custas, as despesas processuais e os honorários advocatícios tem direito à gratuidade da justiça, na forma da lei. § 1º A gratuidade da justiça compreende: I – as taxas ou as custas judiciais; II – os selos postais; III – as despesas com publicação na imprensa oficial, dispensando-se

Veja-se que o dispositivo analisado chega a mencionar, dentre as despesas processuais, "os depósitos previstos em lei para interposição de recurso, para propositura de ação e para a prática de outros atos processuais inerentes ao exercício da ampla defesa e do contraditório". A garantia oferecida como pressuposto para o ajuizamento de embargos à execução fiscal possui similar natureza, na medida em que se trata de requisito, previsto em lei, para viabilizar a prática de ato processual inerente à ampla defesa e ao contraditório.

> Art. 16 – O executado oferecerá embargos, no prazo de 30 (trinta) dias, contados:
>
> I – do depósito;
>
> II – da juntada da prova da fiança bancária ou do seguro garantia; (Redação dada pela Lei nº 13.043, de 2014)
>
> III – da intimação da penhora.
>
> § 1º – **Não são admissíveis embargos do executado antes de garantida a execução.** (Lei n. 6.830/1980)

Portanto, os custos com a garantia apresentada como pressuposto para o ajuizamento de embargos a execução fiscal se tratam de inequívoca despesa processual, sendo passíveis de ressarcimento, ao final, pela Fazenda Pública, caso vencida (em sentido amplo, caso se decida, à luz dos princípios da sucumbência e da causalidade, que esta será responsável pelo ressarcimento das despesas processuais).[16]

---

a publicação em outros meios; IV – a indenização devida à testemunha que, quando empregada, receberá do empregador salário integral, como se em serviço estivesse; V – as despesas com a realização de exame de código genético – DNA e de outros exames considerados essenciais; VI – os honorários do advogado e do perito e a remuneração do intérprete ou do tradutor nomeado para apresentação de versão em português de documento redigido em língua estrangeira; VII – o custo com a elaboração de memória de cálculo, quando exigida para instauração da execução; VIII – os depósitos previstos em lei para interposição de recurso, para propositura de ação e para a prática de outros atos processuais inerentes ao exercício da ampla defesa e do contraditório; IX – os emolumentos devidos a notários ou registradores em decorrência da prática de registro, averbação ou qualquer outro ato notarial necessário à efetivação de decisão judicial ou à continuidade de processo judicial no qual o benefício tenha sido concedido. § 2º A concessão de gratuidade não afasta a responsabilidade do beneficiário pelas despesas processuais e pelos honorários advocatícios decorrentes de sua sucumbência."

16 Sobre o tema, confira-se o seguinte precedente do TRF da 3ª Região, consagrando, ainda no contexto do CPC/73, a acepção ampla a ser dada ao termo "despesas processuais", no sentido

Nessa ordem de ideias, nos parece que sequer é necessário que a sentença extintiva dos embargos à execução fiscal indique expressamente o dever de ressarcimento com os custos incorridos pelo embargante na contratação da garantia (por exemplo, com os custos na contratação de apólice de seguro garantia), basta que atribua à Fazenda Pública o dever de ressarcimento das despesas processuais, sendo a espécie "despesas com a contratação de garantia" abrangida automaticamente pelo gênero em questão.[17]

Ademais, quanto à matéria, tem prevalecido o aforismo de que "quem tem razão não deve sofrer prejuízo pelo processo", devendo ser respeitada a noção da "máxima eficiência da tutela jurisdicional justa", balizas tratadas magistralmente no REsp n. 1558185/RJ, sob a relatoria da Ministra Nancy Andrighi (STJ, 3ª Turma,

---

de abranger os custos incorridos com a fiança bancária contratada para fins de garantia processual: "EXECUÇÃO DE SENTENÇA A IMPOR SUJEIÇÃO A 'DESPESAS PROCESSUAIS': ALCANCE TAMBÉM SOBRE COMISSÃO PAGA À INSTITUIÇÃO FINANCEIRA EM FIANÇA BANCÁRIA – *EXIGÊNCIA DO § 2º, DO ARTIGO 20, CPC – ACERTO DE SUA INCLUSÃO – INTEMPESTIVIDADE DO APELO AFASTADA – IMPROVIMENTO À APELAÇÃO*. [...] 4. Como gênero dos dispêndios praticados pela parte vencedora em função e no curso da demanda, têm as despesas processuais a abrangência a equivaler a tudo quanto assim se amolde, aliás motivo pelo qual a se consagrar cuide de enumeração aberta a contida no § 2º, do art. 20, CPC (Nelson Nery Jr. e Rosa Maria de Andrade Nery, pág. 193 – item 16 dos comentários ao artigo 20, § 2º, Ed. RT; Theotonio Negrão, item 14, pág. 152, comentário ao artigo 20, § 2º, CPC, Ed. Saraiva). 5. Em tal âmbito também se insere, por decorrência, o gasto com a comissão paga à instituição financeira perante a qual firmada fiança bancária, cuja consumação veio evidenciada consoante. 6. Gasto aquele também realizado em função da demanda e para seu preciso fim, garantindo a instância, justo e jurigeno seja o pólo recorrido destinatário de reembolso a respeito. 7. Firme-se não se cuide de qualquer omissão da r. sentença na esfera cognoscitiva, pois ali se estabeleceu ônus ao vencido/apelante de pagar despesas processuais. 8. Claramente a abranger o ônus sucumbencial a despesas processuais em seu todo, de toda pertinência em tal contexto a presença da comissão paga em função da fiança bancária realizada para os autos, em razão da causa, como demonstrado, adequando-se ao preceituado pelo parágrafo 2º, do art. 20 CPC, assim a se amoldar à jurisprudência. Precedentes. 9. De todo acerto a r. sentença lavrada em fase liquidatória. 10. Improvimento à apelação". (TRF, 3ª Região, Turma Suplementar da 2ª Seção, Apelação Cível n. 13183493.03.082386-9, Rel. Juiz Convocado Silva Neto, julgado em 21 fev. 2008)

17 Reforça a conclusão em tela o teor do art. 776 do CPC, inserido no Livro II ("Do processo de execução"), Título I ("Da execução em geral"), Capítulo I ("Disposições gerais"), segundo o qual "o exequente ressarcirá ao executado os danos que este sofreu, quando a sentença, transitada em julgado, declarar inexistente, no todo ou em parte, a obrigação que ensejou a execução". Portanto, ainda que os custos com a contratação de garantia não se inserissem no espectro semântico de "despesas processuais", caberia o referido ressarcimento com amparo no art. 776 do CPC.

julgado em 16 fev. 2017).[18] Nessa decisão, analisou-se situação em que a sentença havia condenado o vencido aludindo apenas ao ressarcimento das "custas processuais", disposição que, caso interpretada com rigor formalista, não daria ensejo ao ressarcimento pelas demais despesas do processo. Contudo, a 3ª Turma do STJ, em reversão de entendimento anteriormente consagrado e por unanimidade, interpretou a referida sentença em prestígio ao princípio da sucumbência e aos demais postulados que acabamos de citar, concluindo que não faria sentido lógico, da perspectiva da justa recomposição da esfera jurídica do vencedor, impedir que este pudesse se ver ressarcido das demais despesas que antecipou (na hipótese, dos honorários do perito), mesmo que a sentença tenha, de forma pouco técnica, feito simples referência ao direito de ressarcimento das custas processuais.

4 FORMA DE RESSARCIMENTO: CUMPRIMENTO DE SENTENÇA EM FACE DA FAZENDA PÚBLICA

O direito ao ressarcimento pelas despesas processuais (nas quais se inserem, como já se demonstrou, os custos com a contratação de garantia), uma vez reconhecido por sentença transitada em julgado, é passível de execução pela via do cumprimento de sentença, disciplinada genericamente pelo art. 515 do CPC e, mais especificamente (por tratar-se de cumprimento de sentença em face da Fazenda Pública), pelos art. 534 e seguintes do CPC.

O art. 515, inciso I, enumera como títulos executivos judiciais, passíveis de realização pelo rito do cumprimento de sentença, as decisões proferidas no processo civil que reconheçam a exigibilidade de obrigação de pagar determinada quantia.[19] É esse o caso da sentença que julga procedentes os embargos à execução

---

18 "PROCESSUAL CIVIL. RECURSO ESPECIAL. CUMPRIMENTO DE SENTENÇA. CUSTAS E DESPESAS PROCESSUAIS. DISTINÇÃO. HONORÁRIOS PERICIAIS. SUCUMBÊNCIA. [...] 2. É adequada a inclusão dos honorários periciais em conta de liquidação quando o dispositivo da sentença com trânsito em julgado condena o vencido, genericamente, ao pagamento de custas processuais. 3. Quem tem razão não deve sofrer prejuízo pelo processo. 4. Surpreender o vencedor da demanda com a obrigação de arcar com os honorários periciais apenas e tão somente porque a sentença condenava o vencido genericamente ao pagamento de 'custas' e não 'despesas' representa medida contrária ao princípio da sucumbência e até mesmo à própria noção da máxima eficiência da tutela jurisdicional justa. 5. Recurso especial não provido." (REsp n. 1558185/RJ, Rel. Ministra Nancy Andrighi, 3ª Turma, julgado em 16 fev. 2017)

19 "Art. 515. São títulos executivos judiciais, cujo cumprimento dar-se-á de acordo com os artigos previstos neste Título: I – as decisões proferidas no processo civil que reconheçam a exigibilidade

fiscal. Embora, em seu capítulo principal, tal sentença se limite a extinguir, total ou parcialmente, a obrigação consubstanciada na Certidão da Dívida Ativa, deverá conter capítulo específico destinado à definição e à repartição da responsabilidade pelos custos do processo,[20] em que se inclui a definição da responsabilidade pelo ressarcimento das despesas processuais, típica obrigação pecuniária, isto é, obrigação de pagar quantia certa.[21]

Tratando-se de sentença que reconhece a exigibilidade de obrigação de pagar quantia certa pela Fazenda Pública, há de ser observado o procedimento constante do art. 534 e seguintes do CPC. Em estreita síntese, o contribuinte (agora exequente) deverá apresentar demonstrativo discriminado e atualizado do seu crédito, com respectivos índices de correção e juros (art. 534); a Fazenda será intimada para, no prazo de trinta dias, impugnar a execução (art. 535, *caput*); não impugnada a execução ou rejeitadas as arguições da Fazenda, será expedido precatório por intermédio do presidente do tribunal competente (art. 535, § 3º, inciso I, do CPC) ou requisição de pequeno valor, a ser paga no prazo de dois meses contados da data da entrega da requisição (art. 535, § 3º, inciso II, do CPC).

---

de obrigação de pagar quantia, de fazer, de não fazer ou de entregar coisa".

20 Importa registrar que essa definição independe até mesmo de requerimento explícito por parte do autor, na petição inicial, haja vista o teor do art. 322, § 1º, do CPC, segundo o qual "compreendem-se no principal os juros legais, a correção monetária e as verbas de sucumbência, inclusive os honorários advocatícios".

21 O fato de se tratar, eventualmente, de quantia ilíquida, não retira a certeza do valor a ser ressarcido, passível de determinação por simples demonstrativo discriminado e atualizado do crédito.

GRÁFICA PAYM
Tel. [11] 4392-3344
paym@graficapaym.com.br